一看就懂的西方哲学简史

哲学100问

第1季·从古希腊到黑格尔

书杰 ◎ 著

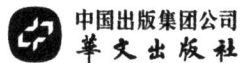
中国出版集团公司
华文出版社

图书在版编目（CIP）数据

哲学 100 问：一看就懂的西方哲学简史 / 书杰著.
—北京：华文出版社，2018.9
ISBN 978-7-5075-4943-0

Ⅰ.①哲⋯　Ⅱ.①书⋯　Ⅲ.①西方哲学-哲学史-问题解答　Ⅳ.①B5-44

中国版本图书馆 CIP 数据核字（2018）第 156716 号

哲学 100 问：一看就懂的西方哲学简史

| 作　　者：书　杰
| 责任编辑：方昊飞
| 插图设计：冯　磊
| 出版发行：华文出版社
| 地　　址：北京市西城区广外大街 305 号 8 区 2 号楼
| 邮政编码：100055
| 网　　址：http：//www.hwcbs.com.cn
| 电　　话：总编室 010-58336239　　发行部 010-58336202
| 　责任编辑 010-58336269
| 经　　销：新华书店
| 印　　刷：天津新科印刷有限公司
| 开　　本：880mm×1230mm　1/32
| 印　　张：14
| 字　　数：270 千字
| 版　　次：2018 年 9 月第 1 版
| 印　　次：2018 年 9 月第 2 次印刷
| 标准书号：ISBN 978-7-5075-4943-0
| 定　　价：49.80 元

版权所有，侵权必究

自序 Preface >> 开启一趟美妙的思想之旅

大家好,我是书杰。

提起哲学,可能大多数人都会觉得很难、很晦涩,有些高深莫测,以至于普通人难以接近,想入门又不知道怎么入手。

基于这样的考虑,我开设了一门面向大众的哲学普及课程——哲学100问。通过系统阐述从古至今的哲学家的思想,让大家真正了解两千多年来西方哲学的发展脉络,为普通大众开启一扇通向哲学的大门。

哲学,是关于思想的事业,是精神领域的探索。在生活中,我们每时每刻都会用到哲学的思维方式。哲学,最早的定义是"爱智慧",是追求真理的学问——对人类精神之根的追问,对人的真实价值的探求。

哲学是一门学问,但又不像现成的学问那样有公式可寻,哲学是一场思想的探险。一旦我们踏入了哲学的领域,心中对真理的向往就会引领我们走向一个前所未有的新天地,这一切都将是对我们思想的考验和勇气的锻炼。

本书将从公元前6世纪的古希腊哲学开始谈起,以早期自然哲学家对世界本原问题的思考为切入点,进而讲到苏格拉底、柏拉图、亚里士多德这三位贤者,然后介绍公元1—16世纪的中世纪时期的基督教哲学，公元 17—19 世纪的近代哲学，探究笛卡尔、斯宾诺莎、莱布尼茨的唯理论哲学和洛克、贝克莱和休谟的经验论哲学，最后讲到伟大的德国古典哲学——康德的批判哲学以及黑格尔的唯心哲学。

我们将沿着这样的历史脉络慢慢深入介绍和探讨，带领大家踏入西方哲学的神圣殿堂。

目录 Contents

第一部分 古希腊的智慧

第一篇 探问世界的本原 ········· 003

01 水是世界的本原 ········· 003

02 世界万物源于"无定" ········· 004

03 气是万物的本原 ········· 005

04 世界是一团永恒的活火 ········· 007

05 水、火、土、气构成万物 ········· 009

06 世界的本原是原子和虚空 ········· 011

07 数是万物的本原 ········· 013

08 世界源于"存在" ········· 016

09 芝诺悖论 ········· 020

10 人是万物的尺度 ········· 025

小结：古希腊早期哲学 ········· 028

第二篇　古希腊三贤 ········· 030

01 苏格拉底是谁 ········· 030
02 苏格拉底：如何为思想助产 ········· 032
03 苏格拉底为何非死不可 ········· 035
04 苏格拉底：认识你自己 ········· 039
05 柏拉图：哲学可以使国家至善 ········· 041
06 柏拉图：现象界背后还有一个世界 ········· 043
07 柏拉图：四线段的比喻和太阳的比喻 ········· 046
08 柏拉图：洞穴的比喻 ········· 050
09 柏拉图：理想国真的理想吗 ········· 053
10 柏拉图式恋爱是精神恋爱吗 ········· 057
11 亚里士多德：吾爱吾师，吾更爱真理 ········· 063
12 亚里士多德：形而上学从何而来 ········· 067
13 亚里士多德：存在是什么 ········· 069
14 亚里士多德：什么是实体 ········· 072
15 亚里士多德：实体是如何形成的 ········· 074
16 亚里士多德：幸福是什么 ········· 078

第三篇　古希腊晚期哲学 ········· 082

01 古希腊哲学走向衰落 ········· 082
02 伊壁鸠鲁主义 ········· 085
03 斯多葛主义 ········· 090
04 怀疑主义 ········· 093
小结：古希腊三贤和古希腊晚期哲学 ········· 096

目录

第二部分　中世纪基督教哲学

导　言　中世纪信仰时代的哲学 …………………………… 103

第一篇　**基督教与基督教哲学** …………………………… 106
  01　基督教的起源是什么 …………………………… 106
  02　耶稣基督到底是谁 …………………………… 109
  03　基督教为什么能与哲学结合 …………………………… 113
  04　一个时间轴：从教父哲学到经院哲学 …………………………… 117

第二篇　**教父哲学** …………………………… 120
  01　奥古斯丁：真理是上帝之光 …………………………… 120
  02　奥古斯丁：创世与时间 …………………………… 122
  03　奥古斯丁：原罪与救赎 …………………………… 124

第三篇　**经院哲学** …………………………… 127
  01　安瑟尔谟：上帝存在的本体论证明 …………………………… 127
  02　托马斯·阿奎那：哲学与神学是什么关系 …………………………… 130
  03　托马斯·阿奎那：上帝存在的五路证明 …………………………… 132
  04　共相问题 …………………………… 134
  05　奥康的剃刀 …………………………… 139
  06　基督教哲学因何衰落 …………………………… 141
  小结：中世纪基督教哲学 …………………………… 143

第三部分　近代理性主义哲学

第一篇　文艺复兴时期的哲学及认识论的转向 ………… 149
　　01 意大利文艺复兴 …………………………………… 149
　　02 皮科：人的发现 …………………………………… 151
　　03 布鲁诺：自然的发现 ……………………………… 152
　　04 如何获得真理性知识 ……………………………… 156
　　05 英国经验论和大陆唯理论 ………………………… 159

第二篇　早期经验论哲学 ……………………………… 163
　　01 培根：知识就是力量 ……………………………… 163
　　02 培根：四个假象阻碍了什么 ……………………… 164
　　03 培根：如何通过感觉经验获得确定的知识 ……… 166
　　04 霍布斯：如何形成知识 …………………………… 169
　　05 霍布斯：带有机械色彩的唯物主义者 …………… 172
　　06 霍布斯：国家是如何产生的 ……………………… 173

第三篇　唯理论哲学 …………………………………… 176
　　01 笛卡尔：怀疑一切 ………………………………… 176
　　02 笛卡尔：我思故我在 ……………………………… 179
　　03 笛卡尔："天赋观念"从何而来 …………………… 182
　　04 笛卡尔：心与物是什么关系 ……………………… 186
　　05 伽桑狄：批判笛卡尔 ……………………………… 190

目录

06 马勒伯朗士：对笛卡尔难题的解决	194
07 斯宾诺莎：神即自然	198
08 斯宾诺莎：宇宙模型如何构成	203
09 斯宾诺莎：一切从"真观念"出发	205
10 斯宾诺莎：自由是对必然性的认识	209
11 莱布尼茨：哲学上的二迷宫问题	211
12 莱布尼茨：单子如何构建世界	214
13 莱布尼茨：什么是"前定和谐"	218
14 莱布尼茨：心灵是一块"有纹路的大理石"	220
15 莱布尼茨：这是"最好的世界"	224
16 莱布尼茨："恶"从哪里来	227
小结：唯理论哲学	232

第四篇 经验论哲学 239

01 洛克：批判"天赋观念"	239
02 洛克：知识从哪里来	242
03 洛克：什么是简单观念	244
04 洛克：什么是复杂观念	246
05 洛克：社会契约论和三权分立	251
06 贝克莱：物是观念的集合	254
07 贝克莱：存在就是被感知	257
08 贝克莱：物质怎么成了虚无	261
09 贝克莱：肯定精神实体——心灵	264
10 贝克莱：肯定精神实体——上帝	267

11 休谟：知觉是什么 ·· 269

　　12 休谟：物质、精神和上帝都是不可知的 ·············· 273

　　13 休谟：任何事物都有原因吗 ······························ 277

　　14 休谟：因果关系真的靠谱吗 ······························ 281

　　15 经验论走向死胡同 ·· 285

　　小结：经验论哲学 ·· 288

第五篇　法国启蒙哲学 ·· 296

　　01 启蒙运动 ·· 296

　　02 伏尔泰：自然神论 ·· 297

　　03 孟德斯鸠：什么是法的精神 ···························· 299

　　04 卢梭：社会不平等的起源是什么 ····················· 302

第四部分　德国古典哲学

导　言　一座不朽的丰碑 ·· 309

第一篇　康德 ··· 312

　　01 康德：人类闪耀之星 ······································· 312

　　02 康德的终极关怀：人是什么 ···························· 315

　　03 康德：三大批判讲了什么 ······························· 318

　　04 为什么要批判"理性" ····································· 322

　　05 一场伟大的"哥白尼式的革命" ······················· 326

　　06 一个是现象界，一个是自在之物 ····················· 330

07 限制知识，为道德和信仰留下地盘 ·············· 334
　　08 什么是先天综合判断 ······················· 337

第二篇　康德的先验哲学 ························· 344
　　01 先验感性论 ··························· 344
　　02 先验知性论 ··························· 351
　　03 先验理性论 ··························· 365

第三篇　康德的实践哲学 ························· 379
　　01 人是自由的吗 ·························· 380
　　02 道德律是一种绝对命令 ····················· 383
　　03 人是目的，而不是手段 ····················· 386
　　小结：康德哲学 ··························· 390

第四篇　黑格尔 ······························· 399
　　01 一趟精神的探险之旅 ······················ 399
　　02 黑格尔：实体即主体 ······················ 405
　　03 什么是能动的辩证法 ······················ 407
　　04 世界的逻辑结构是什么 ····················· 410
　　05 传统哲学就此终结了吗 ····················· 415

尾　声　哲学万岁，生命万岁 ······················ 420

参考书目 ·································· 427

后　记 ··································· 431

第一部分

古希腊的智慧

第一篇　探问世界的本原

01　水是世界的本原

世界的本原问题，是早期古希腊哲学家探讨的主题。

开篇向大家介绍的第一位哲学家就是哲学之父——泰勒斯。泰勒斯生活的年代大概在公元前624年到公元前546年之间。那个时期的希腊人还没有任何哲学知识，对世界的认识仅仅是从古代神话中获得的，关于宇宙的起源和自然演化的朴素思想也是从神话中来的。泰勒斯深受古代神话的影响，开始逐渐思考"世界的本原"问题。

之所以说泰勒斯是西方哲

泰勒斯（约前624—前546年）。古希腊时期的思想家、科学家、哲学家。米利都人，创建了古希腊最早的哲学学派——米利都学派。他曾经成功预测了一次日食，天文学家经过精确计算确定那一年为公元前585年

学之父，是因为他最早提出"世界的本原是什么"这样的问题，并从经验而非神话的角度提供了一种答案。

泰勒斯提出：水是万物的本原。万物皆产生于水，水是生命之源。泰勒斯观察到，万物都以湿的东西作为养料，万物的种子生根发芽都需要水的滋润。在这个意义上，泰勒斯把世界的本原归结为水。

在当时的古希腊，这个观点的提出是一场思想革命。因为那时还没有完备的科学知识和哲学知识，对这个复杂的大千世界的认识还停留在表象和普遍的事物层面，而泰勒斯试图摈弃神话解释，将世界的本原从纷繁复杂的表象归结成一种物质，这种思考和分析问题的方法是有跨时代的意义的。从某种意义上讲，泰勒斯是古希腊的第一位自然哲学家。

02 世界万物源于"无定"

泰勒斯的学生阿那克西曼德则认为"水作为万物的本原"是说不通的，他认为水是有形之物，有形之物不可能作为最原始的东西。他看到了水本原说的局限性，水可以解释事物的潮湿性，那怎么解释火的热性、土的干性和气的冷性呢？

阿那克西曼德进一步思考，他认为万物的本原应是一个无形的东西，被称作"无定"——一个没有任何规定性的事物。也许，阿那克西曼德自己也解释不清楚这个无限制、无规定的东西是什么，

第一部分 古希腊的智慧

但正因为其说不清、道不明，才能够称之为万物的本原。

打一个通俗的比方，这个"无定"类似于可以变幻无穷的本体，就像我们童年时玩的橡皮泥，橡皮泥具有非常强的可塑性：万物产生时，物体就从这块橡皮泥中分离出来，获得成为某种具体事物的规定性。比如一棵树，当这棵树枯老后，去掉了规定性又化作一块橡皮泥，这样又回到了具有可塑造的无规定状态。当然这是一个比喻，意在告诉大家

阿那克西曼德（约前610—前545年）。泰勒斯的学生，"米利都三杰"之一，绘制了世界上第一张全球地图

"无定"这个概念就是没有规定性，万事万物起源于这样的无规定性，消灭后又回到无规定的状态。

阿那克西曼德的高明之处就在于，他认为：**生就是从无限到有限，灭就是从有限重归于无限的过程。**

03 气是万物的本原

阿那克西曼德的学生阿那克西美尼，提出了"气是万物的本原"的观点。

这时有人就要问了：泰勒斯认为世界的本原是水，现在又提出气是本原，那岂不是又退回到最初的状态，把世界的本质归结为一种有限的物质形态中去了吗？其实不然，"气本原说"的思想实际上是朝前迈进了一步。

阿那克西美尼（约前 570—前 526 年）。古希腊哲学家，与泰勒斯、阿那克西曼德并称为"米利都三杰"

阿那克西曼德说世界的本原是"无定"，但并没有告诉我们这个"无定"究竟是什么。而阿那克西美尼则认为这种"无定"就是一种气，是比水更加无定形、同时又有着内涵的自然物质。从这个意义上说，阿那克西美尼的"气本原说"是对前面两位哲学家泰勒斯和阿那克西曼德思想的一个综合。

泰勒斯、阿那克西曼德和阿那克西美尼都是希腊米利都学派的哲学家，被称为"米利都三杰"。泰勒斯把水当作世界的本原，阿那克西曼德把"无定"当作世界的本原，阿那克西美尼则认为气是万物本原。这三位哲学家都是从感觉和经验出发去探寻世界的本原问题，这种解释是一种最为自然的路径，因而也可以称作是自然哲学。

那么除了感觉和经验外，是否还有一个更为理性和抽象的思维方式去理解世界的本原问题呢？

第一部分　古希腊的智慧

04 世界是一团永恒的活火

　　赫拉克利特大约生活在公元前540年到公元前470年间，他是一个带有传奇色彩的人物。据说他出生在伊奥尼亚地区的爱菲斯城邦的王族家庭里，本来应该继承王位的，但却将王位让给了他的兄弟，自己跑到女神阿尔迪美斯庙附近隐居起来。总的来说，赫拉克利特的思想非常晦涩和神秘。他有两个思想影响重大：第一个是"火本原说"，第二个是朴素辩证法。

赫拉克利特（约前540—前470年）。古希腊一位富有传奇色彩的哲学家，他认为世界是对立统一的，一切产生于一

火本原说

　　赫拉克利特认为：火是万物的本原，整个世界就是一团不断燃烧、不断熄灭的永恒的活火。

那么，"火本原"和之前的"水本原"与"气本原"是一样的吗？仔细思考便会发现其不同之处。火是一种燃烧的状态，物体只有在燃烧后才会出现火的现象，一般情况下是不会出现火这个物质的。火的状态是流动和变化的，而水和气是一种自然的物质和现象，在自然的状态里我们便可以看到"水"这个物质和"气"的现象。

赫拉克利特用"火"来解释世界的本原，该如何理解？火有两种状态——熄灭和燃烧。火熄灭了，就变成了世界的万事万物，世界被生发而成；而世界的万事万物在燃烧时又复归为火，火在燃烧，万物就被毁灭掉。

因此，赫拉克利特用火的两种状态去诠释世界的两种状态。火熄灭后生成了万事万物，万事万物燃烧后又复归为火。火作为万物本原是不定型的东西，万事万物的转化也是不定的。

逻各斯

在火与万物转化的背后，是不是存在着某种具有普遍性和规定性的东西呢？火与万物的转化过程，是不是遵循着某种规律而进行的呢？赫拉克利特思考到这里，又将西方哲学的思想进程向前推进了一步。他抽象出了一个不变不动的、在背后统摄一切现象的"逻各斯"。

表面上看世界万物在变换（火与水、气、土等万物的转换），但在更深层次却有一个更为根本的神秘规定在左右着世间万物，这就是"逻各斯"在起作用。当然这个观点是赫拉克利特从毕达哥拉斯的"数本原说"发展而成的，毕达哥拉斯学派我们后面会讲到（作者：按照从自然哲学到形而上学的编排顺序，所以先讲了赫拉克利特的思想)。

什么是"逻各斯"？通俗地理解，"逻各斯"就是一种抽象的原则，是万事万物遵循的恒常法则，是那个存在之为存在的东西。也就是说，万事万物都要遵守着这个"逻各斯"而运行，"逻各斯"是现象背后的本质规定。

人不能两次踏进同一条河

赫拉克利特有一句名言："人不能两次踏进同一条河。"河流总是在流动变化的，你第一次踏进一条河和第二次踏进时，情境不可能一模一样。因为第二次踏进河流时，是新的水流在流淌了，而非原来的水流。这个意思即是，任何事物都处在变化当中。

通过直观就能够认识到事物处在变化状态中，这就是朴素的辩证法思想。而万物变化的根据，是由于其内在的固有矛盾所致。与此同时，赫拉克利特还强调相对性。比如"最美的猩猩与人相比也是丑的"就是相对性的体现。

05 水、火、土、气构成万物

恩培多克勒大概生活在公元前495年到公元前435年间，他的哲学诗《论自然》和《净化论》文字优美，被亚里士多德誉为"修辞学的创始人"。同时他还是一名医生，且医术高明，据说可以使人起死回生，当然这都是传说罢了。

四根说——水、火、土、气

恩培多克勒在哲学方面最大的理论贡献,就是他提出了"四根说",他把世界的本原归结为四个元素——水、火、土、气。这四个元素按照不同的比例,构成了万事万物。万物因为"四根"的组合而生成,因"四根"的分离而消失。

这和之前说到的泰勒斯、阿那克西美尼分别提出的"水本原"和"气本原"是类似的吗?当然不是。之前的哲学只是把世界的本原归结为单一的某一种物质,而恩培多克勒把世界的本原从空间上还原为四个元素——水、火、土、气一起构成,而且是按照不同的比例构成。从哲学史来说,这是对之前哲学家思想的一种重新综合。

恩培多克勒(约前495—前435年)。古希腊哲学家、科学家。他认为水、火、土、气四种元素构成万物

爱与恨

除了"四根说",恩培多克勒在哲学上的另一个贡献就是,提出了"爱"和"恨"这两种特殊的力量。这里所说的"爱"和"恨",不是我们当今人与人之间的爱恨情感,而是事物与事物、元素与元素之间的一种关系——"爱"就是友好,"恨"就是争吵。

"四根"自身没有能力让万物组合和分离,必须依靠一种外力,这个外力就是"爱"和"恨"的力量。

爱的力量让"四根"产生合力,生成万物;恨的力量让"四根"产生斥力,分离万物。

06 世界的本原是原子和虚空

德谟克利特生活在公元前440年前后,他出生于希腊东北方的工业城市阿布德拉的一个富商之家。他一生勤奋钻研学问,有着渊博的知识,在哲学、逻辑学、数学、天文、军事、艺术等方面都有所建树。

原子论

德谟克利特提出了最为著名的"原子论"思想。这个"原子"指的是什么?

古希腊哲学中的"原子"并不是我们现今物理意义上的原子,

而是指经由事物不断分割，一直分割到无法再分割时，剩下的那个最小的东西，这是世界最后的单元。或许，在我们的印象里能想到的原子就是一粒灰尘了，但古希腊哲学中的原子或许比这一粒灰尘还要小。

德谟克利特认为，世界的本原是原子和虚空。

"原子"是充实的最小微粒，虚空的意思就是与充实相反。德谟克利特把万事万物抽象出来，不再是拿具体的事物当本原，而是把"原子"——这个看不见摸不着的最小的微粒看成本原，这个最小的微粒再组合而成各种具体的事物。

原子处在永恒的运动之中，原子运动的场所就是虚空。简单地理解，虚空其实就是空间，原子被空间包围着。无数多的原子在虚空中运动，原子与原子之间碰撞后产生了漩涡，最终构成了万事万物。

德谟克利特也是古希腊自然哲学的集大成者。

从泰勒斯到德谟克利特，他们都是按照自然的方式去探寻世界的本原，

德谟克利特（前460—前370年）。古希腊哲学家，原子论学说的创始人之一。他认为世界自从建立之日起，就在遵循规律发展，这些规律是上天注定的

第一部分 古希腊的智慧

属于古希腊哲学中自然哲学的部分。下面,我们以毕达哥拉斯学派为切入点,去看看另外一种探寻本原的方式——形而上学的方式。

07 数是万物的本原

初探"形而上学"

到底什么是形而上学呢?

可以说,西方哲学史从古希腊到公元19世纪近代哲学阶段,哲学的一大主题就是探讨形而上学的问题。通俗理解,形而上学研究的就是那个万事万物背后的法则,那个终极实在、现象背后的最为本质的、变中之不变的东西。就好比中国哲学中的"道",万事万物背后都有一个"道"在左右着一切,万事万物都遵循这样一个法则。

知道了形而上学,再来了解毕达哥拉斯学派的思想,就

毕达哥拉斯(约前570—前497年)。古希腊数学家、哲学家,创立了毕达哥拉斯学派。宣称数是宇宙万物的本原,研究数学的目的不是使用而是为了探索自然的奥秘

013

容易理解了。

数是万物的本原

毕达哥拉斯，大约出生于公元前570年间的爱琴海萨摩斯岛。他从小聪明好学，也是一个非常具有传奇色彩的人物，他对东方智慧情有独钟，游历了当时世界上两个文化水准极高的文明古国巴比伦和印度，汲取了多元的文化。他既是一个数学家，也是一个神秘主义宗教的创立者，他的哲学思想也是非常具有神秘色彩的。

毕达哥拉斯最为著名的哲学命题就是"数是万物的本原"。这时已经不再像之前的哲学家把"水、火、土、气"等自然事物当作万物的本原了，而是把"数"当作本原。

数是什么？其实数就是一个概念。比如把5个苹果和5个梨放在一起，我们去找到它们具有共同性的地方，就是苹果和梨的数量——"5"，这个"5"就是数的概念。其实，这个过程无形中已经在运用抽象思维了，可能我们现在觉得不以为然，但在古希腊时期，在没有哲学逻辑和哲学知识的情境下，毕达哥拉斯进行这样的思考就是一个很大的进步。

"数是万物的本原"该如何理解？

毕达哥拉斯认为，万物都是由数来决定的，通过经验观察，任何千差万别的事物的背后，都有某种数量的关系，有着数量的规定性，世界是按照一定的数量比例而构成的秩序。他认为，1是一个最基本的数，它既不是偶数也不是奇数，但可以构成偶数和奇数。1+1就是第一个偶数2，而第一个偶数再加1就构成了第一个奇数3……所以，在毕达哥拉斯看来，1是数的本原。

那么 1 又是怎样跟万物发生关系的呢？毕达哥拉斯有两种解释：第一种解释通过具体的现象去解释，这种还是偏自然哲学的方法；第二种解释则高度抽象，是以一种神秘的方式去解释。

首先，我们来说第一种具象解释。

毕达哥拉斯认为，数的本原是 1。

1 就是一个圆点；1 加上自身就是 2，两个圆点构成一条线；再加 1 就是 3 个圆点，3 个圆点连在一起构成一个面；再加 1 就是 4 个圆点，4 个圆点连在一起构成体，体再构成水、火、土、气，然后再构成万事万物。这样，从 1 生发出点、线、面、体，然后再生成水、火、土、气，然后到万事万物。这是第一种解释，还是从现象出发，没有彻底的抽象化。

而到了第二种解释，则具有了神秘主义的色彩。毕达哥拉斯把数比喻成这个世界的不同维度。世界分为十对范畴，每一个范畴是对世界的一种抽象化的概念，而一个数则对应了相应的范畴。

这十对范畴分别是：

奇数和偶数；

有定形和无定形；

一和多；

右和左；

阳和阴；

静和动；

直和曲；

明和暗；

善和恶；

正方和长方。

毕达哥拉斯通过这十对范畴,把世界分为了十个领域,世界万物的任何一个物质、任何一件事儿都会对应到这十对范畴当中。

赵林在《西方哲学史讲演录》中提到,在这十对范畴中,每个数字都代表一个范畴,从而把世界划分为不同的维度,每一个维度均由一个数字来代表,具体的事物就变成了对数的模仿,数就生发了世界万物。这种解释,把"数"高度抽象化和神秘化了。

从古希腊哲学史的角度来说,毕达哥拉斯的理论有他的高明之处,他不再遵循自然哲学从感官上探寻世界本原的套路,而是从具体事物背后抽象出来一个概念——数,将其当作世界的本原。尽管具有神秘色彩,但这是一种形而上学式的探究方式,即透过现象找到背后的总法则。

这是哲学史思想上的进步。

下面我们去看看受毕达哥拉斯学派影响的一位哲学家——巴门尼德在形而上学道路上,又提出了怎样的新的见解。

08 世界源于"存在"

巴门尼德是古希腊早期四大哲学学派之一的爱利亚学派的重要代表。这里有必要向大家先介绍一下爱利亚学派,因为巴门尼德的存在论和爱利亚学派的第一位哲学家有关。

爱利亚学派：克塞诺芬尼

爱利亚学派的第一位哲学家叫克塞诺芬尼，他最大的贡献就是提出了"一神"取代多神的观点。在古希腊神话中有诸多之神，克塞诺芬尼则对当时希腊城邦中流行的多神论进行了批判："不要去歌颂传说、神话和史诗中所传说的宙斯和泰坦、巨人们的斗争，因为那些都是先辈们的虚构；也不要去歌颂城邦里那些无益的纷争，唯有崇敬神才是善行。"

这里他崇敬的神，就是他提出的独一无二的神，用这个独一无二的神去取代变化多端的诸神。

在古希腊神话中，诸神都是有形态的，而希腊人崇拜的那些神只不过是人们按照自己的形象杜撰出来的。克塞诺芬尼第一次打破了这个传统，提出了独一无二的神，它没有形体，不是我们的感官对象，而是通过思想的力量来推动一切事物，来创造世界。用"一"取代"多"，用不生不变的一个神来取代变化多端、喧闹不已的多神，这就是爱利亚学派第一位哲学家克塞诺芬尼的思想。这个思想对他的学生巴门尼德提出"存在"的概念影响重大。

这个抽象出来的、不变的"一"，也就是这个"神"，后来巴门尼德把它称为"存在"。我们在理解巴门尼德的存在论的时候，一定要和克塞诺芬尼的"一神"联系在一起。

巴门尼德：存在论

巴门尼德是克塞诺芬尼的学生，他的鼎盛年约在公元前500年。他的思想主要通过他的哲理长诗《论自然》体现出来，其中"存在

巴门尼德（约前515—前5世纪中叶以后）。古希腊哲学家，前苏格拉底时代最有代表性的哲学家之一

论"是其最为著名的理论。

什么是"存在"呢？

巴门尼德通过两个对立的判断提出了"存在"的概念："**存在者存在，非存在者不存在和存在者不存在，非存在者存在。**"乍一看这两个判断可能会让人有一些晕，其实这两个对立的判断，是巴门尼德区分事物的两条路，即"真理之路"和"意见之路"。

先来说"存在"的问题。巴门尼德并没有明确表述"存在"到底是什么，但我们结合哲学史，对理解"存在"这个概念是有帮助的。

回忆一下早期古希腊哲学的发展脉络，当我们把克塞诺芬尼的"独一无二的神"、毕达哥拉斯的"数"和赫拉克利特提出的"逻各斯"放在一起时，是不是能感觉到它们之间的某种共同的特性呢？

没错，这几个概念都是一种抽象的概念，都是抽象出来的事物背后、现象世界背后的本质规定。而这个概念发展到柏拉图那里就是"理念"。

巴门尼德指出了"存在"的几个特征："存在是不生不灭的；存

在是完整的、单一的、不动的、没有终结的。"

真理之路和意见之路

前面提到,巴门尼德在提出"存在"概念时提出了两条路,即真理之路和意见之路。

"存在者存在,非存在者不存在。"这是一条真理之路。

"所是的东西不能不是,这是确信的途径,与真理同行。"这里的"是"就是"存在"。那么"所是的东西不能不是"相当于形式逻辑的同一律(A=A),也即"存在者存在"。

这是用一种理智的思维去认识事物,最后就能通向"存在者存在"的光明世界。真理之路就是对"存在"的一种认可,这是巴门尼德非常推崇的。

"存在者不存在,非存在者存在。"则是一条意见之路。

所谓意见,就是大家各自的主张。对知识的追求是通过"茫然的眼睛、轰鸣的耳朵或舌头为准绳"的感觉来通达的,而用这样的方法是追求不到真理的。

在巴门尼德看来,"是者(存在)不是(非存在),而不是的东西必定是,但此路不通。"

为什么"'不是的东西必定是'是不通的"?理由就是违反了矛盾律(即 A≠~A,A 不能等于非 A),但"不是的东西必定是"岂不是相当于"A 等于非 A"了吗?所以这条意见之路行不通。

在巴门尼德看来,不要走意见之路,唯有走真理之路才能寻觅到真理。

巴门尼德的存在论赋予了一神论一种哲学表达,但还没有达到柏拉图"理念论"的高度，但巴门尼德的存在论成了从毕达哥拉斯的"数"到柏拉图的"理念论"之间的一个必要接力手。

09 芝诺悖论

芝诺（约前490—前425年）。古希腊数学家、哲学家。他是埃利亚派的著名哲学家巴门尼德的学生和朋友，以芝诺悖论著称

爱利亚学派的第三位哲学家芝诺，是巴门尼德的学生。

芝诺的鼎盛年大约是在公元前468年，他在哲学史中的最大贡献便是对巴门尼德的存在论思想进行了辩护。在巴门尼德看来，"存在"是不生不灭、独一无二、不变不动的，而芝诺的思想就是要否定"运动"和"多"。但芝诺的劲儿使得有点大，因矫枉过正而走入了"诡辩"的境地。这里说的"诡辩"是一种狡辩的表达方式，有意将真理说成谬误，将谬误说成真理。

第一部分　古希腊的智慧

为了给巴门尼德辩护,芝诺把他的论证构造成悖论的形式,看似有一些道理实际上又是自相矛盾的。下面,我们来看看这四个悖论分别是什么。

悖论一：二分法

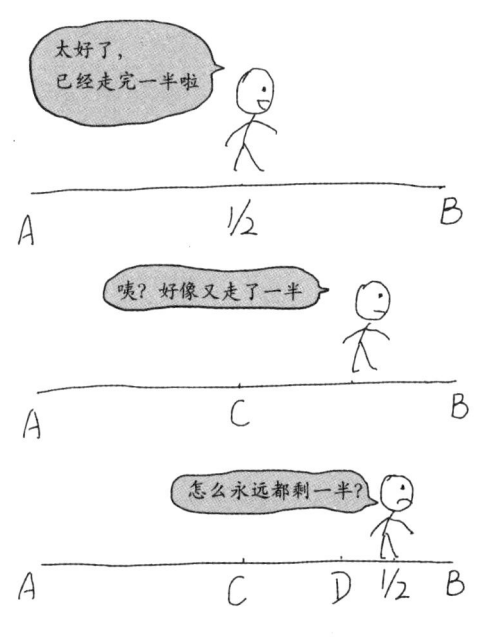

芝诺悖论一：二分法

芝诺："一个人从 A 点走到 B 点,要先走完路程的 1/2,再走完剩下总路程的 1/2,再走完剩下的 1/2……"

那么如此一来,这人是永远也无法从 A 走到 B 了。

021

悖论二：阿基里和乌龟赛跑

芝诺悖论二：阿基里和乌龟赛跑

古希腊跑得最快的英雄阿基里和一只乌龟进行赛跑，乌龟可以先爬一段路程，然后阿基里跑完这段路程后，乌龟也向前爬了一段路程，当阿基里跑完这段路程后，乌龟又向前爬了一段，如此一来，阿基里永远也追赶不上乌龟。也就是说一个跑得快的人，永远追赶不上一个跑得慢的人。

芝诺前两个悖论的共同点就是否定了运动的连续性。芝诺从理论上把运动分割为无数个瞬间，以为每一个瞬间就是静止不动的了，但事实并非如此。事实上运动是连续发生的，但芝诺不承认经验意义上的事实,他只接受经由理性思辨思考出来的东西。

芝诺的思路是暂时先"承认"运动,然后通过理性分析去揭示其中产生的悖论。他通过否定运动的连续性,达到否定"运动"的目的。

悖论三：飞矢不动

芝诺悖论三：飞矢不动

一支箭从 A 点射向 B 点,那么从 A 到 B 的这段路程中,每一段时间都可被分割为无数时刻,每一个时刻中,这支箭都占据一个位置,因此是静止不动的,就是说这支箭是停留在各个位置上的,而不是从一个位置飞向另一个位置。

这个论证的结果还是为了说明事物不是运动的,运动可能只是一种幻象。但芝诺却犯了一个错误,它在理论上把运动分割为无数个间断的片段,把静止绝对化,但在实际当中运动却是连续发生的,好比这支箭从 A 射向 B 是一个连续运动的过程,你不可能见到这支箭停留在 A 到 B 当中的某一个位置吧。

悖论四:一倍的时间等于一半的时间

芝诺的第四个悖论是"一倍的时间等于一半的时间"。这个就是一个纯数学游戏,是一个相对速度的概念。我们需要借助一个图形来说明。

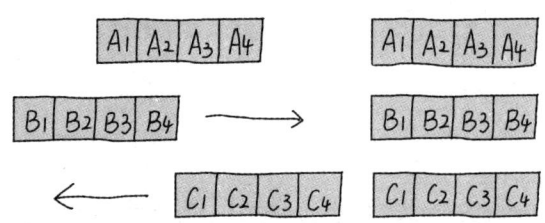

芝诺悖论四:一倍的时间等于一半的时间

假设有 A、B、C 三行物体,A 这一行是静止不动的,B 行和 C 行物体朝着相反的方向移动,它们的速度是一样的。

当 B_4 达到 A_4 时,C_1 也达到了 A_1,这两行用的时间是一样的。

在这段时间里,B_4 通过 A 行两个位置,而通过 C 行四个位置。

B 通过 C 的数量要比通过 A 的数量多了一倍。因此 B 行用来越过 C 的时间要比它用来越过 A 的时间长一倍,或者说 B 越过 A 的时间是越过 C 的时间的一半。

但实际上 B_4 和 C_1 分别用来走到 A_4 和 A_1 的位置的时间又是相

等的。

因此得出一个结论：一倍的时间等于一半的时间。

以上就是芝诺的四个悖论。

现在看来，这些太荒谬了，但对当时的希腊人来说，这些论证是非常具有迷惑性的。芝诺的论证就是为了颠倒常识，培养大家用纯粹逻辑的形式来认识世界的思维习惯，用思维真实性来否定现实中、感觉中的真实性。

他的一切论证，只为得出一个结论：否定运动的可能性，运动是不存在的，只有存在本身是不动的。这一切都是为了给巴门尼德进行辩护。

反观历史，虽然说芝诺的论证带有一定的诡辩色彩，但他的理论也蕴含着辩证法的萌芽，他重视逻辑推理论证而轻视感觉经验的做法，对于推动西方形而上学的发展又是至关重要的，我们也要承认芝诺在西方哲学史上的重要贡献。

10 人是万物的尺度

早期的希腊哲学家关注的是客体自然界，对"世界的本原"的追问都是从外界寻找答案。而从智者派开始，便将哲学关注的焦点从自然转向了人自身，由"外"转向"里"了。

智者学派

古希腊时期的"智者"是什么身份呢?

古希腊城邦文化的日益发展,让希腊人最早开始思考哲学。到了公元前5世纪,随着希腊民主政治的发展,希腊的政治舞台充满着和奥林匹克盛会一样的竞争。对于城邦的公民来说,要参与政治和法律诉讼都需要具备良好的口才。如何在激烈的争辩中获胜,如何在争辩中用优雅的语言表达思想,这是当时每一个希腊公民都要具备的素质。只有具备了高超的辩论和演说能力,才有可能在民主政治的竞争中取得成功。

而"辩论"本身就是一门有技巧的学问,这时在古希腊就出现了一批专门教人如何辩论的专业人士,他们以"教授辩论"为职业,被称为"智者"。

智者们对早期希腊自然哲学和形而上学表现出一种怀疑态度,通常都会对传统的宗教信仰、风俗习惯和世袭观念提出挑战,他们不相信有任何确定和可靠的知识。

现在看来,智者应该是哲学史上最早一批具有批判精神的人,他们把对哲学的关注点从客体自然界转向了人的社会生活领域。

公元前5世纪前后,雅典出现了三位具有代表性的智者,即普罗泰格拉、高尔吉亚和塞拉西马柯。我们在此介绍其中的一位人物——普罗泰格拉。

普罗泰格拉:人是万物的尺度

普罗泰格拉大约生于公元前490年,死于公元前421年。在那

第一部分 古希腊的智慧

个时期,普罗泰格拉针对爱利亚学派的观点提出了反对意见。关于爱利亚学派,前面已经讲过几位代表人物,如克塞诺芬尼、巴门尼德和芝诺,他们主张把独一无二、不变不动的"存在"当作世界的本原。而普罗泰格拉则持相反的观点,他认为世界是流动变化的,不是不变不动的状态,世界不是单一的。以此为出发点,普罗泰格拉提出了著名的观点:**人是万物的尺度**。

普罗泰格拉(约前490—前421年)。公元前5世纪希腊城邦民主政治高度发展,普罗泰格拉是智者派的主要代表人物。他主张"人是万物的尺度"

"人"成了判断一切的准则,人们对一切事物都根据各自的感觉作出不同的判断,而不再相信世界上存在一个不变的本原。而"人"这个维度,本身就非常具有主观性。"一千个人心中有一千个哈姆雷特。"不同的人之间是有差异的,对同一件事情的判断标准也不一样,因而就会得出不同的结论。

正如普罗泰格拉说的:**"事物对于你就是它向你呈现的样子,对于我就是它向我呈现的样子。"**万物的本原就是你眼中看到的样子,是经由你的感觉判断而来的,是你自己的认识而已。

这就是普罗泰格拉著名的观点"人是万物的尺度"。每个人都有一个标尺,每个人都用自己的标尺来衡量世界,所判断出来的多样的世界在每个人心中又都是真实的。由此可以得出,普罗泰格拉把哲学探讨的主题从客体自然界转向了主体人自身,提倡的是主观的多元性哲学,摒弃了早期自然哲学对一元的"逻各斯"和"存在"探究的思考模式。

同智者学派一样,把哲学关注的焦点从外界转向自身的还有一位哲学家,那就是苏格拉底。当时,许多雅典人把苏格拉底看作智者,但事实上苏格拉底是智者派最尖锐的批判者之一。因为智者派是怀疑主义者,不相信有任何确定的或可靠的知识,而苏格拉底则坚持追求真理,他认为自己的任务就是为确定的知识寻找基础。

小结:古希腊早期哲学

古希腊早期的哲学家,他们关注的是——世界的本原是什么。

当时并没有一套完整的哲学知识体系,人们对世界的认识仅仅停留在感性的物质层面。

在这个背景下出现了一大批早期的自然哲学家。他们把世界的本原归于一种自然的形态:泰勒斯将世界的本原归于水,阿那克西曼德将世界的本原归于"无定",阿那克西美尼将世界的本原归于气,赫拉克利特将世界的本原归于火,恩培多克勒将世界的本原归于"四根"——水、火、土、气四种元素,德谟克利特将世界的本原归于原子。

第一部分 古希腊的智慧

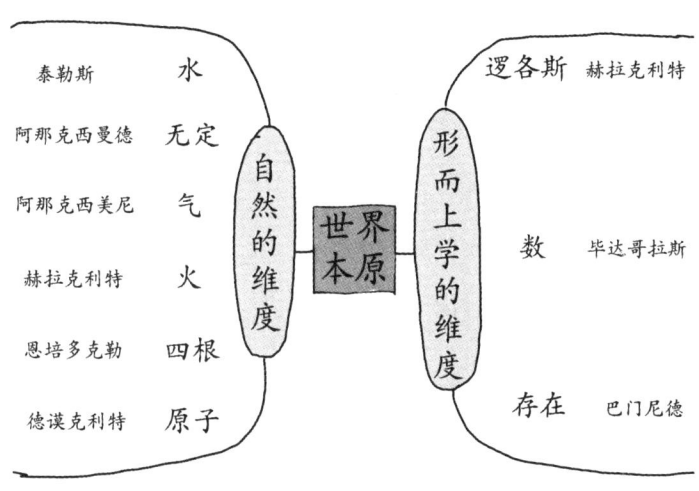

探寻世界的本原

但这个时期，哲学还是在不断发展和前进的。哲学家开始寻找一个更为抽象的概念，这时形而上学的雏形初现。比如赫拉克利特由"火本原说"延伸到"逻各斯"的概念，毕达哥拉斯提出的"数本原说"，巴门尼德的存在论等，这些都是形而上学的路径。古希腊早期的哲学家已经由对世界本体自然形态的思考，发展为一种形而上学的思考了。

如果精简一下本篇内容的思路，大概是这样的：哲学诞生于古希腊时期。早期关注的对象是世界的本原问题，并通过两个角度探究"世界的本原"：一个是从自然的角度，把世界的本原归于水、火、土、气等；另一个是从更为抽象的形而上学角度，把世界的本原归为"逻各斯""数"和"存在"等概念。

第二篇
Passage 2 >> **古希腊三贤**

01 苏格拉底是谁

公元前399年，这原本是一个很平常的年份，但因为一个人，这个年份被载入史册。这一年，古希腊的大哲学家苏格拉底被法庭判处死刑。他没有留给我们任何著作，他的思想都是被他的学生柏拉图和色诺芬等人记载下来的，但他却是西方哲学史上的一位重量级人物。苏格拉底是古希腊哲学的一个分水岭，也是西方哲学的奠基者。

苏格拉底出生于公元前469年的雅典，他的父亲是一个雕塑匠，母亲是一个助产婆。苏格拉底的家庭境况，使他从懂事开始便跟着父亲一起学习雕刻。天性聪明的苏格拉底很快就习得了娴熟的雕刻技艺，但他的兴趣点并不在这上面，工作之余他总是挑灯夜读脍炙人口的《荷马史诗》，有时候他还出入雅典剧院，去欣赏埃斯库罗斯的悲剧。他学习诗歌和音乐，阅读许多古代哲学家的著作，聆听智者学派的雄辩术。可以说，苏格拉底骨子里就透着一种对知识的极大渴望。

据说，苏格拉底的长相比较丑陋，形态也比较怪异。他身材矮小，头颅很大，而且还是一个秃头；大圆脸，眼睛深凹下去，鼻子很宽很扁，还有一张奇大无比的嘴巴。但苏格拉底对自己的相貌却有着自己的看法，他说："实用才是美的。一般人的眼睛深陷，只能往前看，而我的眼睛可以侧目斜视；一般人的鼻孔朝下，因而只能闻到自下而上的气味，而我可以闻到整个空气中的美味；至于大嘴巴、厚嘴唇，可以使我的吻比常人更加有力、接触面更大。"

苏格拉底（前469—前399年）。古希腊思想家、哲学家，苏格拉底和他的学生柏拉图，以及柏拉图的学生亚里士多德并称为"古希腊三贤"，他被后人广泛地认为是西方哲学的奠基者

就是这样一个相貌平平的人一心扑在学问上面，成为当时雅典众多智慧青年所爱戴的老师。

苏格拉底一生都过着艰苦的生活，无论严寒酷暑，他总是穿着一件普通的单衣，也不怎么穿鞋，对吃饭也不怎么讲究，他对这些生活上的琐事没那么在乎。他的注意力都聚焦于思想层面，对智慧和真理的探求才是苏格拉底的毕生追求。

02 苏格拉底：如何为思想助产

苏格拉底有一个特点，那就是特别喜欢问别人问题。但在当时的背景下，他的这个习惯却没能给他带来好运。

苏格拉底生活的时代背景

苏格拉底生活在雅典城邦的黄金时代和鼎盛时期，当时雅典的经济、政治和文化都达到了前所未有的繁荣之境。在这样的时代背景下，苏格拉底开始了他在哲学领域的遨游。

他并没有局限于前人的知识，也不满足于自己目前所学，而是整日思考和探索，以求在新的领域有所突破。苏格拉底之前的哲学家们，大多数都是用自然的方法探寻外部事物的发展和性质，寻找物质可测的规律和构成方式。这种思考方式是一种外向度的探索方式，关注点都在外界。而苏格拉底则不同，他把关注点从花草树木和碎石繁星转向了人——对内的探讨，对人的心灵世界的探索。

公元前1世纪的罗马思想家西塞罗，在评价苏格拉底时曾说："苏格拉底第一次把哲学从天上拉回到了人间。"意思就是，苏格拉底把哲学研究的重心从自然界转向了人的世界（作者：之前讲到智者派普罗泰格拉时，说到普罗泰格拉更早地将哲学主题从外界转向人自身，但与苏格拉底相比会稍有不同。普罗泰格拉关注的对象是

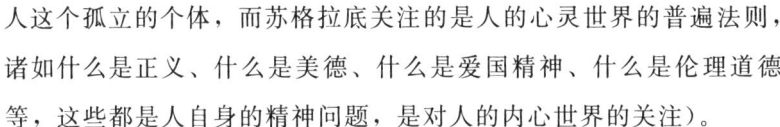

人这个孤立的个体,而苏格拉底关注的是人的心灵世界的普遍法则,诸如什么是正义、什么是美德、什么是爱国精神、什么是伦理道德等,这些都是人自身的精神问题,是对人的内心世界的关注)。

苏格拉底提问的方式

因为苏格拉底的关注点在人的世界,因此他需要四处探访,和不同的人交流以求索人的心灵,他解释一切的臆想和假设,质疑一切信条。苏格拉底的性格较为怪异,他总是在天亮前就起床,匆匆忙忙地吃些浸了酒的面包,穿上长袍,披件粗布斗篷便出门了。

苏格拉底出门干什么去呢?是找人提问去,或者说与人辩论。他经常在商店、寺庙、公共浴室或者随便一个街口便与人辩论起来。他提问的方式和常人不太一样,我们常人见面一般都会问"最近还好吗?"或者类似"你吃了吗?"这样的问题。但苏格拉底却问一些大而空泛的问题,而且专门挑别人的漏洞来问问题,通常让人下不来台。苏格拉底在街头可能会随便抓到一个人就问:"你认为什么是正义?"当对方回答不上来的时候,苏格拉底还会继续追问,直到对方崩溃他才收手。

在与人来来回回的问答中,苏格拉底探索着人的世界和心灵问题。这种谈话方式,也被人称作是"苏格拉底的方法"。他与人讨论时,先装作自己不懂,表现出一种谦虚的态度向对方提问,等对方回答后他再继续反问对方,揭露出对方回答中的漏洞,直到对方开始怀疑自己之前的说法,而后苏格拉底便引导对方到自己认为是对的那个层面,这种不断引导对方思考的谈话方法就叫"思想的助产术"。苏格拉底的母亲是助产婆,他认为母亲是帮别人的身体助产,而自己是帮别人的思想"助产"，自己的任务就是充当智慧的"助产士"。

总的来说，苏格拉底在向人讲授哲学和与人探讨道德的时候，虽然谈吐优雅、性情温和，时不时还充满幽默感，但他提问的方法和最后得到的效果却是令人不愉快的，他的追问是一种"打破砂锅问到底"的方式，不达目的决不罢休。

"思想助产"带来的影响

苏格拉底的谈话方法，其实也是辩证法。在一问一答的对话过程中，苏格拉底不断启发对方，又不断揭露对方的矛盾点，迫使对方不得不承认自己的错误，从而不断否定自己原来已经肯定的观点，经过很多辩论后，就逼迫对方逐渐接近真理。可能到最后仍然没有得出关于这个问题的最终答案，但这个讨论的过程却产生了很大的价值。

在当时的希腊城邦社会中，民主政治的发展让辩论成了公民生活的一部分。希腊人天性里透露着热爱真理的倾向，他们热衷于通过辩论的方式来获得知识，谈论哲学也成了雅典人的一种生活方式。在这种方式中，辩论的风气培育出了辩证法的土壤。苏格拉底的这套讨论方法就是辩证法，因此对于热爱智慧的雅典人来说，他们都十分热衷于这套对话的辩证法。尽管这套方法无法让人得出满意的答案，但雅典人要的就是讨论的过程。可以说，苏格拉底开创的这套对话的辩证法在当时也影响了一大批雅典民众。

03 苏格拉底为何非死不可

苏格拉底是怎么死的？是被雅典的民主政治的法庭判了死刑。

苏格拉底通过对话的方式探究现象背后的本质，追寻人的世界和心灵问题，他经常讨论"什么是正义""最好的国家是什么样的"这样的话题，按理说来他讨论的这一切都是为雅典的民主政治做贡献的事情，那为什么还会被雅典民主政府的法庭宣判死刑呢？有一种说法是，雅典的民主程序杀死了苏格拉底。

这究竟是怎么一回事儿？

从公元前431年开始，希腊的两大城邦斯巴达和雅典之间爆发了一场战争——伯罗奔尼撒战争。公元前404年，雅典在这场战争中失败，于是雅典之前的民主制被推翻，建立了斯巴达式的寡头政治。不久后，雅典又重新建立新的民主制，但这个时候的民主制其实已经有些变味儿了，不再像当初的民主制度具有严肃性和崇高性了。

在这样的背景下，苏格拉底通过他独有的谈话方法（即之前说到的"打破砂锅问到底"的提问方式）让很多人都深受折磨，有些人对此提出质疑，认为他提问太多但回答太少，使得人们的思想比从前更加混乱。苏格拉底又通常没有给出确定的答案，只是通过一套辩证法来引导对方逼近真理。

但在两个问题上，苏格拉底给出了明确的回答：一个是"美德意味着什么",一个是"最好的国家是什么样的"。这两个问题在当时的雅典青年看来是非常重要的,这关乎一个人自身的心灵问题,还关乎国家的发展问题。

美德意味着什么?美德意味着智慧,只要人们通过教育,均可以找到自身真正的兴趣点,能够看清自身行为产生的后果,从而规范自己的行为,这是一种道德约束。

最好的国家是什么样的?苏格拉底用一种略带嘲讽的口气说道:"没有什么制度比一个为盲众所操纵、为冲动所指挥的民主更加滑稽的了,没有什么比让一群争论不休的人组成政府更可笑的了,没有什么比匆忙选举、革职或处死将领更荒唐的了。"

《苏格拉底之死》是法国著名画家雅克·达维特在公元1787年创作的油画作品,这幅作品描绘了哲学家苏格拉底死时的情景

第一部分 古希腊的智慧

苏格拉底通过自己的思考，用这样的方式回答了当时雅典人认为很重要的两个问题。但他却因此得罪了一大批人，尤其是当时的雅典民主政府。

公元前399年6月，苏格拉底在70岁时被雅典极端民主法庭判处死刑，其罪名是：第一，不信奉雅典的神，崇奉新神。第二，他喜欢探讨各种事情，以此来蛊惑青年。

在法庭上，苏格拉底拒绝认罪，还发表了慷慨激昂的演说："**我的言行一直有利于国家，有利于社会。法庭不仅不应该审判我，而且应该赐给我荣誉，让我到卫城的圆顶餐厅上免费就餐。**"

苏格拉底为自己进行了辩护，他讲述自己为什么要孜孜不倦探寻知识，因为正是有一个神——类似克塞诺芬尼的那个思想之神——在指导着自己。他还指责雅典已经在财富和虚荣的腐蚀下变得臃肿不堪，提醒人们不要沉溺在物欲横流的享乐中。苏格拉底不但不认罪，反而认为自己有功于雅典人民。陪审团认为苏格拉底太顽固，竟敢蔑视法庭，最后由500人组成的人民陪审团，以360票比140票，高票通过判处苏格拉底死刑。

在当时已经变了味道的雅典民主政府看来，苏格拉底是非死不可的。原因正是他的言论主张与雅典民主体制存在着根本冲突。苏格拉底上法庭时，雅典早已不再是"黄金时代"，战争的失败和寡头政治的崛起给当时的社会带来了极大的灾难，动荡不安、血腥、暴虐和社会的腐败，让喜欢哲学沉思的苏格拉底痛心疾首。他想做一个牛虻，去螫醒雅典这匹昏睡的纯种马，即通过哲学的思考、通过对话的艺术去探明真理。雅典的民主制核心是全体公民人人参与政治，即参与对城邦的管理。但苏格拉底发觉，随着时间流逝，雅典民主已经失去了精髓，在不知不觉中走向了自己的反面。显赫一时的雅典民主制也就成了徒具躯壳的累赘。苏格拉底认为的政治不是大多数人所能理解和参与的，应该由那个"知道的人"统治，其他人只需听命便是。

就这样，在雅典制度已病入膏肓和失去理智的背景下，苏格拉底的主张暴露出了当时民主制的缺点，苏格拉底自然就成为雅典政府的敌人。

在监狱期间，苏格拉底的学生去看望他，并极力劝说他逃走。苏格拉底不接受赎罪也不会潜逃，他说："我一生都享受了法律的利益，我不能在晚年做不忠于法律的事。服从法律是每个公民的天职，尽管法律也有不对的地方。作为一个好公民，我必须去死。"

苏格拉底用自己的行动来实践对真理和正义的维护，他认为无论用什么手段来苟且偷生，都是对邪恶屈服、对德行的背叛。这是苏格拉底绝不能接受的。

到了最后的时刻，他的学生们围拢过来，心情十分沉重地看着即将死去的老师。太阳落山之前，苏格拉底服下毒酒受死，享年70岁。

在面对死亡的时候，苏格拉底表现出的是一种超然的赴死态度，这种超然的死亡态度不同于我们平时所讲的不怕死，而是一种以死为乐的态度。柏拉图在《斐多篇》中，曾经详细记录了赴死的苏格拉底在监狱中服毒而死的情景。

苏格拉底死后，雅典再无任何严肃可言。雅典的民主制在当时已经名存实亡，丧失了民主制的精髓。

苏格拉底之死，是雅典的悲剧，也是希腊城邦的悲剧。

04 苏格拉底：认识你自己

"认识你自己"，其实是希腊的德尔斐神庙上刻的三句箴言之一。前两句是：**"有所为，有所不为"**和**"学我者生，似我者死"**。第三句便是**"认识你自己"**。这也是最为著名的一句。

什么意思呢？顾名思义，就是告诫大家要学会自知，了解自己是谁。而苏格拉底把这句名言当成是自己的哲学宣言。

这里面有一个小故事。德尔斐神庙在雅典的北方，公元前6世纪左右，由于在德尔斐举行了泛希腊区西阿节，那里便成了全希腊很有名气的地方。德尔斐神庙是希腊人求神谕的一个神庙，那里的香火很旺，据说人们在那里求得的神谕都非常灵。

有一次，苏格拉底的一个朋友凯勒丰前往德尔斐神庙求神谕，他得到了一位女祭司传授的神谕。神说："这个世界上没有人比苏格拉底更加智慧的了。"苏格拉底在得到这个神谕后百思不得其解，有点不太相信，因为他怀疑自己的智慧真的有这么富足吗？他开始四处游历，和社会上各行各业的人进行交流和对话，以证明这个神谕是不对的。但事实证明，苏格拉底越是跟别人对话，就越证明了这些人其实根本没有什么智慧。苏格拉底终于明白这条神谕的内涵，他认识到了自己的无知，也算是有智慧了。

他知道自己的无知，而其他人并不知道自己无知。以此看来，苏格拉底就是一个有智慧的人。苏格拉底能得到这个神谕，正是因为他能做到真正地认识自己。他在求知识的同时，也更加强调这句箴言"认识你自己"。

但我们要从哲学的角度去挖掘这句话的含义。前面已经说到，苏格拉底将哲学从天上拉回到了人间，他非常关注人，关注人的心灵层面——究竟什么是人，人又会变成什么。从哲学意义上面来说，"认识你自己"正是对人的一种关注和探索，而不是对外在的自然世界的关注。

古代的贤者，从泰勒斯开始探索的都是世界的本原问题，是在自然现象的维度进行的探讨。苏格拉底认为他们不知天高地厚，世界和自然怎么能是人可以探索的呢？这些都是神探索的范畴啊，人要去认识的是自己，通过对自己的认识发现神的伟大。而认识自己的什么呢？认识自己心灵的内在原则，即道德。

在苏格拉底看来，应该把目光放在每天的一言一行上面，因而他的哲学主题也大都在探讨"什么是美德""什么是幸福""什么是正义"等话题。

自苏格拉底以后，"认识你自己"也成为著名的哲学主题。这是一个看似简单却又是极其难回答的问题。很多人可能终其一生也没有认清自己，不知道自己究竟是谁，想要的是什么，如何才能够更好地过完这一生。苏格拉底或许带给我们一些启发，那就是认清自己先要找到心灵中的内在原则（发心动念的准则），在生活中加以奉行。而后你逐渐就会找到属于自己的生活方式，逐渐明心见性找到独一无二的自己。"认识你自己"不应该是一时的，而应该是我们一生中都要进行的哲学思考。

可以说，苏格拉底在哲学史上开启了一个新的篇章，而他的学生柏拉图也是一位非常伟大的哲学家,柏拉图又会给我们带来怎样的思想盛宴呢?

05 柏拉图:哲学可以使国家至善

苏格拉底服毒而死时,柏拉图才29岁。在死亡面前,苏格拉底的超然态度,给柏拉图留下了终生难忘的印象。当他看到雅典人民把最高贵的人判处死刑时,柏拉图的内心是受到震颤的,这件事也影响到了他后来的哲学生涯。让我们一起走近这位西方哲学史上伟大的哲学家——柏拉图。

柏拉图,出生于公元前427年的一个雅典贵族家庭,他早年丧父,母亲后来嫁给了伯里克利的朋友。柏拉图从小受到了良好的教育,对音乐、绘画、文学都有广泛的涉猎,他在青年时期非常喜欢文艺创

柏拉图(前427—前347年)。古希腊伟大的哲学家,也是全部西方哲学乃至整个西方文化最伟大的哲学家和思想家之一

作,写过赞美酒神的抒情诗歌,非常富有文学才能。

柏拉图的原名叫阿里斯托克勒,据说是他的体育老师见他体魄强健、前额宽阔,就把他叫作柏拉图。在希腊文中,"柏拉图"是宽广的意思。他参加过伯罗奔尼撒战争,也曾想致力于政治。但柏拉图亲眼看见了雅典在伯罗奔尼撒战争中的失败,加上苏格拉底之死让他深感震撼,是雅典的民主制杀害了他的恩师,他也领悟到当时社会和理想社会之间的冲突。这些因素夹杂在一起,让柏拉图非常厌恶民主制,从此决心研究哲学。他想通过哲学改变统治者,这样

《雅典学院》是意大利画家拉斐尔于公元1510—1511年创作的一幅油画作品。该作品以古希腊哲学家柏拉图所建的雅典学园为题材,表彰人类对智慧和真理的追求

才能够使国家至善。

为了这个理想,柏拉图三下意大利西西里岛,希望能通过教育改变独裁者,建立他心目中的理想国。公元前 388 年,他激怒了叙拉古国王狄奥尼索斯一世,被当作奴隶拍卖,然后被朋友阿尼克里救起赎身。公元前 387 年他回到雅典后,在以希腊英雄阿卡德米命名的运动场附近创立学园——雅典学园,这也是西方历史上最早的高等学府。从此以后,学术相关的名词如学术研究(academic research)、学术机构(academy)等也都来源于此。

柏拉图被誉为古希腊最伟大的哲学家之一,也是影响西方文化两千多年的最伟大的哲学家之一。

06 柏拉图:现象界背后还有一个世界

柏拉图最伟大的思想,就是他提出的理念论。

说到理念这个词,我们先用常识来理解。理念是一种通过经验总结而来的客观想法,或者是带有主观色彩的每个人对世界万物的看法。比如"苹果是红色的",这是一个根据人们肉眼观察,从经验行为得出的结论——对苹果是什么颜色的一种理念,这是客观的判断。而生活理念诸如"快乐""自由"和"健康"等就是带有主观色彩和主观感受的一些想法。

但柏拉图说的理念跟我们日常理解的是一个意思吗?其实不然,柏拉图说的"理念"有着更深的内涵。

柏拉图的出发点

柏拉图非常关心流动的事物和永恒不变的事物之间的关系问题，他想找到的是现象世界背后是否有一个不生不灭、独一无二存在着的世界。这是柏拉图理念论的出发点。

柏拉图关心的是流动的事物，这说明他已经接受了"世界是流动变化的"这个事实。而之前的哲学家赫拉克利特就提出过"世界多变""变化无处不在"的观点，"人不可能两次踏进同一条河"体现的就是流动变化。所以，柏拉图接受了前哲学家关于世界流动变化的观点。

那么柏拉图要去探索的是，在现象世界的背后，是不是还有另外一个世界？如果有，这个世界又是什么？终于，在吸收了前哲学家思想精华的基础上，他找到了。

为什么说他吸收了前哲学家的思想精华？因为之前的哲学家已经在探索这个问题了。赫拉克利特提出的"逻各斯"、毕达哥拉斯的"数"、巴门尼德的"存在"，这些都是对现象背后的那个本质的概括，柏拉图吸收了之前哲学家的思想精髓，走的是一条形而上学的道路，提出了伟大的理念论。

理念论

在现象世界的背后还有一个世界——理念的世界。万事万物背后，都存在着一个理念的型相。

世界上有很多苹果，每个苹果的形状都是不一样的，颜色也是有差异的，味道可能也不尽相同，但是千万个苹果的背后，是不是还有一个东西使苹果长成了苹果，而不是梨。也就是说，我们看到的苹果的现象背后，是不是还有一个模型在驱使着每一个苹果都长成这个模型的样子？

如果用现代科学的理念去解释，你也许会说，这很简单，苹果和梨之所以不同，是因为苹果树和梨树不同，种子不同，基因不同，当然长出来的东西就不同了，这还需要质疑？但我们要知道，当时的古希腊哲学家们研究的是一个形而上学的问题，是从精神的领域去探索的。

柏拉图也是按照这个路数提出的质疑：千万个苹果之所以长成苹果，而不是其他水果，原因是什么？

柏拉图找到了，就是苹果这个普遍现象背后存在着一个理念的型相，有一个共相的东西，有一个标准的苹果的模型，但是这个模型是一种理念，而不是现象看到的事物。我们看到的千万个苹果，只不过是对这个模型的一种模仿，因为是模仿，所以模仿出来的东西就千差万别，有的红一些，有的大一些，有的圆一些，有的甜一些。

柏拉图认为，任何事物背后都有这么一个理念的模型。梨有梨的模型，苹果有苹果的模型，狗有狗的模型，猫有猫的模型。但这个模型是看不见摸不着的，不是一个实体存在的事物，更不是一个可以放进博物馆让众人去欣赏的标本，而是存在于理念世界中的一个理念实体。

这就是柏拉图著名的"理念论"。

多样的理念世界

柏拉图的这个"理念"和前人相比其不同点在哪里？

柏拉图是古希腊哲学的集大成者，他的理念论综合了前哲学家的思想。所谓综合，就是吸取前人的精华，加入自己的理解而变得更加全面。在前哲学家那里，大家把世界的本原当作是水、火、土、气，或者是"逻各斯""存在"等等。世界的本质只有一个，是"一"，而柏拉图的理念是"多"。柏拉图认为现象世界里万事万物的背后都有各自的理念，"理念"不是单一的，而是多样的，就像有学者做的比喻——"柏拉图的理念就像是摔成碎片的巴门尼德的存在"。

理念论把世界的本质从"一"发展成了"多"。每一种事物都有一个理念，理念成为事物的本质，事物本身成为理念的一种现象。

07 柏拉图：四线段的比喻和太阳的比喻

四线段的比喻

四线段的比喻，是基于柏拉图将世界划分为两个世界（即可感的世界和理智的世界）而提出的。那么这个四线段的比喻是什么意思呢？

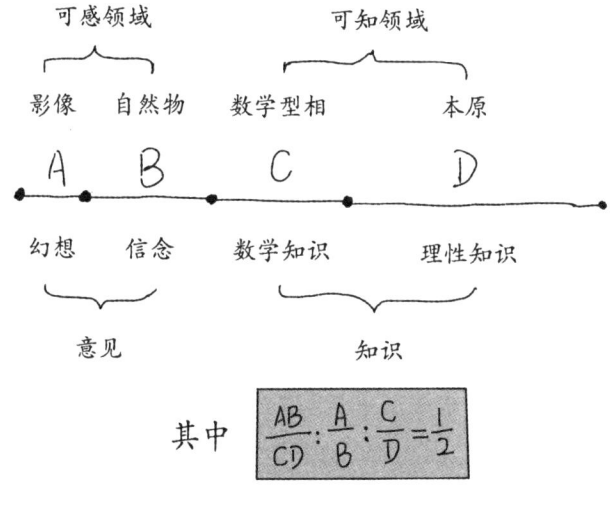

四线段的比喻

首先,我们将一条线分为四段,即 A、B、C、D,A、B 在左边,C、D 在右边。

A 的上方是"影像",B 的上方是"自然物","影像"和"自然物"都是现实世界可感知的领域,因此 A 和 B 这两条线段代表的是可感世界。

C 的上方为"数学型相",D 的上方为"本原"。C 和 D 是理性的世界,是需要通过一定的抽象还原而得到的理念世界,是可知的领域。

可以看出,柏拉图把世界分为两大部分,即现实世界和理念世界,并对每个世界又进行了细分。A 和 B 代表感性世界,C 和 D 代表理念世界。

在可感世界中,A 是"影像",这是每个人自己对可感事物的想象和印象,这个因人而异,一个可感事物对一个人的显现可能不同于另一个人的显现。这个"影像"就是人们通过幻想认识的事物对他们的显现。柏拉图认为,诗和艺术作品都属于这个范畴,因为文艺作品中的人和事都是诗人和艺人个人想象的产物,不是实际的可感事物,只是可感事物的影像罢了。

那么在可感领域中的 B 是"自然物"。这个自然物是一种信念,是关于可感事物的共同知觉。处在流动变化之中的这种活物,在柏拉图看来就是一种自然物,如动物、植物等。这是每个人可感知到的一个世界。

在可知的领域,也就是在理念世界中,柏拉图分为 C 和 D 两块。C 代表着"数学型相",这是一种数学知识,是低级的知识,是介于意见和理智之间的。因为数学的知识如数量关系、形状等虽然是普遍不变的,但往往要借助于可感的图形才能够得出结论。所以,数学知识虽然是理性的知识,但是一种低级的知识。

而 D 线段就是万物的"本原",这是一种理性的知识,是一种纯粹的知识,是万事万物背后的那个理念的世界。在柏拉图看来,关于理念世界的纯粹知识,就是一种哲学的知识。统摄一切现象事物或理性知识,有一个最高级的原则——善。

当然,这四线段是柏拉图的一个比喻,意在说明认识世界的两种方式以及世界被划分为两个领域——可感的世界和理念的世界。

太阳的比喻

无论是现象世界还是理性世界,都有一个统摄一切事物的最高原则,这个原则就是善。所有的感性事物或理念都是要趋于善的,最终的目的也都是走向善。柏拉图则用太阳来比喻这个理念世界的最高原则——善。

柏拉图认为，在可感的世界中，最崇高、最伟大和最美丽的就是太阳了。那么在可知的理念世界，也有一个最为崇高的原则，和可感事物中的太阳有着同等地位，这个原则就是善。

"善"在柏拉图看来，是一个道德范畴，同时也是整个世界的最高实体和终极根据。柏拉图将理念世界划分为六个等级，越往上等级就越高。

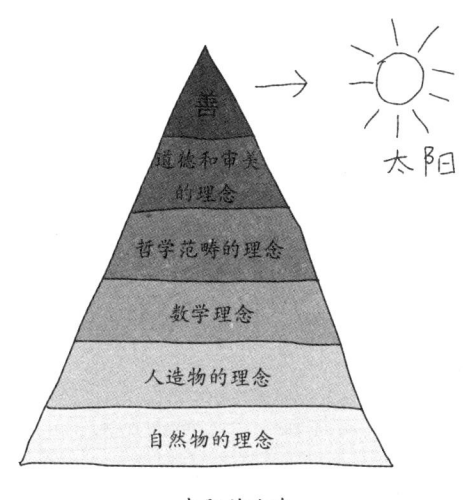

太阳的比喻

第一个等级，也是最低的等级，是自然物的概念，比如动植物、山川河流等理念。这里说的是理念，不是自然物本身。

第二个等级，是人造物的理念，比如桌子、凳子、电灯或者现代化的手机、电脑等理念。

第三个等级，是数学理念，比如正方、长方、圆等理念。

第四个等级，是哲学范畴意义上的理念，比如一和多、动和静等。

第五个等级,是道德和审美的理念,比如美和正义等理念。

第六个等级,也就是最高等级的理念,是"善"的理念。

这六个等级,从下往上来看,下面的理念都是以上面的理念作为目的和动力的,低级理念都是趋向于比它更高级的理念,最终目的都是指向"善"这个最高的理念。

08 柏拉图:洞穴的比喻

洞穴的比喻,还是为了说明柏拉图对两个领域的区分,以及对理念世界的推崇,这个比喻更具有强烈的现实针对性,同时也寄托着柏拉图的使命感和政治理想。

关于洞穴比喻,有一个意味深长的故事。

有一群人世世代代居住在一个黑暗的洞穴中,洞穴中有一个长长的通道与外部世界相连,这个通道阻止外界的任何阳光进入洞内。这群人自出生时就被铁链锁在洞穴中,他们的手、脚还有脖子都被紧紧锁住,他们只能面对洞穴的墙壁,不能回头,不能环顾。因此他们看不到他人,甚至也看不到自己身体的任何部分,他们只能整天朝着一个方向看去,就是洞穴的墙壁。

这些人如囚徒一般,在他们身后,有一把明火,在火和囚徒之间,有一堵矮墙,墙后有人举着各种各样的雕像走来走去。

囚徒看到的就是火光将这些移动的雕像投影在墙壁上的影子。

第一部分 古希腊的智慧

因为这些囚徒动弹不得,他们唯一能做的就是直视眼前的墙壁,身后有一团火和一些雕塑,自然雕塑的影子就投影在墙上了。

洞穴的比喻

因为这些囚徒不能回头、无法动弹,所以他们以为眼前晃动的影像就是真实的事物,是全部的现实,并用不同的名称来称呼它们,仿佛这些影像就是真实的人、动物和植物。

但突然有一天,一个囚徒很偶然地挣脱了枷锁,他移动脚步,回过头来猛然看到一堆火和一些雕像,炫目的光亮使他感到刺眼的痛楚,他这才意识到那些照在墙壁上的影子并不是真正的物体,而只是火造成的投影。

他继续向前踏步,不顾刺目的疼痛,走过火堆,走向洞口。走出洞口时,囚徒猛然发现了一个崭新的、靓丽的、更加真实的世界。因为长时间在黑暗的洞穴里待着,他的眼睛承受不住太阳发射的强烈的光。他不得不先往地下看,看水中倒影,看月亮,最后再直视太阳。

显然,这个囚徒很幸运。他在有生之年看到了更加真实、更加靓丽的世界。他知道自己得到了真正的知识,便不再被虚幻、影子和意见所左右。他看到了更加真实的理念的世界。

这就是关于这个囚徒解放的故事,那么柏拉图就"洞穴比喻"想说明什么呢?

其实,洞内和洞外分别比喻的是两个领域。洞内的影像就是四线段比喻中的影像,洞内的雕像就是四线段比喻中的自然物,这两个都是在可感领域的;被锁住的囚徒在墙壁上看到的是幻想,而挣脱枷锁的囚徒在洞内看到的是信念;洞内的火相当于太阳比喻中的太阳,是一个实实在在的物体,而洞外的太阳,就相当于太阳比喻中的善。洞外的人看到的是理念,触达的是万事万物的最高原则——善。

以上就是"洞穴的比喻",最终是为了诠释"理念论"。洞外的世界才是一个更为真实的世界,太阳才是真正的理念,才是万物的本原和最高原则——善。

这位挣脱枷锁看到真实世界的囚徒是幸运的,但也是不幸的,他的结局很惨。他获得了自由,看到了更加真实、美丽的世界,本可以不再回到洞穴中,但出于怜悯和善的理念,他又回到同伴中告诉他们真相。他告诉他们,他们看到的只是影子、是虚幻,根本不是真正的物体。他告诉他们,他们后面有火堆,那些影子只是在火堆照耀下产生的。他告诉他们,在他们后面,在洞口外,有一个更加真实的、美丽的世界。可他的同伴听后并没有接受,也不信任他,看他那坚持不懈的样子,还对他嘲笑、猜忌,认为他是疯子,试图加害于他。

他出于怜悯和善意不忍弃同伴而去,最后却被那些愚昧无知的同伴们加害而结束此生。这是一个悲壮的结局,柏拉图也借解放囚徒失败的故事比喻苏格拉底的悲剧。

通过这个故事,柏拉图指出了哲学家的使命和责任。他认为,哲学家的兴趣在于探寻可知的理念,哲学家的最高目标是追求善。除此以外,哲学家没有世俗的兴趣和利益,包括参与政治的兴趣。然而柏拉图又说,哲学家如同返回洞穴的自由人一样,他们为了其他人的利益,不得不放弃个人兴趣和思辨的幸福而参与政治,启蒙和解救陷于悲惨境地而毫无自觉的人,乃是哲学家的义务。

柏拉图提出了"哲学家王"的主张,并不是因为当王符合哲学家的兴趣、利益和目标,而是因为哲学家当王符合国家与公众的利益。柏拉图在阐述自己的理想的同时,也给后人留下了理想国家的蓝图。

09 柏拉图:理想国真的理想吗

这个洞穴比喻的神话,就记载于柏拉图的伟大著作《理想国》中,理想国是柏拉图一生追求的政治理想。在这本著作中,柏拉图通过苏格拉底与他人丰富多彩、环环相扣的对话,展现了一个完美、优越的城邦，也正是这个理想的城邦成了后来历史上大大小小的"乌托邦"的开山鼻祖。

那么，柏拉图阐述的理想国究竟是一个怎样的国家呢？

首先，理念论是柏拉图政治哲学的理论基础。在柏拉图那里，理念已经被赋予了特定的内涵，由经验得到的事物和现象世界是不真实的，只有理念的世界才是唯一真实的存在。

当这个理念运用到理想国中，运用到政治哲学时，对国家理念的认识就是每一个统治者都要去把握的最重要的知识。所谓的国家理念，就是关于"什么是理想的国家，怎样才能建设出一个理想的国家……"这样的知识。

柏拉图通过对人体的构造来解释理想的国家是怎样的。因为国家就是一个放大了的人，而个人就是一个缩小了的国家，所以一个人具有什么样的性质，一个国家就有着怎样的特性。

柏拉图把人分为三个部分，即头部、胸部和腹部。人的灵魂也对应着三种能力，理性属于头部，意志属于胸部，而欲望属于腹部。这三部分由腹部到头部是由低级到高级的递进关系。而且这三部分能力又各有理想，这个理想指的是一种趋向的特性，称之为美德。腹部的欲望的美德是节制，胸部的意志的美德是勇敢，而头部的理性的美德是智慧。

我们理解了人的三个构造和每个部位拥有的能力和美德，再来用这个框架来理解国家，就容易多了。

在柏拉图看来，国家也是由三个等级组成的。这是设计出来的理想的国家，是严格按照等级制度来分工的国家。

在理想国中，国家的第三等级是劳动者，是一般民众，如农民、手工业者和商人。如果用神话来表达，他们是由铜做的。他们之所以处于最低等级，是因为他们的灵魂完全由欲望支配。这样的人群应当被管制，因为他们根本没有什么公共利益的意识，只是按照欲望去生活。这第三等级对应的是我们刚刚说的人体中的腹部，即欲望的部分。

国家的第二等级就是国家的保卫者或战士。在神话传说中，他们是由银做的。他们的灵魂不是由欲望支配的，而是由激情支配的。这种激情在柏拉图的理想国那里似乎蕴含着勇敢、果敢和爱国情怀。而这些情怀也非常浓烈，否则并没有长久的动力来支配他们的灵魂。

统治阶级，在战争时代勇敢作战、保卫国家，和平时期就用教育和训练净化自己的灵魂和锻炼自己的身体。他们必须要有强健的身体，以便能够应对战争时期残酷的斗争。与此同时，他们必须用教育来净化灵魂，以免受欲望的污染。他们并没有私有财产，所有生活物品和需求都由国家来分配，甚至他们的子女都由国家来抚养，以免产生私人感情。正是出于这样的原因，也为了国家的利益，他们并没有普通人意义上的婚姻生活。他们按照国家的安排来进行结合，夫妇不定，也并非一夫一妻，而类似于共产共妻。统治阶级有这样的规定，要求他们共同生活。这是国家的第二等级——国家的保卫者或武士，他们对应的是人身体中的胸部，即意志的能力。

第一等级也是最高等级，就是国家的最高统治者。在神话世界里，他是由金子做的。他不应当是一个随心所欲的暴君，而应该是为这个国家和人民日夜忙碌的哲学家。柏拉图认为，国家的善只有通过哲学家来当王才有可能实现，因为哲学家的灵魂是由理性支配着的。哲学家也认识到了善的本性，因此他能保证国家不会变坏，不会毁坏国家。而现实中哲学家并没有当王的。因此，现实中唯一的方法就是最高统治者要学习哲学。这一等级就对应着人身体中的头部的理性能力，其美德便是追求智慧。

柏拉图认为，这三个等级不能互相僭越，更不能互相干预。如果这三个等级的人都遵守自身的美德原则，统治者勤于治理国家，保卫者勇于保护国家，劳动者恪守节制，服从第一、二级别的统治，那么这个国家就是一个正义的国家，也就真正达到了理想国的境界了。

柏拉图通过对人体构造的解释，来说明国家的三个等级，即劳动者、战士和最高统治者。只有各自都遵循各自的美德，国家才能按照一个良性的方式运行，才能真正实现一个乌托邦。

在柏拉图看来，他非常看重最高等级的理性层面的智慧，人体需要头脑来掌管，国家也应该由哲学家来治理，这样的国家必然能够实现真正的正义。

理想国，是具有理想色彩的，也是具有丰富的想象力的。在当时那个政治混乱的年代，柏拉图以自己的方式对这种混乱的局面做出思想上的反应，他坚决主张高尚的绝对的道德，由哲学家治理国家，反对现实中的政府。从某种意义上说，柏拉图构想的理想国是关于国家和个人如何实现至善幸福的学说体系，在当时虽然没有实现，但这种理论留给我们的精神财富足以引导我们前行。

然而，后人也有批评的声音，他们认为柏拉图的理想国所构想的是一个专制国家，虽然统治这个专制国家的是一个开明的君王。波普尔批评他是唯美主义的始作俑者，试图达到一个完美而理想的国家。他的理想的国家正如其名,只能存在于理想中,在现实中是不可能实现的。因为一个开放的社会,是按照社会渐进过程来进行改良的,而不是通过一蹴而就的变革或革命来实现的。在这样的社会里,民主比其他社会制度更加适用。

10 柏拉图式恋爱是精神恋爱吗

通常有人会说,不如我们来一场"柏拉图式的精神恋爱"吧。为什么大家在探讨精神层面的爱情时,会想到柏拉图呢?柏拉图的恋爱主张到底是什么呢?

"柏拉图式的恋爱"这个说法,是由文艺复兴时期的学者巴尔德沙尔·卡斯诺提创立的成语而来的,是指心灵与心灵之间的彼此吸引,是精神层面的爱慕和交流,刨除了身体层面或者说肉欲层面的交流。在后来的文艺作品中,"柏拉图式的恋爱"也被阐释出了更多的内涵。例如,恋爱不仅可以超越性别、年龄、空间和时间,甚至可以发生在两个种群相异的世界。

但"柏拉图式的恋爱"就是大家理解的精神恋爱吗?

可以说,柏拉图的主要哲学思想都是以对话的形式被记载下来的。《会饮篇》(柏拉图最为著名的对话录之一)集中表达了柏拉图的爱情观,里面的故事很生动,情节流畅且语言优美。要了解柏拉图的爱情观,可以从这本对话集切入。

在书中,柏拉图描述了历史上著名的一次酒会,这是一次赞美爱与美的宴会，参与宴会的人有悲剧作家阿伽松、喜剧作家阿里斯托芬、歌者和女祭司鲍萨尼亚、辩论派哲学家斐德罗及苏格拉底等人。

在这个酒会上面，有一个环节就是每个人轮流讲述自己对爱欲的体验思考，表达自己对爱情的理解。

首先是辩论派哲学家斐德罗发表了关于爱神卡洛斯的论说。在世界混沌之初诞生的爱神卡洛斯，是开天辟地以来最古老的神，同时也是天地间伟大欲望的化身。卡洛斯，代表着爱情与欲望的统一体。爱神是最古老最可爱的神，是万物之源，是人类幸福的策源地。总之，斐罗德的观点很简单，就是爱情至上。他的发言中充满着对爱情的颂扬。

紧接着发言的是歌者和女祭司鲍萨尼亚，她没有像斐德罗那样一味歌颂爱神，而是很"辩证"地将爱神一分为二，说爱神原本是两个，一个是属天的卡洛斯——爱恋被爱者的灵魂，一个是属民的卡洛斯——爱恋被爱者的身体。也就是说，这两个爱神，一个是高尚的，一个是世俗的；一个是年长的，一个是年幼的；一个渴望爱肉身爱凡胎，一个渴望爱智慧爱勇敢；一个渴望女子又渴望青年男子，一个却更加偏爱于男子。

鲍萨尼亚的这番话，有点像同性恋者的宣言。但她对高尚爱情与低俗爱情的区分，自有其伦理的意义。在所有人类活动中，都有正确和错误之分，爱情也不例外，同时蕴涵着美和丑的双重成分。正当的爱是以心灵来统治肉体的欲望，这种爱是美的；不正当的爱是以肉体的欲望来压制心灵，这种爱是丑的。鲍萨尼亚的发言包含着大量所谓的"柏拉图式爱情"的成分。

接下来发言的是喜剧作家阿里斯托芬,他的发言可谓经典,后来他的爱情妙喻不胫而走,传遍了全世界。他讲述了一个神话故事,就是著名的"阴阳人"的故事。

阿里斯托芬说,从前世界上存在着三种人,即男人、女人和阴阳人。所有人的形体、头部乃至身躯都是个圆球,每个人都生有两副面孔、两对眼睛、两对耳朵、两个鼻子和两张嘴,同时身上还长着四只手、四只脚。在他们走路的时候,手脚可以上下左右摇摆,前后游移,并且能够调动八只手脚一起动弹,简直就像蜘蛛一样行动迅速。

如果人真的长成这样,那也太强大了。这引起了宙斯的恐慌,宙斯决定惩罚他们,将这三种人都一分为二,以削弱他们的力量。

凡是被截开的男人和女人就变成了同性恋者,而凡是被截开的阴阳人就成了异性恋者。被截开的这两个半边,热切地思念对方,希望再聚合在一起。当他们偶然在人间邂逅时,就会发生爱情,但他们只能彼此相爱,不能融合为一体,虽然他们极想如此。

由于原来的个体被分开,人与人之间的爱恋也因此常常刻骨铭心。

虽然阿里斯托芬的言说有些无稽之谈,但这个关于爱情的说法非常新颖和有趣。现如今,在引述这个故事时,如果说话的对象正好是自己的恋人,那无疑是说我们原本是一体的,在茫茫人海之中,我终于找到了你,所以要相爱永远。

其实阿里斯托芬想说的是,人生来是不完善的,但渴望完善,渴望灵魂的交流,特别是爱智者渴望与旗鼓相当的同类交流进行互补,那就是爱。

接下来登场发言的是酒会的主人,即悲剧作家阿伽松。阿伽松是一个诗人,他很有才华。作为纯诗人,他往往会闭上眼睛夸大其词,自我陶醉。

阿伽松说,爱神卡洛斯是娇嫩的。他既不在地上行走,也不在头脑中行走,而是在最柔软的东西也就是在心上行走。而且他不在心肠硬的人的心上行走,他只在心肠软的人的心上行走,所以有爱的人,总是心肠太软。虽然如此,爱神并不娇气,而是正义的、勇敢的、智慧的和尽善尽美的。有了爱神,美德就会在爱情的河流里荡漾,善良就会在美丽的田野上生长,欢乐就会在苦难的尘世歌唱……阿伽松辞藻华丽但哲思不足,和之前的人相比,他所抛出去的观点还都是"石头",而真正的"玉"总是到最后才登场的。而持玉的人,就是柏拉图的老师苏格拉底(作者:我们都知道《会饮篇》是柏拉图的著述,柏拉图的很多观点都是通过苏格拉底之口陈述的,所以接下来苏格拉底的发言,可以看作是柏拉图的观点,是柏拉图关于爱的理解)。

相貌丑陋的苏格拉底没有闪亮登场,而是略显谦虚地称自己对爱的看法实在是平凡而羞于表达,如果大家愿意耐着性子听一下,他就继续说下去。大家友善地表示愿意倾听,于是苏格拉底开始发言了。

虽然之前每个人的发言都有略胜一筹的观点,但苏格拉底的发言让大家知道什么才叫作真正的"山外青山楼外楼"。

苏格拉底综合了前人的意见,又一一指出了前面每个人观点的局限性和不足。

苏格拉底首先给阿伽松动听的言论判了一个不及格。他说:

"爱,绝非尽善尽美!爱是去爱,去欲求某种尽善尽美的东西,而这正好说明了爱本身不是尽善尽美的,否则就不用去爱。人们说爱美好的事物,那就意味着爱本身并不美好。人只有匮乏什么,才会去追求什么。既然爱是追求美,那么爱就是不美的。"苏格拉底迫使阿伽松承认卡洛斯是爱者,不是被爱者,而且是既不美又不好的。

对于斐德罗的观点,苏格拉底并没有直接指出他的错误,而是通过一个女哲人狄俄提玛之口,通过对爱和爱神的重新界定,说明斐德罗的观点是不成立的。在狄俄提玛口中,爱神的性格和命运取决于他复杂的基因遗传,爱神是富翁波罗斯与女乞丐佩尼亚的后代。母亲贫穷而父亲却富有,由于母亲的乞丐身份,爱神是粗俗和贫乏的,卑微和低劣的;但由于父亲的富翁身份,爱神又是智慧和勇敢的,强壮和富有才华的。也就是说爱神是两个极端特性的综合体,他既非凡人,又非神灵;他既不漂亮,也不丑陋;他既不聪慧,也非无知;他既不善良,也不邪恶。苏格拉底借此来说明,斐德罗赞颂的爱神卡洛斯根本就不是神,而是精灵罢了,所以自古以来没有人去颂扬他。

对于阿里斯托芬的观点,苏格拉底也给予了正面反驳:爱恋所欲求的既非什么一半,也非什么整体,因为即便是自己的手足,人们要是觉得自己身上的这些部分是坏的,也宁愿砍掉。可以说,除了好的东西以外,人们什么都不爱。人们也永远得不到自己的另一半,因为你和你的另一半不可能永恒于天地间。

苏格拉底阐释了自己对爱的理解。

爱一个人,是想得到幸福;幸福,是终极的目的;爱,是企图占有幸福的一种方式。而占有幸福往往都是暂时的,可人们又很渴望永恒。生命有限，于是人类渴望繁衍，通过生育，在后人心目中赢得祖先的地位来获得永恒。这便是掩映在爱情之下的真实的动机。人们歌颂爱，无非是给自己渴望永久占有幸福的终极目的找一个理由而已。

为了永恒的幸福，人类渴望繁衍和生育。生育有肉体和心灵两种生殖力。肉体的生殖力会产生官能世界的可朽的物体，而更为高尚的生育则是心灵的生育，这是一种心灵的创造、智慧的孕育和美德的衍生。这是一种精神与文化的生育，可以创作诗歌、谱写音乐，相对于人的生理繁衍，精神繁衍对人类更有益且更高尚。

至此，苏格拉底对爱的阐释已经超越了所有的人。但这只是全部奥秘的一小部分，真正的爱是一种更为恢宏的境界。先从美的东西开始，顺着美的东西逐渐上升——从美的身体上升到美的操持，到美的种种学问，最终认识美本身。一个人只有触及真实的美，才能生育真实的美德。也唯有以此为爱欲的对象才称得上真正的爱欲行为。这里的"美"最终通达的便是"善"。

柏拉图通过苏格拉底之口，也道出了自己的恋爱观和性爱观：真正的爱是对美的终极触达，提倡和对方有了心灵的交流，有了精神的契合后，再进行身体的交媾和受孕。这样的爱情是灵与肉的结合，是对美的向往，最终通往善。

受孕和生殖是一件神圣的事情，使可朽的人类具有不可朽的性质。灵魂显然是比肉体更加圣洁、单纯和美丽的，精神的恋爱能达到真正的不朽。但柏拉图并不排斥肉体的快乐，只是说肉体的结合要建立在精神欢愉的基础上。

柏拉图式的恋爱，是可以将精神之爱和肉体之爱并存的恋爱。

如果仅仅把柏拉图式的爱情简化为精神恋爱而没有了肉体关系，这并非原意。柏拉图式的爱情也是一个循序上升的过程。精神恋爱不可能凭空出现，真正的爱情和所有的万事万物一样，是从个别到普遍、从有形象到无形象的金字塔形的上升过程。

总的来说，柏拉图式的恋爱观念更崇尚精神上的爱慕，但绝对不排斥肉体的愉悦。和对方有了灵魂的共舞后，才能达到灵与肉的真正融合，触达到美，触达到最终的善。柏拉图式的爱情超越一切，是超越性别、年龄、时间和空间的恋爱。

柏拉图一生中都没有恋爱，他既没有爱上姑娘也没有爱上男孩，当然更没有结婚。柏拉图说，别人都是来寻找自己的另一半的，而我生来就是完整的，我不需要恋人。我只爱智慧，爱真理，爱知识。而凝结在其上的美，与恋人的美是一样的。

这就是柏拉图式的恋爱观。

人世间，有谁能生活在这种恋爱之中呢？除了柏拉图或柏拉图一样的哲人，应该没有第二个了吧。

11 亚里士多德：吾爱吾师，吾更爱真理

亚里士多德，古希腊著名的哲学家、科学家和教育家，是一位百科全书式的人物，被视为柏拉图之后世界古代史上的另一位大思想家。

公元前384年，亚里士多德出生于色雷斯的一个城邦斯塔吉拉，

亚里士多德（前384—前322年）。伟大的哲学家、科学家和教育家，堪称希腊哲学的集大成者。他是柏拉图的学生，亚历山大的老师。作为一位百科全书式的科学家，他几乎对每个学科都做出了贡献

他的父亲是马其顿王的御医，其实也算是一位科学家。父亲对亚里士多德的影响很大，使他从小便对生物学和医学产生浓厚的兴趣，他研究大自然和宇宙的奥秘，因此亚里士多德养成了专注事实、尊重经验的作风。亚里士多德不仅是哲学家，也是一位伟大的生物学家。

17岁时，求知欲很强的亚里士多德背井离乡，只身来到雅典进入柏拉图学园，师从柏拉图，自此开启了他的哲学事业。他勤奋好学、才华横溢且思想深刻，抽象思维能力极强。他对政治学、伦理学、修辞学、逻辑学、历史、心理学、生物学、物理学、数学、医学、天文学、诗歌和戏剧都有研究，且有成就。柏拉图非常赏识亚里士多德的才学，把他誉为"学园之灵"。

亚里士多德在柏拉图学园工作和学习了将近20年，耳濡目染下，他也成为一个柏拉图主义者。

公元前347年，柏拉图逝世。亚里士多德应马其顿国王腓力二世的邀请，给年轻的王子亚历山大当了8年的教师。亚历山大继承王位后，亚里士多德于公元前335年重返雅典，结束了这段教学生

活。回到雅典后的亚里士多德，在城东的一个叫吕克昂的体育场开办了自己的学园，与城西北角的柏拉图学园隔城相望。这个时候的亚里士多德已经50多岁了，他是一个温和而敏感的人，也是一个善于鼓舞人心的老师。

吕克昂学园也叫逍遥派学校，或许是由于亚里士多德喜欢与学生一边散步一边教学，再加上学园的场地有许多林荫路、树木、喷泉和柱廊的缘故，在这里听课有一种逍遥自在的洒脱的感觉，因此他的学派叫逍遥学派。这一时期，雅典的社会较为稳定，停止了不必要的战争，良好的社会环境为学习和知识的研究提供了条件，亚里士多德潜心研究，很多著作（如哲学、伦理学、政治学、物理学等）都在这一时期完成。吕克昂学园时期，也是亚里士多德的人生辉煌时期。然而好景不长，公元前323年，亚历山大因病去世，亚里士多德也遭到反马其顿党人的攻击，他不得不离开雅典，第二年在流亡中去世。

吾爱吾师，吾更爱真理

亚里士多德师从柏拉图，深受老师的影响，他后来也成为一个柏拉图主义者。但从亚里士多德创立吕克昂学园后，一切都发生了变化。

亚里士多德有一句名言："吾爱吾师，吾更爱真理。"亚里士多德对老师柏拉图充满崇敬之情，但作为一个哲学家，他更爱真理，他对真理的追寻胜过了对老师的追随。所以在吕克昂学园时期，亚里士多德就开始对柏拉图的"理念论"进行批判。

柏拉图的"理念论"将世界分为两个世界，一个是可感的世界，一个是理念的世界。理念，是独立于可感事物外的独立的型相。在个别事物外，还有一个理念的世界，这个世界是看不见摸不着的，把理念世界当成是个别事物的原因。当然，亚里士多德不反对柏拉图坚持的可感事物要服从于无形本质的基本立场，但他们的根本分歧点在于，是否要把可感事物和理念型相分离。柏拉图认为，这两者是要分离的。但亚里士多德认为，这两者没必要分离。我们研究一个事物，研究那些实在的东西，就是实体的个别事物，不用再提出个别事物外的理念世界了。这些理念不仅不能够很好地解释个别事物，反而把事情弄复杂了。

亚里士多德认为：理念只能存在于具体的事物之中，不能独立于个别事物而存在。他不否定理念，但否定独立于事物之外还存在着一个理念。

拿梨来说。柏拉图认为，千千万万个具体的梨背后，还有一个梨的理念型相存在，这个理念型相包含着梨的共有特征，比如黄色的、圆球形、味道是梨子的甜味儿等。梨的这个理念，是独立于个别的梨之外存在的一个理念实体。要先有梨的理念型相这个东西，才会有千千万万个不同的梨。个别的梨是对梨子理念的一种分有和模仿。正因为是模仿，所以才会千差万别，只有在那个理念世界的梨的理念实体才是最完美的梨。

但亚里士多德则不这么认为。当然亚里士多德不否定梨的形式是永恒不变的，但他认为梨的理念是我们看到千千万万个形态各异的梨后形成的概念，梨子的理念实体或梨子的形式本身是不存在的。梨的形式，就是梨表现出来的特征。亚里士多德不认为这个世界上有一个专门的理念型相的世界，任何事物的形式都存在于具体的事物中。同时，他也不赞成柏拉图认为的梨子的理念是先于梨子本身出现的，因为梨子的形式是存在于事物中的，两者是不能分离的。

总结一下，在柏拉图那里把抽象的理念当作真实实在的东西，他沉迷于永恒的形式，而感性事物被当作一些既存在又不存在的过眼云烟，自然就很少注意到自然界的变化；而亚里士多德很注重实实在在的感官事物，他对大自然的变化很有兴趣，可以看出亚里士多德是立足于经验的。当然他并不是否定形式，也没有否定理性的存在，只不过他认为在感官经验到各种事物之前，我们的理性是完全真空的。

亚里士多德在对柏拉图的"理念论"进行驳斥的同时，其实也提出了自己的一套理论——实体哲学或形而上学。

12 亚里士多德：形而上学从何而来

在探讨亚里士多德的实体哲学或形而上学之前，首先要了解亚里士多德的哲学思想的概况，要知道"形而上学"的由来。

亚里士多德是古希腊哲学的集大成者，也是一个百科全书式的人物，他在诸多领域都有研究，并且颇有建树。他在物理学、逻辑学、文艺学和政治学方面都有自己的理论体系，也留下了很多著作。在亚里士多德去世后，他的弟子根据他讲的内容，按照分类学的方式分成了不同的系列，整理成了《亚里士多德全集》。

这其中把亚里士多德讲到的广义的自然科学的部分归为《物理

学》；逻辑方面的内容归为《工具篇》，这其中又包含《范畴篇》《解释篇》等六篇论文；伦理学归为《尼各马可伦理学》；文学艺术归为《诗学》和《修辞学》；但还有一部分领域"实体哲学"（亚里士多德理论中最为重要的部分）很不好分类。在当时"哲学"这个词是对所有知识的一个统称，任何学科都可以叫哲学，如物理学叫哲学，政治学也叫哲学。这部分最重要的理论既不属于物理学，也不属于文学艺术，更不属于政治学。当时的弟子采取了一个权宜之计，索性把这部分内容放在了物理学之后，于是把这部分的内容取名叫《物理学之后》（Metaphysic）。

physic是物理学的意思，前面加了一个前缀meta，就变成了"metaphysic"，意思就是"在物理学之后"，以此来统称亚里士多德这部分无法归类的内容。这当然是一个不得已而为之的做法，但这部分内容是亚里士多德整个知识系统或广义哲学的基础，是关于存在本身的学说。当然"metaphysic"这个词到中文翻译的时候借用了《周易》中的词，《周易》中有一句话是"形而上者谓之道，形而下者谓之器"。

"道"是什么？通俗理解，"道"就是一种玄之又玄的、抽象思维的东西。而"器"呢，就是一些看得见摸得着的具体的事物。所以用"形而上者"去形容那些看不见的道理，用"形而下者"指那些具体的事物。而亚里士多德的《物理学之后》（Metaphysic），本身讲的就是关于存在的道理，是一种抽象的思维，所以就把"metaphysic"翻译成了"形而上学"。

其实之前已经提到过形而上学了，比如毕达哥拉斯提的"数"、巴门尼德的"存在"、柏拉图的"理念论"，他们对世界根本问题探讨的思路都属于形而上学的方式。整个西方哲学史，从古希腊开始一直到黑格尔，形而上学一直都是主流，探寻"存在之为存在"也是西方哲学家研究的总方向。

13 亚里士多德：存在是什么

哲学在当时是一个广义的范畴，亚里士多德大体上将其分为三类：第一类是理论的科学；第二类是实践的科学；第三类就是艺术。

理论的科学分为数学、物理学和逻辑学的知识，还有形而上学（后来被称为第一哲学）；实践的科学包含伦理学、政治学的知识；艺术则是指包括制造工艺在内的一切技艺。

在第一类的理论科学中，第一哲学（形而上学）是最为根本也是最为重要的，它构成了所有哲学、所有科学的共同的前提。那么，亚里士多德的第一哲学也就是形而上学，到底说了些什么呢？

第一哲学（形而上学）也叫存在论或实体哲学。首先弄清楚"存在"这个概念，我们结合着它与第二哲学研究的不同对象来理解。在亚里士多德看来，第二哲学指的是物理学。物理学研究的是具体的事物和自然的事物是"怎么样"的。例如，大地是怎么样的？大地是固态的；河流是怎么样的？河流是液态的，是流动的。这就是第二哲学物理学要研究的问题，即具体的事物以什么样的形态存在。而第一哲学研究的是更为根本的问题——"存在是什么"。山川和河流是存在的不同形态，或者说是存在的不同的表现形式。在描述山川是固态和河流是液态之前，我们先要弄清楚山川和河流这个存在"是什么"，才能去描述它们"怎么样"的问题。所以第一哲学就是研究存在"是什么"的学问。

举个例子来说，"李雷是一个性格开朗的人，韩梅梅是一个热爱音乐的人"。"性格开朗"和"热爱音乐"都是对李雷和韩梅梅的特点的描述，是属于第二哲学的范畴。那么在描述他们之前，我们首先要弄清楚人是什么。如果连人是什么都弄不清楚，怎么去描述每个人不同的特征呢？只有弄清楚了人是什么之后才能进行下一步，即研究每个人都有哪些特征。那么，研究人这个存在是什么的问题就是第一哲学的范畴了。

这也就理解了为什么第一哲学是一切哲学的根基，因为这个是逻辑的起点。在亚里士多德看来，"是什么"的问题比"是什么样"或者"怎么样"的问题显得更加重要和根本。

其实，前面的哲学家也有讨论存在的问题的。比如赫拉克利特提出的"逻各斯"，毕达哥拉斯提出的"数"以及巴门尼德提出的"存在"，包括柏拉图提出的"理念论"，但这些都仅仅提出了存在，并没有去追问存在到底是什么。只有亚里士多德去进一步追问，这个存在到底是什么。

亚里士多德把存在分为了两类。

第一类，是偶然的属性，叫偶性。从"偶"的字面上大家或许就可以理解，偶然的属性，不是必然的概念，是具有可变化性的、没有独立存在性的概念。例如，"雪花是白色的，香蕉是软的"。"白色的"和"软的"作为属性是存在的，但这种存在并不能独立存在，必须要依附于某一个主体。即使这些属性改变了，也不会影响到主体本身的存在。这种存在就是一种偶然的属性,叫偶性。

第二类,是必然的本质,叫范畴。所谓范畴,已经上升到一种抽象思维的层面了,是对事物总结后抽象出来的一些概念。亚里士多德认为,必然的本质才是存在最重要的要素。

必然的本质中,有十个范畴,任何事物都可以归为这十个范畴中,它们分别是:**实体、数量、性质、关系、地点、时间、姿态、状态、动作和遭受**。任何事物都逃脱不了这十个范畴。

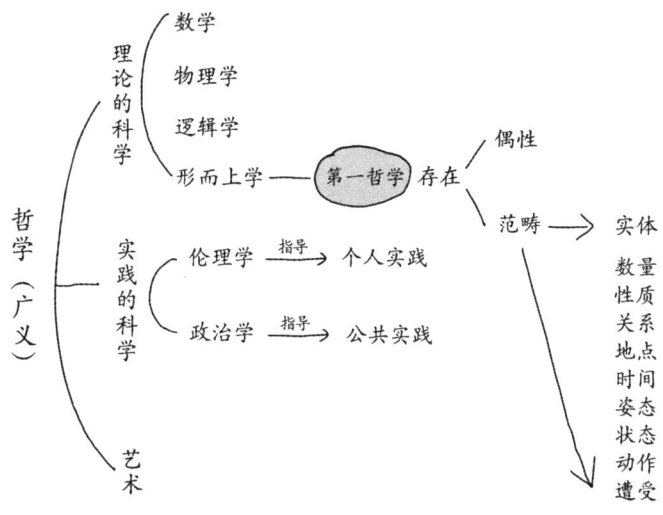

广义上的哲学

在这十个范畴中"实体"范畴是最为重要的。因为实体承载了其他所有的范畴。实体就意味着"是什么",而其他范畴是解释"怎么样"的问题。例如,数量,是解释实体的数量是什么;性质,是说明实体的性质是什么。"实体"这个范畴是更为根本的存在,是最重要的。因此,亚里士多德解释"存在是什么"就转向要解释"实体是什么"的问题。

可以看出,哲学的广义定义中,任何学科都可归到理论科学中最重要的第一哲学"形而上学"的问题,从存在到必然的本质问题再到实体问题,经由这么一个由大到小的范围,我们逐渐把问题的核心落到"实体"层面。

所以,第一哲学也叫实体哲学。要了解亚里士多德的形而上学,就是去了解实体哲学的内涵。

14 亚里士多德:什么是实体

亚里士多德在《范畴篇》中,对"实体"下了一个定义:**实体是既不述说一个主体,也不依存于一个主体的东西**。这是从逻辑学的角度下的定义,有两层含义:既不述说一个主体,同时也不依存一个主体。

先说第一层含义:不述说一个主体。这个"述说"其实就是描述的意思。比如"李雷是性格开朗的人"这句话中,有两个概念:"李雷"和"性格开朗的人"。这两个概念通过一个"是"联系在一起,形成一个判断。这两个概念中,"李雷"是一个被述说的概念,"性格开朗的人"是来描述李雷的性格特征的。我们只能用"性格开朗的人"来描述"李雷",不能用"李雷"来述说"性格开朗的人",因为性格开朗的人还有很多。所以在这句话中,"李雷"就是一个实体,他不能述说别的主体,只能被述说。

第二层含义：不依存一个主体。不依存的意思是实体必须具有独立实在性，不能像其他范畴一样要依存于其他主体而存在。比如"红色"这个属性，一定要依存于一个东西我们才知道红色这个概念。"草莓是红色的"，我们通过草莓这个物体才知道红色，红色本身是不能独立存在的。

那么要同时满足以上两个条件才能叫"实体"，既不能述说别的主体，同时也不依存于别的主体。那这个"实体"是什么呢？只能是个别的物体了，比如个别的人"李雷""李明"等、个别的动物"这匹马""这条狗"等。可以说，亚里士多德这个定义下得非常精准严密，不会产生歧义。万事万物中，但凡具有这种特点的都是"实体"。

回顾之前的内容，柏拉图理念论中的"理念"在亚里士多德看来，已经不能称为实体了。柏拉图的"理念"是可以述说其他事物的，被理念分有的一个个具体的事物，才是亚里士多德说的实体。一个强调抽象的理念成为实在，一个强调具体的事物成为实在。可以说，亚里士多德的实体学说是和柏拉图的理念论背道而驰的。

但亚里士多德又不是完全批判他的老师柏拉图，很快他又回到了柏拉图的立场，他虽然强调个别事物是实体，但他也强调属性的概念，他认为个别事物是第一实体，而属性概念是第二实体。比如说"人"这个概念，当然不同于个别的李雷那样具体，但同样也是一个实体。

第一实体有哪些特征？

第一，实体是具体的。个别的事物和个别的人，如李雷、苏格拉底等这些都是实体。

第二，实体不同于属性。比如"胖"这个属性的反面是"瘦"，但是你说具体的人"李雷"就没有一个与"李雷"相反的东西存在。

第三，实体是没有程度上的差别的。没有"谁比谁更是一个什么东西"这种说法，比如不能说"李雷比韩梅梅更是一个人"。

第四，实体是变中不变。比如，李雷是在不断成长的，从小长大，从年轻到衰老，这是在变化的，但是不变的只有一个，那就是李雷，他作为一个实体承载着自身属性的各种变化。

15 亚里士多德：实体是如何形成的

在亚里士多德看来，实体形成的原因有四个，即质料因、形式因、动力因和目的因，也叫"四因说"。

质料因

一个实体，是由什么材料做成的，就是质料因。比如，早期的自然哲学家，把水、火、土、气当作世界的本原，而水、火、土、气可以看作是一种质料。质料其实就是事物组成的材料是什么。再比如，一张桌子的质料因就是桌子的材料——木材。

形式因

形式因，就是说事物被规定成了一个怎样的形式，比如，这张桌子长成桌子的模样，而在设计者那里对这个桌子的设计或者关于桌子的规划与观念，就是形式。

动力因

动力因，就是使这个实体成为实体的动力是什么，把桌子制造出来的工匠就是动力因。

目的因

最后一个是目的因，把"实体最终有什么用"当作实体的原因。比如这张桌子，最终就是为了供人吃饭或工作使用。

这就是亚里士多德提出的"四因说"。不过亚里士多德又说，在人造物（如桌子）中，这四种原因是可以明显区分的；但在自然物中，这四种原因可归结为两个，即质料因和形式因，动力因和目的因都可以归为形式因。世界万物也都是质料和形式的统一。

亚里士多德的高明之处就在于，把事物运动的原因不归于事物本身，而归于事物的目的，也就是事物的形式。这样一来，亚里士多德就逐渐构建出一个逐级上升的宇宙模型。

万事万物，首先是由质料组成的，低一级事物构成了高一级事物的质料，高一级事物的形式则构成了低一级事物的形式。比如，房屋是组成街道的质料，街道是许多房屋组成后呈现的形式；而街道又是城市质料，城市是许多街道组成后呈现的形式。

这样一来，这个世界是由一个由低到高的质料与形式的动态阶梯模型所组成的。在最下端是纯质料，在最顶端是纯形式。可以看出，亚里士多德是综合了德谟克利特和柏拉图的思想，一个是自然哲学的方式，一个是形而上学的方式。但亚里士多德更偏向于柏拉图的观点，虽然亚里士多德把个别事物当作是第一实体，但在个别事物的质料和形式这两个对立因素中，他把形式当作是第一性的。可见，亚里士多德还是倒向了柏拉图的立场。

那么，实体是如何形成的？

潜能与现实

亚里士多德创立了"潜能与现实"的学说。

举个例子，木材在没有被做成桌子之前，只是一个潜在的桌子。当木材被工匠做成了桌子，具有了桌子的形式之后，便达到了一种现实的状态，成为一个实实在在的桌子。那么，木材变为桌子的过程，就是从潜能到现实的过程。

可以说潜能和现实是同一个事物的两种不同的存在状态，一定不要把这两者分开理解。亚里士多德用从潜能到现实的转化过程，来说明实体的生成过程。

任何一个事物，在成为自身之前，都处在一个潜在的状态。从潜能到现实的转化过程，亚里士多德也称之为运动。在《物理学》中，亚里士多德明确把运动形态分为六种：产生与消灭、从一种状态到另一种状态的转变、增加与减少，还有位移。这些运动的形态，都可以看作为从潜能到现实的转化过程。

古希腊早期的自然哲学也讲到了运动的概念。比如恩培多克勒说到的"爱与恨"来推动质料四根的观点，那个时候的运动只是一种空间上的变化关系，聚散离合。但亚里士多德讲到的运动，已经不仅仅是空间维度上的，还包含了一种时间上的生长和发展。这种时间维度又逻辑地包含了空间的变化，因为任何运动都需要时间的先后来表述，同时运动本身，事物的生长也是一种空间关系的变化过程。比如一棵树从种子长成参天大树的过程，随着时间的流逝，树在生长着，但同时在空间上来说，树也在不断长高和变粗，而长高和变粗就是空间上的变化。

从某种意义上来说，亚里士多德的这种运动观的内涵，远远超过了机械论所理解的运动。因为机械论的观点，仅仅把运动理解为一种空间上的位移变化，而亚里士多德所理解的运动，既包含了空间上的机械论的位移，也包含了有机论意义上的生长。

对于潜能和现实，也要辩证地去理解。潜能和现实其实是一种动态的过程。事物都是朝着一个比自己更高的存在状态发展的。任何现实存在的事物，同时也是一个更高级事物的潜能。反过来，任何一种潜能，对于比它低级的存在状态来说，又是一个现实。还是拿树的例子来说，一棵树是种子的现实，种子是树的潜在状态。而当把树木和森林放在一起比的时候，树木又变成了森林的潜在状态，森林是万千个树木集结而成的现实存在了。

可以说，亚里士多德哲学解决了三个问题。

首先，什么是实体？实体就是一个既不述说别的主体，也不依附于别的主体的东西，就是个别的事物。

第二，实体形成的原因是什么？四因说——质料因、形式因、动力因和目的因。

第三，实体的生成过程是什么？从潜能到现实的转化。在亚里士多德之前，德谟克利特提出了原子论，柏拉图提出了理念论，这两位哲学家完成了对古代自然哲学和形而上学的总结，而到了亚里士多德这里，这两大哲学派别以一种妥协的方式聚合于实体哲学中。

无论是德谟克利特的原子,这个原子可以理解为质料;还是柏拉图的理念,这个理念可理解为形式,这两者在亚里士多德这里都成为实体,只不过形式比质料更是实体而已。

16 亚里士多德:幸福是什么

无论是在哲学、伦理学领域,还是在我们的现实生活中,"幸福"始终是人们喜欢讨论的一个话题。

那么,到底什么是幸福呢?在现代人看来,幸福是一种心理上的感受,是一种内心的愉悦和满足的状态,幸福通常跟甜蜜的感觉联系在一起。有的人认为有一份美满的爱情就是一种幸福,有的人认为能和家人团圆就是一种幸福,有的人认为拥有很多金钱就是一种幸福,还有的人认为精神富足才是一种幸福。

每个人其实都有追求幸福的自然倾向,幸福以自身为目的,同时也是其他一切目的之目。这样的观点——把幸福当作是伦理活动的终极目的观念——就是幸福主义。在哲学史上,大多数哲学家都是持有幸福主义的观点的,只不过每个人的出发点不同,对幸福的理解也会有所不同。

亚里士多德对于幸福的问题,进行了完整而系统的阐释,下面我们来看看《尼各马可伦理学》中亚里士多德的幸福理论。

幸福就是至善

首先我们要了解,亚里士多德对幸福的定义——幸福就是至善。

在《尼各马可伦理学》第一卷中,亚里士多德指出:"一切技术、一切规划以及一切实践和抉择,都以某种善为目标。因为人们都有个美好的想法,即宇宙万物都是向善的。"人们的任何实践活动都是有目标的,而这个目标就是至善。

善又有不同的等级,较低级的善要服从较高级的善。人们的实践活动,最终都走向了一个最终的目的,即最高的善。而最高的善到底是什么呢?

亚里士多德认为:行为所能达到的全部善的顶点,就是幸福。幸福是生命的自然目的,这个最终的自然目的就是至善。举个很简单的例子,我们锻炼身体的目的是为了身体健康,健康的目的是为了追求快乐,而快乐的目的就是幸福。

三种与幸福相关的生活

每个人的生活实践的维度是不同的。这里,亚里士多德总结了三种与幸福相关的生活。

第一种,追求财富和满足各种欲望的生活。有些人以赚钱为最高目的,追求各种欲望的满足,以为这样就能得到幸福。但在亚里士多德看来,这种幸福就等同于感官的生理快乐,这与他的幸福理念是相悖的。因为幸福是自由的,但以满足欲望得到幸福,人很容易成为欲望的奴隶,无法获得真正的幸福。

第二种,政治生活。参与公共事业、参与政治活动也可以实现幸福。政治生活中的幸福就是追求荣誉，荣誉是政治生活的目的。亚里士多德认为"荣誉取决于授予者，而不是接受者"。善或者幸福应该是人们固有的，而不是轻易能被取走的东西。

第三种，思辨的生活。这是亚里士多德最为推崇的，这是一种求知的生活。把思辨活动当作是人存在的最大快乐和最高幸福。思辨是理智的德性，理智是人的最高贵的部分，是我们各部分中最重要、最合德性的。

亚里士多德说："快乐和荣誉虽然都是可选择的目的，但都是自身以外的它物，唯有思辨生活才是为自身的选择，才是不累于它物的最大幸福。"

获得幸福要遵循的原则——中道

中道原则，是亚里士多德在总结了古希腊历史和现实生活的基础上，提出的获得幸福要遵循的著名原则，有点像中国文化中的"中庸"。

"中道"不是数学上的"中值"，而是从人的情感和行为这个层面去强调要适中、适度，既不要过度与放纵，也不要不及。这个原则对人的理性要求非常之高，人只有在充分认识自己的情况下，才能真正做到既节制不放纵，又不畏手畏脚。

以情感为例，自信就是骄傲和自卑的中道，骄傲是一种过分的状态，而自卑又是一种不足的状态。在骄傲和自卑之间，恰到好处的一种状态，就是自信。这就像一个天平一样，自信在这中间，稍微盲目自信一些就成了骄傲，而不太自信一些，就陷入了自卑。当然骄傲和自卑都是极端的状态，自信才是最为适度和适中的最佳状态。

在亚里士多德看来，只有遵循中道原则才能真正获得幸福。这样的幸福观，对当今的人们来说也有很大的价值。每一个现代人如果能读一读亚里士多德的伦理学，或许能收获对快乐、幸福更深刻的理解。

幸福就是至善，每个人心存善念，我们的发心动念和行为都会受到约束，在遵循中道原则的基础上，去追寻一种思想的乐趣，这就是人生最大的幸福。

第三篇 古希腊晚期哲学
Passage 3

01 古希腊哲学走向衰落

古希腊哲学经由亚里士多德之后，盛极而衰，开始走下坡路了。这究竟是为什么？先从希腊哲学衰落的历史背景讲起。

之前讲到亚里士多德时，说到了马其顿的国王腓力二世，邀请亚里士多德给他的儿子亚历山大做了8年教师。当时在希腊地区，各城邦战乱纷争不断，北方的马其顿城邦逐渐强大和崛起，马其顿国王腓力二世在希腊推广了一场运动，把彼此纷争不已的各城邦统一为马其顿王国。腓力二世去世以后，亚历山大登基，成立了亚历山大帝国。

亚历山大年轻有为，尽管接受了亚里士多德的悉心教诲，但仍然保持着凶悍的本性，他先后用武力征服了东方各国，比如当时的巴比伦、埃及，一直到中亚和印度河流域，建立了一个更大的帝国。随着军事的扩张，亚历山大同时也把他尊崇的希腊文化传播到东方，推向了亚洲和北非的广大地区，可以说在当时其帝国是盛况空前的。但亚历山大很不幸，33岁时就英年早逝了。

虽然亚历山大去世了，但是之前在东征的过程中他已经把希腊的文化带到了东方，希腊文化在东方推广的进程并没有因为亚历山大的去世而结束，而是继续发展壮大，越来越多的希腊元素融入了东方的土壤中。这段时期在历史上称作希腊化时期。希腊文化不断向东方扩散和渗透，希腊的戏剧、体育运动、艺术和哲学思想纷纷传播到东方，并开花结果。

既然希腊的文化传播到东方，那么应该是希腊文化最繁荣的时期，为什么又说希腊的哲学走向了衰落呢？其实，希腊化只是一个表象的特征，表面上是希腊文化向东方扩展，实际从本质上来说是希腊哲学走向衰落的一种体现。

有两点可以说明这种衰落。之前讲到了公元前399年苏格拉底被雅典城邦判处死刑，这标志着希腊民主政治衰落，因为这个时期的民主政治已经不再有当初的神圣。还有一点，就是伯罗奔尼撒战争开始，希腊的各个城邦已经开始放弃分离主义和自由主义，推行一种帝国主义的原则，这样一来各个城邦纷争不断，内部互相征战，结果就是北方的马其顿王国坐收渔利，其推行的统一运动把各城邦统一为马其顿王国。在这种情况下，希腊的城邦制逐渐衰落，并走向瓦解。

而希腊哲学的诞生就是源于希腊城邦制的繁荣。城邦制的建立，让每个人都要去思考普遍的规则和制度问题，因为城邦是每个公民的城邦，每个公民都有责任去参与到国家的政治中，所以大家都纷纷思考如何才能更好地维持一个国家的良性发展，这就是一种哲学的思考。

从城邦制的衰落，到马其顿帝国的建立，再到亚历山大帝国的扩展，从表面上看是文化扩张，实际上希腊的哲学已随着城邦制的衰落而衰落了。亚里士多德时期，正是马其顿王国开始统一内乱不断的各个城邦的时期，所以亚里士多德的哲学可以说是希腊城邦时期的最后的哲学。从亚里士多德哲学后，希腊的哲学盛极而衰。

在希腊哲学衰退时期，人们思考的问题焦点又是什么呢？

接着我们前面说的，希腊文化向东方的扩展，其影响也是双向的。一方面，从表面上看希腊文化是向东方传播的，但另一方面希腊人也受到了东方文化的反向渗透。因为文化的交流是双向的，这个不可避免。

这里说的东方文化并不包括中国文化，而指的是亚历山大征服的那些东方地区的文化，包括巴比伦文化、波斯文化和埃及文化。但在那个时期，这些文化中更多的是含有一些糟粕的东西，比如专制主义和官僚主义、享乐主义和纵欲主义。在这样的环境下，当时的希腊人开始有了一种自我意识的膨胀，因为之前希腊奉行的是一种自然主义，从来没有接受过这种享乐、纵欲的生活态度。随着这些东方文化和价值观反向流入希腊，希腊人的思想也逐渐发生了改变。再加上城邦制度的瓦解，每个公民已经不需要再去参与到国家政治中去了，因为之前的城邦制，每个人都会把国家的事情当作是自己的事情，但城邦制瓦解了，国家已经跟自己没关系了。

于是，希腊人的思考焦点不再是国家的问题，也不再关心世界的本原和本体的问题了（古希腊早期的自然哲学家关注的是世界的本原问题，世界的客观真理是什么）。此时，希腊人把心中恢宏的理想都抛到九霄云外去了，越来越沉溺于个人的享乐，沉浸在感官刺激的快乐中，对世界的本质和本原问题已经不再感兴趣了。

在这个历史时期，哲学家最关注的就是：在这样一个百无聊赖的世界里面，人如何才能过得幸福？人如何才能在短短的几十年中，活得快乐？幸福，在那个阶段是哲学家关心的首要问题，自此希腊哲学朝着感觉主义和神秘主义的方向去了。

哲学家不再关心终极问题，不再关心形而上学问题，而是转向了幸福这个伦理学的问题，转向了与个人生存相关的问题——如何快乐、如何获得幸福等。从历史的角度看，这少了一点哲学应有的那种恢宏的气魄，缺少了对国家的关注、对世界本质问题的关注，而转向个人小情小爱的层面上了。

希腊化时期出现了三大哲学流派，即伊壁鸠鲁主义、斯多葛主义和怀疑主义。虽然这三个学派各有各的理论，但有一点是相同的，那就是都对现实世界不感兴趣，对世界本原不感兴趣，他们唯一关心的是人如何才能获得幸福、获得快乐，个人自我的完善问题以及个人当下的幸福与快感。

02 伊壁鸠鲁主义

伊壁鸠鲁主义，是古希腊唯物主义者和无神论哲学家伊壁鸠鲁创立的哲学学派。

大家一听到伊壁鸠鲁，可能会联想到纵欲主义。罗马共和国晚期，有一位哲学家西塞罗把"伊壁鸠鲁主义"与纵欲主义相提并论，这败坏了伊壁鸠鲁的名声。西塞罗是一位斯多葛主义者，而斯多葛主义又是跟伊壁鸠鲁主义对立的，所以从西塞罗开始，伊壁鸠鲁主

伊壁鸠鲁（前341—前270年）。古希腊哲学家，伊壁鸠鲁学派创始人。主张达到不受干扰的宁静状态，并要学会快乐

义的名声就逐渐被败坏了。而且，后来公元18世纪法国著名思想家孟德斯鸠在《罗马衰落原因论》中认为，伊壁鸠鲁主义侵蚀了希腊、毒害了罗马，两个伟大民族先后都被伊壁鸠鲁主义断送了性命。基于这样的历史，"伊壁鸠鲁主义"才被人们当作纵欲主义的代表。

但实际上，伊壁鸠鲁本人并不是一个纵欲主义者。他倡导的理念非常理性，他提倡过一种节俭、朴素的生活。他虽然主张快乐，但他追求的快乐是一种有节制的快乐，是一种清心寡欲的道德快乐。

如何寻找一种生活的宁静之道

伊壁鸠鲁是一个快乐主义者，他的伦理学也被叫作快乐主义。这样的哲学思想跟当时的历史背景有关。在当时城邦制度瓦解的背景下，人们已经不再过多关注国家政治的发展，转而更加关注自己的生活，关注自己是否快乐和幸福。所以，哲学的目的也改变了，不再是像之前一样关注世界的本原问题，关注世界发展的客观的最一般规律问题，而是转向了一种生活的宁静之道——如何让自己的生活更加快乐和幸福。伊壁鸠鲁哲学也是探讨这个，那么如何寻找到一种生活的宁静之道呢？

在伊壁鸠鲁看来，要获得生活的宁静就要去探索生活之道，从而消除心中的纷扰，获得幸福和快乐。

幸福就在于身体的无痛苦和灵魂的无纷扰。要达到身体的无痛苦，就要过一种有节制的生活，不暴饮暴食，不过度享乐，而是要采取劳逸适度的生活方式。这样身体才能处在一个舒服的状态。而灵魂的无纷扰，这个就比较有难度了。想想看，生活中大多数的痛苦都是精神上的痛苦，比如我们会因为自然灾害（地震、海啸）而恐惧，我们会因为亲人的意外死亡而崩溃，我们也会因为恋人的背叛而伤心。这些都是对人精神上的折磨。

伊壁鸠鲁分析了对我们心灵产生纷扰的三个原因。

第一个原因，就是对自然灾害的恐惧。就像我们说的地震、海啸、水灾等，这些是人无法预测的，人在自然灾害面前是渺小和无助的。在灾难面前，人的内心是恐惧的。

第二个原因，就是对死亡的恐惧。因为死亡是未知的领域，每个人都有面对死亡的那一刻，但恰恰是因为每个人都不知道死后是什么感觉，所以死亡的恐惧时时刻刻都会围绕着我们，让我们的内心产生不安的情绪。

第三个原因，就是人际关系的不和谐，这也会导致我们的内心产生纷扰。人生活在社会中，难免要与人打交道，难免会跟人发生口角和摩擦。比如，我们从小生活在集体中，难免会和小伙伴闹别扭；长大后，我们谈恋爱了，如果恋人出轨了或者背叛了自己，这也难免会让我们痛苦不堪。

伊壁鸠鲁认为，要从哲学的道路上解开这三个困扰，克服困扰我们心灵的三个要素，才能过上幸福的生活，这才是哲学要去做的事情。

如何解决心灵的困扰

首先，在面对自然灾害的时候，人们因为无知，会以为这些自然灾害的降临是因为得罪了神灵，神灵发怒了，才致使地震海啸、天崩地裂。伊壁鸠鲁则运用德谟克利特的原子论来解决这一问题。因为伊壁鸠鲁本身就是一个原子论者，他继承了德谟克利特的思想，同时对德谟克利特的原子论有所发展。世界说到底就是由一大堆原子组合而成，但他又不否定神的存在，只是说神不干预原子构成的世界，那么在自然界中发生的一切现象，如地震海啸、电闪雷鸣都是有着自然的原因的，跟神无关。因此伊壁鸠鲁虽然承认神存在，但把神从自然世界中赶出去了。

关于伊壁鸠鲁的原子论思想，他其实是发展了德谟克利特的思想，他认为原子和原子之间，除了形状和排列方式的差别，还有重量上的差别。德谟克利特过分强调原子的必然性，认为原子世界的运动是直线运动，而伊壁鸠鲁则认为原子的运动轨迹也可能发生偏斜，这就增加了偶然性的成分。

通过原子论的思想，伊壁鸠鲁将世界万物看作由无数原子组成，从而排除神在自然界的干扰，获得一种心灵的解脱。

针对死亡的恐惧而引起的心灵纷扰，伊壁鸠鲁则从认识论的角度来解决这个问题。

伊壁鸠鲁认为，感觉才是最可靠的，感觉是真理的来源，我们的感觉是怎样的,这个世界就是怎样的。如果我们对事物的认识出现了偏差,错误不在于感觉,而在于理智对感性知识的错误理解。

如果我们通过感觉来认识世界,那么我们也通过感觉来认识死亡。伊壁鸠鲁认为:人活着的时候,从来没有感觉到死亡,一旦人死了就消散为一堆原子了,因此也就对死亡没有任何感觉了。那为什么还会对死亡产生恐惧呢?对死亡的恐惧,主要是因为对死亡的无知,不知道死后是一种什么样的情景,所以才会有所恐惧。

针对人际关系不和谐的要素,伊壁鸠鲁提出要建立一个和谐社会的主张。如何建立呢?通过社会契约来建立社会。人人都遵守契约,人人都具有契约精神,都按照规章制度来办事儿,那就会少很多纷争,人们彼此之间的关系也会更加友善与和谐,心灵的困扰也就解决了。

伊壁鸠鲁希望通过对身体和灵魂纷扰的克服,找到一种快乐的生活方式,把追求快乐和幸福当作是哲学的信条,但他又反对把快乐和享乐等同。从头到尾,伊壁鸠鲁也没有提倡享乐主义或纵欲主义,只是到了后世,伊壁鸠鲁主义才被歪曲、诋毁,以致成为纵欲主义的代名词。

总的来说,伊壁鸠鲁的快乐主义,虽然在当时解决了一些通向美好生活的问题,但具有强烈的个人主义倾向,它只关注个人的快乐,而不关注社会和国家的发展,这难免会有些小家子气。不过,哲学就是仁者见仁、智者见智,或许这是适合当时历史境遇的。

03 斯多葛主义

斯多葛主义提倡的是禁欲主义，这是一种非常崇高的境界：为了灵魂的快乐，为了追求美德而宁愿放弃肉体的快乐。这跟伊壁鸠鲁主义的快乐主义直接对立。

斯多葛主义大约在公元前300年兴起于雅典，他的创始人是出生于塞浦路斯岛的芝诺。大家一定要分清楚，这里的芝诺不同于之前我们讲到的那个诡辩论者芝诺，这是斯多葛主义的创始人芝诺。

芝诺最开始接受的是赫拉克利特的"火本原说"，对逻各斯学说也非常认同，而后又接受了苏格拉底的学说。在此基础上，芝诺发展出了自己的伦理学思想，那就是斯多葛主义。

芝诺是早期的斯多葛主义者，这个阶段和伊壁鸠鲁主义的时代背景是一样的，人们思考问题的重点放在如何追寻内心安宁、心灵如何才能不被世间万物所干扰的层面。斯多葛主义者在寻找一些方法，只是比伊壁鸠鲁主义的方法更加悲观罢了。伊壁鸠鲁主义是通过寻找快乐的方式达到幸福，但斯多葛主义比较保守，甚至是采取一种对生活的拒绝态度，用理性来节制自己的欲望以达到心灵的不动心和安宁之境。斯多葛主义认为之所以内心不安宁，就是因为我们有太多的欲望。要想内心安宁，就要做到禁欲主义，禁止一切肉体的欲望。

早期的斯多葛主义运用了赫拉克利特的"火本原说"，甚至把火放大了,把世界这团永恒的活火当作是一种具有理性精神的、有思想和灵魂的神秘之火。火的核心和灵魂就是逻各斯,世界上万事万物都是由火转变而成的,所以世界上每个人都是具有理性的,都是具有逻各斯的。

既然每个人都具有逻各斯,而人的命运也是由逻各斯支配的,那么人在面对命运时,就应该老老实实服从而不是去抗争,要服从命运的安排而不是主动去掌控命运的发

芝诺(约前336—前264年)。古希腊哲学家。出生于塞浦路斯的季蒂昂,因而又称"季蒂昂的芝诺"。创立斯多葛学派

展。因为逻各斯主宰了一切,只有抱持着一种逆来顺受的态度,才能获得心灵的平静,才能达到不动心的状态。

显然,早期斯多葛主义的态度是有些消极的,因为命运就是逻各斯,逻各斯就是世界理性或者世界的本质或规律,在面对世界本质和规律时,认识它服从它就好,由此才可获得内心真正的安宁。斯多葛主义把这种服从命运安排的生活叫作道德的生活,认为追求道德就是追求幸福。

晚期的斯多葛主义,出现了三位重要的哲学家。

第一位哲学家叫塞涅卡。他的基本观点是:对各种世俗的诱惑,我们都要抱持一种不动心的态度。他有一句名言:**愿意的被命运领**

着走，不愿意的被命运拖着走。可见，这是一种消极避世的态度，要服从命运的安排，听天由命。

第二位哲学家叫爱比克泰德。他原先是一位奴隶，经历过很悲惨的生活，后来因为他才华出众、精通哲学，所以被主人释放了。也许正是他的奴隶经历，让他忍受了人间的各种痛苦，这些磨难反而成了他很好的财富，所以当他回到人间后，他仍然宣扬一种对人生隐忍的态度，无论生活多么痛苦不堪，人生多么不顺，都要学会容忍，顺其自然，而不要去反抗，要坚定不移地服从命运的安排。这其实也是一种悲观的宿命论，是晚期斯多葛主义的代表。

晚期斯多葛主义的第三位哲学家是马可·奥勒留。马可·奥勒留是古罗马帝国的一位皇帝，是著名的"帝王哲学家"。我们都知道在罗马帝国的中兴时期，连续出现了五位好皇帝，而马可·奥勒留就是这"五贤帝"中的最后一位。马可·奥勒留是一位皇帝，非常精通哲学，虽然他的一生戎马征战，但并没有妨碍他对哲学的思考。他既是统治者，又是哲学家。柏拉图曾说："唯有哲学家成为城邦之主，城邦方有生之希望，得见天日。"

马可·奥勒留（121—180年）。思想家、哲学家，罗马帝国皇帝。他是著名的"帝王哲学家"，斯多葛学派代表人物之一。其传世著作《沉思录》最初只是他写给自己看的，没有打算发表

可见，马可·奥勒留就是柏拉图《理想国》中倡导的那个最高统治者，让哲学家来当统治者，让哲学家成为城邦之主。

但马可·奥勒留是一位斯多葛主义者，他恪守着道德准则，时刻保持警醒。他是一位悲观的皇帝，或许这样的悲观主义才能给自己足够强大的内心力量，去面对和处理国家的政治大事。

马可·奥勒留在位期间，一方面要对付波斯人，另一方面要对付北方蛮族的入侵，同时还有人叛乱造反，罗马的台伯河洪水泛滥，还出过几次地震，更严重的是还有大型的瘟疫，这使得整个帝国的人口锐减。整个帝国由盛转衰的时期，就是他在位的时期。在这样的环境下，马可·奥勒留作为皇帝统治国家，可以说是一件很痛苦的事。那么，他是用什么方法来平静自己的内心呢？在这样接连不断的天灾人祸中，如何才能使自己继续保持平稳的心态并处置好国家大事？正是一种刻骨铭心的悲观主义，才让马可·奥勒留能够以更加平静和强大的内心泰然处之。

马可·奥勒留的《沉思录》是他所写的反省笔记，也是他唯一留下来的著作。书里面的内容虽然只是片段式的格言，但是充满着哲学的沉思。这种沉思就是对生命和命运的沉思，表达了一种节制的态度。

04 怀疑主义

怀疑主义，跟伊壁鸠鲁主义和斯多葛主义一样，都是以寻求灵魂的安宁为目的,但怀疑主义却有着一种思辨的色彩,少了几分感性。

怀疑主义对各种独断论的观点采取一种颠覆的态度。独断论是一种主观武断的理论,比如之前探讨的世界本原问题,不同的哲学家有着不同的看法,而这种看法只是不同哲学家的不同见解而已。怀疑主义,就是要对这种独断论进行怀疑,要对这种片面执着于某一种观点的论断产生怀疑。早期怀疑主义的代表人物是皮浪。

皮浪:不做任何决定,悬置判断

皮浪(约前360—前270年)。古希腊怀疑派哲学家,怀疑主义创始人

皮浪出生于公元前360年,他早年学习过德谟克利特的原子论哲学,后来他参加了亚历山大的军队,东征到达印度、波斯等国,受到过印度文化如佛教思想的影响。皮浪的一生阅历非常丰富,见多识广,再加上他熟悉多种哲学学说,逐渐形成了怀疑主义,开创了怀疑主义学派。

皮浪的怀疑主义,有一个最重要的思想:**不做任何决定,悬置判断**。

对任何事物,都不要去判断,不去评判一件事是好是坏、一个人是好是坏。总之,只要有关于对事物有判断的想法,一定要悬置起来,不做主观的判断。只有采取这样的态度,才能达到一种灵魂的安宁。

人的苦恼,就是因为太容易陷入决断才导致的。人总是容易有自己的主观理论和想法,当自己的判断和别人的想法不一致的时候,就会陷入混乱和苦恼中,这时宁静的内心被打扰了,人自然就不快乐了。

有这样一个传说:皮浪有一次乘船出海,不幸遇到了风暴,大风大浪让船颠簸得很厉害,同船的人都惊慌失措,而皮浪却若无其事,非常淡定。皮浪指着一头同样若无其事、安然吞食的小猪说:哲人就应当像这头小猪一样,无动于衷。这个传说恰恰说明了皮浪的无所谓的态度,因为不做判断,所以就免去了恐惧和担忧。

我们从小到大在学校中会有各种各样的考试,考试后会根据分数进行排名,这个时候可能有些同学就不开心了,某次考试的失败或者排名的落后都会让自己感到沮丧和痛苦,原因就是我们对考试和分数有了自己的判断:一定要考好,一定要排名靠前,这样才能考上更好的大学,有一个更好的未来。长期如此,这样的判断就会影响自己的心情,因为我们相信这样的判断,并认为这是有价值的判断。如果用皮浪的怀疑主义,那就是对考试这件事儿不做任何判断,只把考试当作考试本身,不去给它加入主观的看法,不去在意考试的分数高低。因为分数的高低和排名的前后都是客观的事实,我们之所以认为考高分好,是因为我们加入了自己的判断。

所以,如果悬置了判断,分数高低就不会干扰我们的心情了,自然内心就处在宁静状态了。皮浪的怀疑主义,颇有一点"不以物喜,不以己悲"的淡定和从容。

小结：古希腊三贤和古希腊晚期哲学

在古希腊哲学的第一阶段，谈到了世界的本原问题。那个时候的哲学家，把世界的本原归为水、火、土、气，或者逻各斯、数和存在。通过两个路径，一个是自然哲学的路径，一个是形而上学的路径。

而后进入古希腊哲学的第二阶段，也是巅峰时期——苏格拉底、柏拉图和亚里士多德的哲学。

苏格拉底通过"思想的助产术"，以一种特有的提问方式，与公众探讨哲学问题，以求得智慧。苏格拉底生活在古希腊城邦繁荣的时期，但这仅仅是表面的繁荣，因为民主制度已经不再如从前那般具有真正的民主性了。苏格拉底对美德问题和对国家问题的探讨触碰到了雅典民主政府的敏感神经，他的言论主张与雅典民主体制存在着根本冲突，所以苏格拉底被雅典民主法庭判处死刑。

苏格拉底英勇赴死，他对智慧探索的精神被发扬光大，他对更好的生活的追求态度影响着后世的人们。

苏格拉底的学生柏拉图，看到雅典政府把最高贵的人判处死刑时，他的内心是受到震颤的，当时的雅典处在伯罗奔尼撒战争失败的困境中，这让柏拉图非常厌恶民主制，于是他决定潜心研究哲学，希望通过哲学改变统治者，使国家至善。

于是，柏拉图开办了雅典学园，他潜心钻研，在综合了前人哲学的精华后提出了伟大的理念论。柏拉图接受赫拉克利特所主张的"世界多变，变化无处不在"的学说，综合了赫拉克利特提出的"逻各斯"、毕达哥拉斯提出的"数"以及巴门尼德的"存在"，对苏格拉底所追寻的"形式或型"的概念有所传承，在前人的基础上建立了理念论的体系。

理念论，简而言之就是在现实世界之外还有一个理念的型相世界。任何一个事物都有一个理念的型相实体，具体的事物是对这个理念实体的一种分有和模仿。柏拉图通过四线段的比喻和太阳的比喻来说明两个世界——现实世界和理念世界的存在。同时也用洞穴的比喻，表达对理念世界的极力推崇，也寄托了他自己的使命感和政治理想，让一个懂哲学的人成为国家统治者来治理国家。

在《理想国》这本著作中，柏拉图做了详细的解释：什么样的国家才是一个理想的国家，统治者要如何统治才能让国家良好发展。柏拉图构想了一个宏伟的蓝图，将国家分为三个等级：第三等级是劳动者，是一般民众；第二等级是国家的保卫者或战士；第一等级也是最高等级，是这个国家的最高统治者，应该是一位哲学家。

这三个等级不能互相僭越，不能互相干预。统治者勤于治理国家，保卫者保护国家，劳动者恪守节制的美德并服从第一、二级别的统治，这样这个国家就是一个正义的国家，也就真正达到了理想国的境界了。

紧接着，又谈到了柏拉图式的精神恋爱。在《会饮篇》中，柏拉图借苏格拉底之口道出了自己对爱的理解——爱，更加注重精神的爱慕和互动，注重一种心灵的创造，这是一种高尚的美德。但他也不反对肉体的享受，但肉体的享乐要建立在彼此精神愉悦的基础上。

柏拉图的学生亚里士多德和柏拉图的风格不太像。柏拉图或许还有一些浪漫主义和理想主义的色彩，无论是理念论、理想国，还是他的性爱论，都充斥着对这个世界无限的遐想。

但亚里士多德不同，他更加注重逻辑性，更像是一位古板、严谨的工作者。他首先对柏拉图的理念论有所批判，柏拉图认为现实世界之外还有一个理念世界，两者是两个世界，而亚里士多德则不这么认为，他认为理念只能存在于具体的事物之中，不能独立于个别事物而存在。他是不否定理念的，但否定独立于事物之外还存在着一个理念。

紧接着，我们探讨了亚里士多德提出的形而上学，也是他的实体哲学。实体是"既不述说一个主体，也不依附于一个主体的东西"。实体哲学是亚里士多德哲学的根基，也是核心中的核心。在了解了实体的定义后，我们探讨了实体的原因是什么，有四个——质料因、形式因、动力因、目的因；以及实体是如何实现的——潜能与现实的学说。最后了解了亚里士多德关于幸福的伦理学说。

苏格拉底通过为精神助产的方式，开创了独特的谈话方式探寻智慧。柏拉图提出了伟大的理念论，并提出了国家的宏伟蓝图——理想国。亚里士多德则开创了实体哲学。

他们哲学的探索主题都是围绕着国家、围绕着城邦、围绕着世界的本质问题而进行探讨的。而亚里士多德之后，希腊城邦逐渐瓦解，古希腊哲学走向衰落。在希腊化时期，出现了三大学派——伊壁鸠鲁主义、斯多葛主义和怀疑主义。这三个学派有一个共同点，即哲学不再关心世界的本原问题，而是追问生存的意义是什么，如何才能生存得更好、更幸福。

伊壁鸠鲁主义通过寻找快乐获得幸福，后续发展为一种享乐主义或纵欲主义。斯多葛主义通过节制和克制的方式寻找美德而得到幸福，后世称其为禁欲主义。怀疑主义，则通过质疑的方式，"悬置判断"——不对任何事情做判断，达到一种内心的宁静。

可见，古希腊哲学由盛到衰，便是一个从自然哲学和形而上学转向人生哲学和伦理学的过程。在希腊化后期的哲学中，对人的本身问题的探索，与后来发展起来的基督教哲学探讨的问题是一致的，都把人的生存问题当作是哲学主要关注的对象。

第二部分

中世纪基督教哲学

导 言 Introduction >> 中世纪信仰时代的哲学

中世纪时期是从公元476年到公元15、16世纪的这段时间,这期间基督教的思想一统天下,渗透到社会生活的各个方面。

基督教哲学,是基督教思想在传播的过程中,神学家用哲学的方式为基督教进行辩护或者为基督教教义做出解释而形成的哲学。既然是哲学,强调的就是理性层面的内容,基督教哲学就是在调和信仰和理性层面的矛盾。

基督教哲学的发展大体上分为两个阶段。

教父哲学阶段

教父哲学阶段,为公元1世纪末到公元10世纪。在教父哲学阶段之前,其实还有一小段时期是使徒阶段,就是耶稣的门徒去四处传播基督教的思想,让基督教生根发芽。历史上有十二使徒,他们由耶路撒冷教会出发,在小亚细亚建立了安提阿教会,之后向整个地中海世界传播基督教教义。所以这是基督教最早开始传播的阶段。那个时候的教义主要记载了耶稣的生平事迹,也包括复活的事迹,因此出现了福音书,比如我们知道的四部福音书——《马太福音》《马可福音》《路加福音》《约翰福音》。

大概到公元1世纪,使徒全部去世后,这一阶段也告一段落了。

在传播福音书的过程中，必然会有一些理论和思想被挖掘出来。公元1世纪后就出现了教父，基督教哲学也自此进入教父哲学的阶段。

所谓教父，顾名思义就是教会的父亲，就是那一批有知识涵养、受到希腊—罗马文化的影响，同时又是最早皈依基督教的知识分子。他们既有坚定的基督教信仰，又有深厚的希腊哲学素养，同时还在初期教会中担任圣职。这些人有意识有目的地为基督教信仰确定一些信条、教义和神学的理论。教父的功劳非常大，他们是基督教神学的奠基者。

最早，基督教只是一个民族宗教——犹太教的一个派别，那么如何让一个民族宗教发展为一个世界性的宗教？这需要把之前的宗教思想发展成一个庞大的、严密的理论体系，同时还要有系统的组织体系，可以说教父哲学家在这一阶段功不可没。

这一阶段的哲学家继承了柏拉图主义和新柏拉图主义者的神秘主义，在这个基础上提出了基督教哲学思想，主要代表人物是奥古斯丁。

教父哲学经历了两个阶段，一个是公元1世纪到5世纪前期（也即西罗马帝国崩溃之前），是教父哲学的大发展时期。从公元476年西罗马帝国崩溃后，一直到公元9世纪初的查理曼帝国成立之前，整个社会比较动荡，蛮族入侵后国家衰败，再加之民族大迁移以及各种自然灾害和瘟疫等问题，这段时间被称为中世纪的黑暗时代，哲学的发展水平是比较受限的。

经院哲学阶段

基督教哲学的第二个阶段是经院哲学阶段。

查理曼帝国成立后，国家的元气慢慢恢复过来，逐渐从之前的黑暗时期走出来，人们的生活走向正轨。这个阶段持续了较长一段时间，一直到公元11世纪，哲学慢慢复兴，基督教哲学走向了第二个阶段——经院哲学。

这一时期的哲学还是围绕着基督教，因为基督教在整个西方多年的历史中都是主导思想，所以哲学自然而然也是围绕着神学而来的。有一句话"哲学是神学的婢女"，意思就是说，哲学在当时是没有什么地位的，一切都是为神学服务的。

在这个时期，哲学日益发展起来，水平也越来越高了。因为社会逐渐稳定，再加上当时出现了很多大学，为哲学思想的发展创造了良好的环境。

公元11—16世纪这段时间，哲学主要继承了亚里士多德主义的哲学，强调从逻辑和理性的角度对基督教思想进行哲学论证，代表人物是托马斯·阿奎那。

到了公元13世纪，经院哲学达到了巅峰，基督教哲学也越来越呈现出理性的意味，但从总体上来说还是遵循"信仰至上"的。

第一篇 基督教与基督教哲学

01 基督教的起源是什么

说到基督教，大家一定不会陌生。你一定看到过教堂，见过十字架以及钉在十字架上的耶稣，你也一定听过宗教音乐、圣歌和赞美诗。这些都跟一个宗教——基督教有关。

基督教发源于巴勒斯坦地区犹太人社会，创始人是耶稣。基督教就是以信奉耶稣基督为救世主的宗教，提倡一种对上帝的信仰，从而获得救赎和解脱。基督教其实就是一种超验性的宗教，关注的是彼岸世界和天国世界，人的灵魂如何才能获得救赎和解脱的问题。

基督教与佛教、伊斯兰教并称为世界三大宗教。基督教在人类的发展史上，有着不可替代的关键作用，尤其是当今的西方社会，许多发达国家都以基督教文化为主导。

基督教的起源

公元3年，罗马人征服了巴勒斯坦地区，罗马人的残酷压迫，使当地的犹太人痛苦不堪，战争的失败让人们感到无能为力，人们陷入一种痛苦和无望中。生活已经如此狼藉不堪，这时他们把希望寄托于一种宗教的世界，希望赶紧出现一个救世主来拯救苦难的人民。

在现实争斗中失望，转而从宗教中寻求出路。基督教在这样的历史背景下应运而生。绝望的现实状况，让人们对彼岸世界充满了强烈的希望。

随着越来越多非犹太教人被吸引到基督教的社团中，基督教逐渐形成自己的教义、组织制度和礼仪等。到了公元2世纪中叶，基督教社团已从没有自我意识的初期阶段，发展成在思想上和组织上都具有独立形态的基督教会。

基督教最重要的经典就是《圣经》，它包含《旧约》和《新约》两个部分。其中，《旧约》部分也是犹太教的经典。无论是《旧约》还是《新约》，里面都有一个"约"字，约是指契约，用来表示上帝与人所建立的关系。《旧约》是上帝和犹太人订立的契约，犹太人认为自己是上帝的选民，他们遵循上帝制定的律法，以得到上帝的庇佑和拯救。而基督教则认为，随着耶稣基督的降生、死亡和复活，上帝已经以一种全新的方式在做工。换句话说，上帝与人订立的契约已经被更新，所有人而不仅仅是犹太人，都可以因为信仰耶稣基督而获得拯救。我们可以看到，基督教从犹太教里脱胎出来的过程中，在教义上摆脱了犹太民族性，成长为一个普世主义的宗教。

这样一个普世的基督教，慢慢发展壮大，成为统治欧洲一千多年的宗教信仰。基督教与希腊思想结合而成的基督教哲学，也成了中世纪的主导思想。

基督教的教义主要强调了三大学说，即上帝创世说、原罪救赎说和天堂地狱说。这些教义的核心思想是对彼岸世界的向往、对天国的向往，从而让人们摆脱现实世界的痛苦，寻找到一种解脱。

上帝创世说

所谓上帝创世说，就是上帝创造了宇宙万物，而耶稣基督是上帝之子，所以耶稣基督就是人们的救世主。

原罪救赎说

大家一定听过亚当和夏娃偷食禁果的故事。在伊甸园中，亚当和夏娃违背了上帝出于爱的命令，偷吃了禁果，想要脱离造物主而获得智慧，但也因此他们与上帝的生命源头隔绝，致使罪恶与魔鬼产生，最终难逃病痛与死亡。亚当和夏娃的罪过成了人类的原始罪过，这个罪过是需要耶稣救赎的。

天堂地狱说

天堂和地狱也是基督教的重要观念。在通俗的观念里，天堂被理解为行善的奖赏，而地狱则被认为是作恶的惩罚。但事实上，在神学家看来，天堂是被信、望、爱三大原则所指引的生命的完成，是存在的圆满状态和人类生存的上限。相应地，地狱则可以被视作存在的丧失和人类生存的下限，地狱的状态是本真人格实存的堕落。地狱是罪本身的结局，而不是外加的惩罚。

总的来说，基督教的核心思想就是要传达信、望、爱。信，就是只相信耶稣，才能获得灵魂的救赎；望，就是对永生的盼望；爱，则

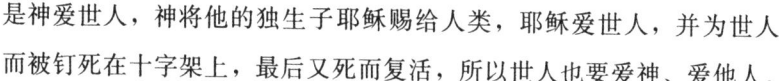

是神爱世人，神将他的独生子耶稣赐给人类，耶稣爱世人，并为世人而被钉死在十字架上，最后又死而复活，所以世人也要爱神、爱他人。

02 耶稣基督到底是谁

耶稣是谁？这并不是一个容易回答的问题。现在我们有关耶稣生平的了解，大多来自《圣经》中的四部福音书——《马太福音》《马可福音》《路加福音》和《约翰福音》。但总体来说，福音书并非是关于耶稣生平的忠实记载，而是更多地反映了后来的基督教群体对耶稣身份的解释性叙事。

福音书主要记载了耶稣在伯利恒降生，在约旦河受洗，在加利利和耶路撒冷等地传教，前往耶路撒冷受难，在第三天复活升天等重大事件，这些事件构成了基督教信仰的基础。

耶稣于公元1年前后出生在罗马帝国统治下的巴勒斯坦地区。由于福音书对耶稣出生年份的几处记载有出入，我们无法确切知道他真正出生在哪一年（作者：所谓的公元纪年，就是以耶稣诞生之年作为纪年的开始，其实这是源自中世纪的一个修士的错误推算，因为习惯很难更改，我们至今沿用了这一将错就错的说法。跟耶稣降生相关的还有圣诞节，我们都知道12月25日是圣诞节，但实际上福音书并没有记载耶稣出生在12月25日这一天，现在学者们通常认为圣诞节跟庆祝冬天的结束有关，而它的兴起也在中世纪之后了）。

成年后,耶稣的主要活动是在巴勒斯坦地区南北来回旅行布道,并施以神迹。福音书中记载的耶稣行的神迹有很多,他曾经用五个饼和两条鱼喂饱了 5000 个人,曾经令盲人重见光明,曾经把水变成酒,也曾经治愈麻风病人。通过这样的方式传道,耶稣身边开始聚集一些人,最著名的就是我们所知道的十二门徒。

如果说耶稣的活动仅限于此,那么他就只是一位伦理教师或者先知。然而耶稣不仅被视为基督教的创始人,而且他自身就是基督教的根基。原因要从他在耶路撒冷的受难和复活说起。

在耶稣最后的时光,他仍然像之前一样去耶路撒冷布道,在进城前还治好了一个瘸子。进入耶路撒冷之后,他受到信众的欢呼拥护。由此犹太教会和罗马统治者把他当作一个潜在的威胁。

《最后的晚餐》是意大利艺术家达·芬奇创作的,是以《圣经》中耶稣跟十二个门徒共进最后一次晚餐为题材的绘画作品

逾越节前夜，耶稣与门徒吃完最后的晚餐，并指出门徒中间出了一个叛徒。当他离开耶路撒冷不久，便被叛徒犹大带来的兵丁逮捕，经审判后被钉死在十字架上。然而，受难并非是耶稣生平的终点，四部福音书都记载了他在第三天的复活和升天。把罪犯钉死在十字架上示众，是罗马帝国常见的刑罚，这不是针对耶稣的，但基督教却因为耶稣的受难而把十字架作为标志。

耶稣的死亡和复活是基督教历史上最重要的事件，为什么呢？这要从他的身份讲起。通常我们会把耶稣和基督连起来讲，称之为"耶稣基督"，耶稣是他的名字，那么基督是什么意思呢？基督一词，意思是"受膏者"。在犹太人群体中，君王、祭祀等都需要接受膏油的祝福，即在某人的额头上涂油，意思是上帝选定这个人作为代表。后来慢慢转化为"弥赛亚"的概念，"弥赛亚"就是拯救者，他会在历史终结的时候代表上帝来拯救世人。早期基督教用"基督"这个词来表明耶稣是拯救者的身份。

关于耶稣的身份，我们常听到的另一个说法是，他是上帝的儿子或者说叫"圣子"。根据基督教的教义，上帝派自己的独生子来人间受难，是为了消除人类的罪，让人类获得救赎的可能。经过了受难和复活，耶稣克服了死亡，这在古代人的观念里只有神才办得到。由此，耶稣的弥赛亚身份、圣子身份得以真正确立。慢慢地，圣子和圣父演变为同一个神的不同位格，再加上圣灵这一位格，就构成了通常所说的"三位一体"。信仰耶稣基督和信仰上帝变成了一回事，这就是我们之前所说的，耶稣不仅是基督教的创始人，更是它的根基，道理就在这里。

作为基督教创始人和根基的耶稣,他的学说的核心是什么呢?在《马太福音》里,有人问耶稣哪一条诫命是最重要的,耶稣回答说:"你要尽心、尽兴、尽意爱你的主、你的上帝。这是诫命中的第一,且是最大的。其次也相仿,就是爱人如己。"可以看到,爱是基督教的核心,在人与上帝的垂直关系中、人与人的平行关系中,爱都占据着首要位置。

从建立伊始,基督教就显现了几个鲜明的特点。

首先,基督教极其渴望向外传播,耶稣和他的门徒通过宣讲和行神迹,使大批人皈依基督教。

第二,基督教有强烈的普世性,它的信众包括各民族的人,并不像犹太教一样只在一个民族中传播。

第三,基督教具有强烈的整合性,对于早期教会来讲,基督信仰并不是一种孤零零的"个人私事",而是一种生活方式。围绕着教会,大家组成了信仰的"生活社群"。

第四,基督教与其他文化之间存在着紧张和冲突。正是因为不被理解,基督徒需要利用当时的主流文化即希腊哲学来为自己辩护,这种辩护是基督教理性化与哲学化的过程,也是基督教哲学的起点。

耶稣死后,基督教开始传遍罗马帝国全境,最终成为罗马帝国的国教。历经几个世纪,基督教愈发壮大;而随着大航海时代的到来,基督教信仰也跟随着哥伦布、麦哲伦的航船来到美洲,成为当地的主流信仰。1931年,基督像在里约热内卢落成,成为城市的标志,这是生活在公元1世纪的耶稣难以想象的。

第二部分　中世纪基督教哲学

03 基督教为什么能与哲学结合

需要明确的是,基督教神学和基督教哲学是有所不同的。

基督教神学是一种宗教思想,它关注的是人的生存问题,是一种信仰。而哲学,则是一种理性的思考结果,强调的是理智。神学和哲学在本质上是有冲突性的,因为一个讲究信仰一个讲究理性。那么,这两者是如何结合的呢?基督教为什么能与哲学结合?

公元之初,当古希腊晚期的哲学像一位耄耋老人步履蹒跚地走向自己的终点的时候,一种新的哲学形态已经不失时机地出现在这块久受希腊理性文化精神浸润的土地上了,并且显示出生机勃勃的活力,并最终取代了希腊哲学。这种新的哲学就是基督教哲学。

什么是基督教哲学

所谓基督教哲学,指的是一种由信仰坚定的基督徒构建的,自觉地以基督教的信仰为指导,但又借助人的自然理性来论证其原理的哲学形态。说得通俗一些,就是有一群人,他们信仰基督,同时具有一定的知识文化素养和哲学素养,于是他们通过哲学的方式来为基督教辩护,从而产生的哲学形态就是基督教哲学。

从基督教诞生至今,有无数的基督徒积极地献身于这项事业,从而形成了基督教哲学的连续性传统。

基督教创建之初,当时的罗马人信仰多神教,他们认为宣扬彼岸福音的基督教不过是蛊惑人心的民间教派之一。从尼禄皇帝第一次迫害基督徒开始，罗马帝国的统治者们对新兴的基督教进行了不下十次的大规模迫害。但随着越来越多的罗马人皈依基督教，它终于在公元313年《米兰敕令》中被宣布为罗马帝国的合法宗教，并在公元4世纪末取代了传统的多神教成为国教。

基督教在产生之初并不是一种哲学，而是一种宗教的实践运动。然而，在独特的社会历史条件下，基督教却开始与哲学慢慢结合，造就出基督教哲学这种独特的理论形态。为什么会出现这种情况？

基督教与哲学的结合

首先，当然是基督教作为新生的宗教自身理论建设的需要。基督教产生之时，既没有统一的经典，也没有统一的组织。对于当时广泛流传的《新约》的部分内容，如保罗书信和几部福音书，内部理解不尽相同，使得基督教内部派别林立。现实要求基督教对自身教义做出理论的反思，以理论的统一来促进实践的统一，而这种反思只能采取哲学的方式。或者换句话说，基督教正是借助哲学的反思，才真正达到具有自我意识。

其次，基督教从创立起，就遭遇到以哲学理性为代表的强大的希腊罗马文化。当时的知识分子接受希腊哲学的教育，他们所理解的概念世界与《圣经》所描绘的概念世界截然不同，基督教应该如何回应接受希腊教育的那些知识分子？显而易见，在与哲学的争斗中，哲学自身的语句和概念正是基督教为其自身辩护的最佳武器。

第二部分 中世纪基督教哲学

于是，基督教会中有一批或多或少具有哲学修养的信徒挺身而出，借用希腊哲学尤其是新柏拉图主义，在理论上捍卫基督教信仰。这些人著书立说，力图使基督教的信仰和哲学的理性统一起来，他们的理论通常有很强的护教色彩。通过他们的努力，基督教第一次有了相对统一和完整的教义，因而他们被尊称为教父，他们的思想被称为教父哲学。教父哲学是基督教哲学的第一个历史形态，其代表人物是奥古斯丁。

公元4世纪末，罗马帝国逐渐分裂为东西两个部分。公元5世纪末，西罗马帝国被一系列的蛮族国家所取代。蛮族国家中最强大的法兰克王国在基督教会的支持下实现统一，西欧开始推行封建制度。作为旧世界硕果仅存的文明，基督教在客观上担负起了延续西方文明的使命。于是在基督教所创办的各种学校中，形成了基督教哲学的第二个历史形态——经院哲学。经院哲学主要从理论上论证、阐释教义，化解《圣经》和教父哲学中所包含的一些不协调因素，使神学进一步系统化和理论化。经院哲学在论证上往往比较烦琐，其代表人物有安瑟尔谟和托马斯·阿奎那。

基督教哲学与希腊哲学形成了鲜明的对比。总体来讲，希腊哲学的精神是一种乐观主义的悲剧精神，它的主题是命运、必然性和规律。不过在命运面前，希腊人不是消极的，他们对现实生活保持着乐观向上的态度，形成了崇尚知识的理性主义和人文精神。基督教哲学则相反。在特定的社会历史背景下，中世纪的人们逃避、抛弃和否定了现世生活，以否定现实的方式谋求灵魂的救赎，把人世生活看作是走向天国的一段旅程，试图通过信仰上帝来使灵魂得到永生。

那么，基督教哲学带来哪些不同于希腊哲学的问题和观念呢？当然，这是一个非常复杂的问题。

首先，基督教哲学贡献的是它的超验性。虽然希腊哲学思想中也不乏超验的思想，如我们前面讲过的柏拉图理念论，但是从主导的方面来看，希腊哲学是现实主义的，而基督教哲学却以弃世绝尘的方式向人们展示了一个无限的超越的世界，即天堂和上帝的观念。这一点丰富了人类的精神世界。

其次，是人类中心论的观念。希腊哲学家们多数把人类看作天地中诸多造物中的一种；人当然是一种高级的造物，但仍然不具有独一无二的地位。岩石、泥土、草木、鸟兽、人类和诸神，所有这些东西都存在于同一个有限的宇宙之中。在基督教的观念里，情况就不同了：上帝是一个存在于这个世界之外的位格，而这个世界——这个存在着岩石、泥土、草木、鸟兽、人类的世界，则是上帝为了人类能够被拯救而创造出来的。人在基督教的观念里有着独一无二的地位，是宇宙万物所围绕的中心。

最后，是线性的历史观。在基督教思想中，历史不像斯多葛主义那样是循环的，而是线性的。历史向前进行：创世、人的堕落、基督的诞生、耶稣的生活和复活、罪和拯救之间的斗争，所有一切都预示着末日审判的到来。来源于基督教的线性历史观，即认为历史是不断前行的，这种观念塑造了我们大多数现代人对历史的一种理解。

第二部分 中世纪基督教哲学

04 一个时间轴:从教父哲学到经院哲学

基督教哲学时间轴

（时间轴图示：使徒时期 | 教父哲学大发展 | 中世纪的黑暗时期 | 经院哲学大发展 | 经院哲学衰落；2世纪、5世纪、800年复苏时期、10世纪、14世纪；教父哲学——柏拉图主义和新柏拉图主义——奥古斯丁；经院哲学——亚里士多德主义——托马斯·阿奎那；1世纪—11世纪—16世纪）

公元 1 世纪是使徒时期，是由耶稣的门徒们把基督教的福音传播给外邦人，也就是希腊罗马人中间的时期。最初的传教者彼得、保罗等人大约都是在公元 42 年以后相继来到罗马城的。到了公元 1 世纪末，这些使徒都相继死去，有的是死于罗马帝国公开迫害基督徒的暴行中，有的是身体自然的死亡。

这个时候，基督教的思想已经逐渐传播开去，出现了一批虽然没有见过基督，但受到了彼得、保罗传播的基督教思想影响的外邦人，这些人信奉基督教，同时也具有深厚的希腊文化素养，他们在

117

教会中就被称为教父。他们把基督教的信仰和罗马的知识结合起来，为基督教的神学教义奠定了理论基础。从公元1世纪末开始，教父的思想理论体系被称为教父哲学。比较典型的代表人物就是奥古斯丁。

总体来说，基督教哲学是在调和理性和信仰层面的矛盾问题。因为基督教本身是一种纯粹的信仰，要解决的是人的生存问题的困扰——摆脱痛苦，获得救赎。但哲学是从理性维度来解决问题的。一个信仰至上，一个理性至上，宗教和哲学本身就有一些矛盾的地方，而基督教哲学就在于调和信仰和理性的矛盾关系。只不过在不同的阶段，信仰和理性的比重不同。

我们拿信仰和理性的天平举例，在早期的基督教哲学阶段（教父哲学阶段），天平往信仰的方面倾斜非常多，而且是重重地倾斜，这个时期主张的是用信仰来排斥理性。公元2到5世纪教父哲学大发展，出现了希腊教父和拉丁教父两个派别。希腊教父力图把希腊知识和基督教信仰结合起来，拉丁教父则主张用基督教信仰来彻底取代和否定希腊哲学，更加狂热地去反对理性。

这一阶段，哲学家的思想更加倾向于柏拉图主义或新柏拉图主义。柏拉图的理念论，其实是带有一种神秘主义倾向的，因为你从没有见过一个理念的实体，这个"理念"只是抽象出来的一个概念而已。

公元476年，也就是西罗马帝国之后，欧洲陷入了战乱中。由于社会动荡不安，哲学并没有得到发展，只是停滞不前。这段时期就是历史上的"黑暗时期"，一直到公元800年查理曼帝国建立后，社会才逐渐稳定下来。到公元11世纪社会慢慢复苏，文化才逐渐有所发展。

从公元 11 世纪开始,西欧在阿拉伯文明的刺激之下,出现了一股文化复兴的势头,经院哲学正是在这股文化复兴的浪潮中应运而生的。需要注意的是,这个时候社会的大背景还是基督教文化占统治地位,经院哲学仍然属于基督教哲学,只不过是到了基督教哲学发展的第二阶段。

从公元 11 世纪开始到公元 14 世纪,经院哲学大发展。这个时期的哲学还是在讲理性和信仰的关系问题。经院哲学与教父哲学一样,都是为基督教信仰服务的,都是"神学的婢女"。但与主要奠基于柏拉图主义的教父哲学不同,经院哲学的主要思想基础是从古代文献中发掘出来的,以及从阿拉伯世界中辗转翻译过来的亚里士多德主义。在对待信仰与理性的问题上,经院哲学家不再像教父们一样简单地用信仰来排斥理性或否定理性。他们或者力图用理性来论证信仰,将基督教的信条建立在逻辑证明的基础上;或者把理性的范围与信仰的范围严格区分开来,形成井水不犯河水的两个领域。

此外,经院哲学所讨论的问题领域也比教父哲学更加广阔了,特别是关于"共相"问题的争论,已经具有了一些纯哲学的味道。

虽然说经院哲学更加强调理性,但大前提仍然是在基督教信仰背景下的探讨,所以在信仰和理性的天平中,只能说这时理性的成分有所加重,但天平整体偏向的还是信仰。这个阶段最重要的代表就是托马斯·阿奎那。

从公元 14 到 16 世纪,经院哲学逐渐衰落。

第二篇 教父哲学

01 奥古斯丁：真理是上帝之光

奥古斯丁是教父哲学最杰出的代表，也是基督教神学重要的奠基者。他出生于公元354年的北非，早年曾信奉摩尼教，主张善恶二元论，并沉溺于感官享乐。后来又曾一度对新柏拉图主义和怀疑主义的思想产生兴趣。

其实奥古斯丁还挺有意思，早年他的私生活非常丰富，也有过一段放荡不羁的生活，33岁的时候才正式受洗皈依基督教。据说有一天，他正在花园散步，突然听到一个声音不断喊着："拿起来

奥古斯丁（354—430年）。罗马帝国时期基督教思想家，欧洲中世纪基督教神学、教父哲学的重要代表人物，奥斯定会的发起人

念！拿起来念！"于是他随手翻开《圣经》，正是《罗马书》："行事为人要端正，好像行在白昼；不可荒宴醉酒，不可好色邪荡，不可争竞嫉妒；总要披戴主耶稣基督，不要为肉体安排，去放纵私欲。"自此他幡然顿悟，这些话句句戳中他的内心。公元387年，奥古斯丁正式受洗，皈依基督教。公元395年被推选为北非希波城的主教。

后来他在著名的《忏悔录》里，详细描写了自己皈依的心路历程以及对基督教信仰的独特感受。这本书文笔优美、感情细腻，是西方思想史上的经典著作。奥古斯丁本人也被教会奉为浪子回头的典范。

奥古斯丁的著作很多，思想也比较复杂，其中《忏悔录》《论三位一体》和《上帝之城》可算其代表作。下面我们将从三个维度去了解奥古斯丁的思想，即真理与光照、创世与时间、原罪与救赎。

真理与光照

奥古斯丁的哲学观点始于怀疑一切，他认为：即使怀疑的所有事物都是假的，也有一件事"自己正在怀疑"这件事不可能是假的，因为我不能怀疑"我在怀疑"这件事，否则怀疑本身就不可能了。当然这个理论后来在笛卡尔"我思故我在"那里发扬光大。

既然"自己正在怀疑"这个知识是确定的，那么当时盛行的怀疑一切知识的怀疑论就是站不住脚的。虽然知识是确定的，但这并不是奥古斯丁的关注点，他要关注的是知识为什么有这样的确定性。

奥古斯丁通过考查得出，知识的确定性来源于上帝，上帝是真理自身和人类真理的来源。

《新约》中的《约翰福音》书里，有这么一句话："普照一切生在世上的人的真光"是"恩典和真理"。

奥古斯丁将这一教义理论化,他综合了柏拉图的回忆说和亚里士多德关于积极能动的理性灵魂的观点,提出了"光照学说",意思就是:一切真理都存在于上帝之中,上帝是真理的来源,真理是上帝之光。光照是人的理性获得真理的途径。

可以说,奥古斯丁把上帝比作真理之光,把人的心灵比作眼睛,而把理性比作心灵的视觉,正是上帝的光照使心灵的理性看到了真理。按照这种"光照说",只有在虔诚的信仰中,上帝的光照才会显得通明透亮,而神圣的真理也只有在灵魂摆脱肉体之后才能最终被认识。

光照学说是奥古斯丁认识论层面的理论,怎样认识这个世界?通过上帝的真理之光来认识这个世界。奥古斯丁将基督教的基本思想理论化,从哲学的角度为信仰辩护。

02 奥古斯丁:创世与时间

上帝创造世界,是基督教最基本的信条。在《圣经》中描绘的创世故事里,上帝说要有光,于是就有了光;上帝说要有万物,于是就有了万物。这其实有一点上帝凭空创造万物的感觉,没有任何理由。为什么说上帝说创造什么就有了什么呢?上帝是用什么创造了世界呢?这些问题,在圣经中都没有得到解释,于是就给哲学家留下了许多解释的空间。

但在古希腊哲学家那里却有一个回答，这就是柏拉图的《蒂迈欧篇》。这本书描述了神如何将各种理念赋予各种原始物质，从而构造出整个世界。按照亚里士多德的哲学术语，神只是创造了事物的"形式"，而"质料"却是原来就有的。

这样的回答是奥古斯丁所不能接受的，因为如果上帝创世的工作只是像捏泥人一样，将形式赋予了原来就存在的质料，那么就会令上帝的无限性和绝对性打了折扣，也跟上帝全能的教义相冲突。于是奥古斯丁提出了自己的理论，对这种凭空创始说进行了自己的理论论证。

奥古斯丁提出了这样的观点：上帝是从虚无中创造世界的，没有任何帮手，也不借助任何原始材料。上帝完全凭借着自己的语言创造世界，世界万物都是"上帝言说"的结果，这就叫作"道成肉身"。道其实就是上帝的语言，就是我们之前讲到的逻各斯，而肉身则是万千世界，上帝用语言创造了整个世界。

说到这里，你也许会问上帝在创世之前做些什么？奥古斯丁认为这样的提问是没有意义的。因为世界与时间都是上帝的创造物，在上帝之前是没有世界的，也没有时间这个概念。上帝在创造万物的同时也创造了时间。上帝是超越一切变化，是独立于时间以外的绝对存在。可以这样理解，在时间这个概念产生之前，上帝就已经存在了。我们在提出上帝创世之前是做什么的问题时，其实就在探讨"过去"这个时间维度层面的问题，但因为先有上帝，后有时间，自然就不能够反过来去讨论，无论是过去、现在还是将来，对上帝来说都是现在。

然而，时间究竟是什么呢？在奥古斯丁看来，时间是事物在我们的主观感受中呈现出来的一种顺序，奥古斯丁否定了时间的绝对性,认为时间只存在于主体的感受之中,客观世界是没有过去、现在和未来之分的。

简单来说,时间只是人的一种主观感受罢了,世界在人的主观层面都是现在。时间只有当它正在经过时才可以衡量。

奥古斯丁认为,一切时间都是现在,都是这三种时间:过去事物的现在,就是回忆;现在事物的现在,就是直接感觉;未来事物的现在,就是期望。

这样,奥古斯丁便把时间主观化为人的思维的三种功能,即记忆、感觉和期望。

03 奥古斯丁:原罪与救赎

原罪与救赎的观念,大家或多或少都听说过。因为在亚当和夏娃的故事里,大家已经知道了原罪这个概念。

在《圣经》里记载了亚当和夏娃偷吃禁果的故事。人类的始祖亚当和夏娃,被创造出来以后生活在伊甸园,上帝允许他们吃园子里的各种果实,唯独不允许吃分别善恶树上的果实。上帝告诫他们:"你吃的日子必定死。"但夏娃受到了蛇的诱惑,擅自摘下分别善恶树上的果子吃了,并且还给亚当吃了。这样,他们因为背叛上帝而犯了罪,被逐出了伊甸园。

但根据基督教的观念,上帝是全善的,上帝所创造的世界应该也是全善的,那么亚当和夏娃为什么会犯罪、做恶事呢?

为了解决这个悖论，奥古斯丁首先定义了恶是什么。他认为只有善才是本质和实体，它的根源就是上帝，而罪恶只不过是"善的缺失"或"本体的缺失"。上帝作为至善，是一切善的根源，上帝并没有在世间和人身上创造罪恶。但由于万物是被造的，所以不可能跟上帝一样是至善，而是或多或少有缺陷的，这样的缺陷就是"恶"。恶是善的缺失。

具体到人类的罪恶的原因，就在于人类滥用了上帝赋予人的自由意志，自愿地背离了善之本体——上帝。根据《圣经》，亚当和夏娃因为受诱惑而背弃了上帝，犯下了罪，这就使亚当的子孙们都通过遗传获得了"原罪"，从而使人类落在了恶的统治之下。

自从人类祖先亚当和夏娃因犯罪而被贬人间之后，现实世界就被划分为两座城：一座城由按照肉体生活的人组成，另一座城由按照灵性生活的人组成。前者是"尘世之城"，它是撒旦的领域，是肉体淫乱的渊薮，在现世中表现为异教徒的生活；后者是"上帝之城"，它是上帝的"选民"，即预定得救的基督徒的社会，这是一座永恒之城，在现世中代表着它的就是教会。两者的斗争就是人类的历史。

这就是奥古斯丁的原罪学说。

正是原罪注定了人类的先验罪恶、邪恶本质和必死命运。这使人类不可能依靠自身的力量而向善，只有上帝的恩典才能使人重新获得善良意志，并最终得到拯救。但是，上帝并不是拯救所有人，而只是拯救其中的一部分。

奥古斯丁的救赎学说遵循严格的"预定论"，他强调了上帝在拯救计划中的绝对权威，维护了上帝的至上性。但同时也否定了人自己的信仰和实践对于救赎的作用，这样的理论如果贯彻到底，就会否定教会的作用，因此没有被教会完全采纳。

可以看到，奥古斯丁的学说最终是在为基督教服务的，他用自己的方式诠释伊甸园的故事，把人类的罪归结为背叛上帝，这就是我们所说的教父哲学的护教色彩。另外，在救赎论这一点上，奥古斯丁遵循的预定说，消解了人的自由意志的作用，把人的得救归于无从确切得知的上帝意志，这无疑充满了柏拉图主义式的神秘色彩。

"真理与光照说"论述了正是上帝之光照亮了真理，人类的知识也要从上帝那里来——这一点强调了上帝的全知属性；"创世和时间学说"解释了上帝从虚无中创造了世界，在创世之前，世界完全不存在，时间没有意义，可见上帝的能力之大——这就阐明了上帝的全能属性；而"原罪与救赎学说"解释了恶和恶的来源不在于上帝，而在于人自身，这就为上帝的全善属性做了辩护。

全知、全能、全善，是基督教通常意义上的上帝的形象，而奥古斯丁从哲学上为其做出了辩护。

总的来说，教父哲学的特点一个是具有护教色彩，用哲学为基督教做辩护；另一个是受到柏拉图主义的影响，具有神秘色彩，从光照学说和救赎学说都能看出这一点。

跟教父哲学相比，经院哲学受到亚里士多德主义的影响，具有更加理性和思辨的特点。同时，经院哲学在论证方式上也往往更加烦琐。从教父哲学到经院哲学，是基督教的哲学理论一步一步精致化的过程。

第三篇 经院哲学

01 安瑟尔谟：上帝存在的本体论证明

安瑟尔谟（1033—1109 年）。欧洲中世纪经院哲学家、神学家、实在论者，被称为"最后一名教父和第一位经院哲学家"

从公元 800 年查理曼帝国建立后到公元 11 世纪这段时间，社会慢慢发展，文化也随之复苏，哲学逐渐从漫长黑夜里闪现理性的火花。基督教哲学进入第二个阶段——经院哲学阶段。

经院哲学是以亚里士多德主义为基础的，更加强调逻辑和理性。早期经院哲学的开创者是意大利人安瑟尔谟。作为神学家，他提出了证明上帝存在的理论。需要说明，经院哲学家安瑟尔谟和托马斯·阿奎那都论证过上帝存在的可能，但安瑟尔谟是先天的证明，仅仅依赖于一种概念的论证，是从概念出发；而托马斯·阿奎那对上帝存在的证明是一种后天论证，是从经验事实出发，直到最后的结论中才出现要论证的观点。

先说说安瑟尔谟的先天论证，他运用了经典的三段式来论证，具体如下：

大前提：被设想为无与伦比的东西不仅存在于思想之中，而且也在实际中存在。

小前提：上帝是一个被设想为无与伦比的东西。

结论：上帝实际存在。

大前提首先肯定了一个无与伦比的东西，并且说这个东西不仅在思想中存在，而且在现实中也存在。通俗理解，这个无与伦比的东西就是一个最完美的东西。为什么说它不仅存在于思想中，而且在现实中也存在呢？因为如果这个最完美的东西只在思想中存在，不在现实中存在，那么就会有另外一种"既在思想中又在现实中存在的东西"比"只在思想中存在的东西"更完美。这显然与之前定义的那个无与伦比的最完美的东西相矛盾，所以这个最完美的东西必然存在，不仅在思想中、在心灵中存在，而且也在现实中存在。

小前提，上帝是一个被设想为无与伦比的东西。因为上帝这个概念本身就是绝对的、无限的和永恒的，就如同我们前面说到的上帝是全知、全能、全善的，所以，可以说上帝就是无与伦比的那个最完美的东西。

那么根据大前提和小前提，我们就可以得出结论：上帝实际上是存在的。

乍一看，从逻辑形式上看好像确实没什么问题，而且也很有亚里士多德演绎三段式的必然性推理的格式。但安瑟尔谟首先假定了一个无与伦比的最完美的东西——上帝，从上帝这个概念中直接推出了其存在，这里就会发现问题。

在当时，有另外一位神学家高尼罗就反对安瑟尔谟的看法。高尼罗认为，不能仅仅认为一个东西是完美的就能推出它的存在。他举了一个例子，传说中有一座迷失岛，这座岛是一个完美的岛屿，其实也就是被设想为完美的岛屿。如果根据安瑟尔谟的理论，这个完美的岛屿在思想中存在，那么它在实际中也是真实存在的。可真实的情况是，谁也没有见过这座岛，这座岛在哪里？这座岛是根本不存在的。于是，高尼罗认为，安瑟尔谟不能从一个完美的概念去推出其必然存在。

这时，安瑟尔谟又做出反驳。他说："最完美的东西只有一个，那就是上帝。其他东西都是上帝创造出来的，因此都是不完美的。上帝是一个绝对必然的存在者，不能说一个绝对必然的存在者不存在，因此上帝是存在的。"

安瑟尔谟的反驳看上去好像又有些道理，但仔细想想，安瑟尔谟认为上帝是绝对完美的，前提是要信仰上帝，只有在这个基础上才能得出上帝是完美的这个结论，如果有些人不信仰上帝呢？就自然不会同意上帝是最完美的了。

虽然安瑟尔谟证明上帝存在的理论有着很多的漏洞，但不可否认的是，这样的论证已经有了许多理性和逻辑的色彩，用逻辑推理来证明基督教的教义，这也正是亚里士多德主义的风格。

02 托马斯·阿奎那：哲学与神学是什么关系

托马斯·阿奎那（1225—1274年）。中世纪经院哲学的哲学家、神学家。他把理性引进神学，用"自然法则"来论证"君权神圣"说，是自然神学最早的提倡者之一，代表作为《神学大全》

从公元12世纪开始，西欧社会与阿拉伯世界开始频繁地接触，包括商业贸易和十字军东征，亚里士多德的著作开始从阿拉伯世界流归到西欧基督教世界，亚里士多德主义开始主导基督教哲学的发展。与此同时，西欧的大学教育也开始蓬勃发展。到了公元13世纪，在意大利、法兰西和英格兰的几乎每一座较大的城市里都建立了大学，经院哲学家在大学里从事神学的教育与研究。在亚里士多德主义和大学教育的双重促进下，经院哲学在公元13世纪达到了鼎盛状态。其代表人物就是托马斯·阿奎那。

托马斯·阿奎那生于意大利那不勒斯的阿奎诺地区。他14岁进入那不勒斯大学学习神学,在此期间加入了多明我修会。后来他跟随大阿尔伯特学习亚里士多德主义,并进入巴黎大学神学院学习。拿到硕士学位以后,托马斯·阿奎那在巴黎大学继续任教,他一面对亚里士多德的《形而上学》《物理学》等主要著作进行评注,一面用亚里士多德的思想来注释和讲解基督教神学。在不到20年的时间里,他撰写了大量著作,其中最著名的代表作是《反异教大全》和《神学大全》。托马斯·阿奎那用亚里士多德的学说和经院式的烦琐论证方法,将基督教的全部信条编纂为一个庞大的神学体系,被教会确立为正统的官方哲学。他本人也被封为圣徒,并获得"天使博士"的称号。

如果说奥古斯丁的思想基础是柏拉图主义,那么托马斯·阿奎那的思想基础则是亚里士多德主义,其更加强调一种理性的精神,注重逻辑的论证,因而他的思想体系非常缜密。

哲学与神学

教父哲学的一般倾向是用信仰来排斥理性,把基督教当作真正或唯一正确的哲学,从而把神学和哲学混为一谈。像我们之前所说的奥古斯丁,就有浓厚的信仰主义色彩。

公元12世纪以后,随着亚里士多德哲学在西欧的复兴,经院哲学不得不对理性和信仰、哲学与神学的关系重新加以审视,因为亚里士多德庞大而缜密的哲学体系不能被纳入基督教信仰的范围之内,也不能简单地被斥为谬误。

在《神学大全》里,托马斯·阿奎那提出对神学和哲学的特点进行区分。他认为，二者的区别不在于研究对象，而在于研究方式：哲学通过理性来认识上帝、创世、天使、救赎等，神学则以启示来认识这些。

神学和哲学研究的既然是同一对象，那么它们在内容上就一定有重合之处。有一些真理，比如上帝存在、灵魂不死等，既可以通过理性也可以通过启示来认识；而另外一些真理，比如三位一体、道成肉身等，却是超理性的奥秘，只能诉诸启示和权威。

哲学的任务就是运用理性去证明那些可以被证明的真理，而把不能被证明的真理则留给信仰和神学。

在托马斯·阿奎那的思想里，信仰始终高于理性，而神学也始终高于哲学，即所谓"哲学是神学的婢女"。哲学的作用被限制在证明、解释和保护信仰的范围之内，这一点跟奥古斯丁的立场没有太大区别。

但托马斯·阿奎那区分了哲学与神学的性质和任务，肯定了哲学的地位；他承认哲学家可以按照理性来探索真理，为将哲学从神学中解放出来开辟了道路。

03 托马斯·阿奎那：上帝存在的五路证明

安瑟尔谟直接从上帝的观念中推出上帝存在，这是一种先天的论证。而托马斯·阿奎那认为安瑟尔谟的证明并不能使一个不信上帝的人被说服，因为这个证明方式把有待证明的结论当作了证明的前提，那些否认上帝存在的人绝不会承认上帝是一个完满的存在。

于是，托马斯·阿奎那提出了自己的"后天证明"，就是从人们已知的事实出发来推出其原因的"回溯式"证明方法。它们一共有五个，又被称为"圣托马斯五路证明"。

（1）既然世界上万物的运动均由其他物体推动，因而在一切事物之后必然有一个最终的存在者，它本身是不被推动的，但它却推动其他事物。就好比说，世界上有一个原始的动力，一个终极的动力，这个不动的推动者就是上帝。这第一路证明，就是从经验的受动—推动系列推出上帝是存在的。

（2）既然世界上每一事物都有一个原因，那么往前回溯必然有一个第一原因，它是自己的原因，又是万物存在的原因。这个第一原因就是上帝。这是从经验的因果系列推出上帝是存在的。

（3）既然世界上一切个别的存在物都是偶然的和可能的，它就必须以某种绝对必然的存在者作为最终的根据。这个必然的绝对存在者就是上帝。这是从偶然—必然系列推出上帝存在。

（4）既然世界上的事物都具有不同程度的完善性，这种有缺陷的完善性必定以最完善的东西为判定标准。这些至善的存在者就是上帝。

（5）世界上生物的活动都指向一个目的，以求获得最好的结果。所以必定有一个智慧的存在者，为生物制定目的，并且使整个世界具有一种合目的性。这个智慧存在者就是上帝。

以上就是托马斯·阿奎那五个关于上帝存在的推论。前四个是宇宙论证明，第五个是目的论证明。细心的朋友也许会发现，这五路证明似乎有点熟悉。

托马斯·阿奎那援引和改造了亚里士多德关于运动与变化、原因与结果、潜能与现实以及自然目的的学说，他是从有限的、相对的事物出发，上升到无限的、绝对的存在物即上帝。但是在托马斯·阿奎那的证明中，仍然隐含着两条先验的原则：

第一，无限回溯是不可能的；

第二，回溯的逻辑终点必须是基督教的上帝。

这两条原则本身是无法证明的，只能诉诸信仰。说到底，托马斯·阿奎那的五路证明，仍然是建立在信仰的基础之上的。

不过，托马斯·阿奎那提出这些证明的意义并不在于实际上证明了什么，而在于他坚持了从理性角度证明信仰内容的可能性。这代表了中世纪基督教哲学发展的一个阶段，这个阶段的精神特征就是寻求信仰和理性的和解。

托马斯·阿奎那所代表的这种和解精神，不同于基督教哲学中推崇神秘信仰、贬抑理性知识的奥古斯丁主义传统。它在无意中也开启了西方近代哲学的理性主义先河，启蒙运动中对宗教信仰进行猛烈批判的理性精神，最初恰恰是在小心翼翼地对宗教信仰进行逻辑证明的过程中成长起来的。从这个意义上说，近代的理性哲学与中世纪的神学有着密切的关联。

04 共相问题

经院哲学一直尝试着从基督教思想的信仰层面探讨哲学，哲学家们探讨的话题大多也都与神学有关，但有一个话题——共相问题，是经院哲学中最具哲学意味的。

在说到共相之前，先给大家讲一个引子，那就是"白马非马"的哲学命题。"白马非马"，如果从字面意思去理解，很多人或许很疑惑：白色的马当然是马了，白马是马的一种，怎么能说白色的马不是马呢？

其实，"白马非马"是中国古代伟大的逻辑学家公孙龙提出的著名的逻辑问题，这也是一个诡辩论的命题。按照公孙龙的理解，马的内涵是一种动物，这种动物是所有的马，是白马、黑马等各种马的一个统称，也是一个具有共性的动物——马。而白色的内涵是一种颜色，当白和马组合在一起的时候——白马，就是"一种颜色＋一种动物"，因此"一种颜色＋一种动物"当然不能等于动物了。

这是公孙龙从逻辑的角度进行的诡辩，在当今看来是一个悖论。因为白马是马的一个种类，马当然包含着白马。马是一般，白马是个别；马是共性，白马是个性。这里我们不是去探讨白马非马到底是对是错，而是通过这个命题，去理解共相这个概念。

共相问题

所谓的"共相"就是从个别事物中概括而来的共同特征，比如白马、黑马、黄马，这些都是个性的马，但它们的共性是什么呢？就是都有四条腿，长长的脸，长着马的模样，这就是马的"共相"。

说得再通俗一些，共相就是同一类事物的共性。之前讲到柏拉图的理念论的时候，是不是也有类似的观点呢？理念就是从事物中抽象出来的共同本质。这其实也是事物的共相问题。

在中世纪时期，经院哲学家们对共相问题有过一番大讨论。对共相的界定，产生了两大派别，一个是实在论，一个是唯名论。

共相问题

实在论		唯名论	
把共相当作是一种实在 共相是独立于 并且在逻辑上和时间上 优先于个别的可感事物的存在		把共相当作是一种主观的名称 是一个名词而已 并不是独立存在的 而且从逻辑和时间上后于可感事物的	
极端实在论	温和实在论	温和唯名论	极端唯名论
共相一定是 先于个别事物而独立存在的 共相包含着具体的存在	共相 既可以存在于可感事物之前 也可以存在于可感事物之中 还可以存在于可感事物之后	反对极端唯名论把共相 当作是一个名词或一个声音 而是把共相当作是一个概念 这个概念是寓于可感事物的 一种普遍本质	共相是一个名词 一个声音 不仅否定共相存在 而且还否定共相本身
安瑟尔谟	托马斯·阿奎那	阿伯拉尔	洛色林

共相问题

实在论和唯名论

在经院哲学家中，认为共相是独立于、并且在逻辑上和时间上优先于个别的可感事物的存在，这就是实在论。这其实也就是柏拉图的理念论的观点。

把共相当作是一种主观的名称，是一个名词而已，并不是独立存在的，而且是从逻辑和时间上后于可感事物的，这样的观点就是唯名论。通俗地理解，唯名论认为先有可感的事物，后有共相，这个共相不能独立存在，必须要寓于可感事物之中，离开了可感事物，共相什么也不是。这有点像亚里士多德的实体学说。

在中世纪哲学中，对共相问题的不同解读形成了两大派别——实在论和唯名论。二者都可以从古希腊哲学中找到源头，因为实在论和唯名论的分歧，也可以看作是柏拉图的理念论和亚里士多德的实体哲学的分歧所在。一个将共相看作是独立的实体，一个将共相看作是一个名称而已。

虽然实在论和唯名论两派的观点针锋相对，但也出现了一些折中的较为温和的观点，因此总体上大致分了四种形态：极端实在论和极端唯名论，温和实在论和温和唯名论。

极端实在论和极端唯名论

极端实在论认为，共相一定是先于个别事物而独立存在的，共相包含着具体的存在。我们之前说到的安瑟尔谟关于上帝存在的本体论证明，就是一种极端的实在论，它从上帝的概念中推出了上帝的存在。还有柏拉图的理念论，也是一种极端的实在论，它认为理念是独立于可感事物外的独立实在。

而极端唯名论则认为，共相是一个名词，是一个声音，根本不具有实在性。一个名词和一个声音是什么，当然是一种看不见摸不着的虚的东西。不仅如此，极端唯名论还否认共相是对可感事物本质的一种抽象，也就是说这里不仅否定共相不存在，而且还否定共相本身，所以才是极端的。其代表人物就是与安瑟尔谟同时代的洛色林，他是持这样的观点的。

极端实在论和极端唯名论,一个非常肯定共相是实体存在,一个则非常肯定共相只是一个名词,甚至也否定了共相是对可感事物的抽象。

其实,两者都有点太过极端化、太过绝对。两大派系在争斗中,逐渐产生了一些新的观点,于是就有了温和实在论和温和唯名论。

温和实在论和温和唯名论

温和实在论,当然就是一种更为折中的实在论态度。典型的代表人物就是托马斯·阿奎那。他认为共相既可以存在于可感事物之前,也可以存在于可感事物之中,还可以存在于可感之物之后。怎么理解呢?上帝创世,在这之前万物的共相就已经在上帝头脑中呈现了,上帝正是按照在头脑中关于万物的理念而创造了世界。这就是共相存在于可感事物之前。这是典型的实在论观点。

而世界被创造之后,共相就不再是一个独立的个别事物了,而是寓于万千个别事物之中,不可与可感事物分离。在这一点上面,就有一点调和的意思。共相存在于可感事物之后,就是从认识事物的角度,人们是先看到可感事物,而后抽象出共相的。所以,从认识论上说,共相是存在于可感事物之后的。

这就是托马斯·阿奎那的温和实在论,它是一种折中的态度,可以把共相看作是一个流动着的概念,从创世前、创世后不同的维度,对共相有着不同的理解。

那么温和唯名论呢?就是一种较为温和折中的偏向唯名论的理论。大前提当然还是认为共相并不是实体存在,只有个别事物才是实体存在,但这时又有一些妥协,反对极端唯名论把共相当作是一个名词或一个声音,而是把共相当作是一个概念,这个概念是寓于可感事物的一种普遍本质。代表人物就是阿伯拉尔。共相寓于个别事物中,共相又是对个别事物的抽象概念。

共相问题是一个纯粹的哲学问题。因为共相,产生了唯名论和实在论之争。唯名论将共相当作一个名词,只有个别事物是独立存在的,这有点唯物主义的意味。实在论将共相当作独立的实体,有点唯心主义的意味。

05 奥康的剃刀

托马斯·阿奎那的理性主义倾向使经院哲学达到了顶峰,但随着在共相问题上面的分歧,出现了实在论和唯名论两大学派,经院哲学的衰落正是以唯名论的兴盛开始的。

唯名论后来走了一条非常极端的路线,就是坚决认为理性和信仰的矛盾是不可调和的。

前面一直在强调,基督教哲学中无论是教父哲学还是经院哲学,其最终的目的是什么,是调和信仰和理性的矛盾。基督教是信仰,哲学是理性,基督教哲学便是用理性去证明信仰的部分,证明上帝存在。

而唯名论,尤其是极端唯名论就坚决认为理性是不能证明上帝存在的,它把共相当成一个名词,当成空气,当成声音,认为共相根本不存在,只有个别的事物是实实在在的。这样一来,唯名论尤其是公元 14 世纪下半叶开创的唯名论思潮,认为理性和信仰的矛盾是不可调和的,通过理性来证明上帝存在是不可能的。这样就逐渐动摇了经院哲学的基础,从内部瓦解了经院哲学。自然,经院哲学逐渐走向衰落。

这一时期,唯名论的代表人物叫威廉·奥康。

威廉·奥康,是英国的经院哲学家,是新唯名论的创始人。关于威廉·奥康,我们先去了解他最著名的理论——"奥康的剃刀"。

"切勿浪费较多的东西去做用较少的东西同样可以做好的事情。"这句话被人们概括为"**如无必要,切勿增加实质**"。这就是"奥康的剃刀"。

剃刀是什么?就是剔除不必要的东西的工具。剔除什么呢?剔除实在论所设立的那个普遍实质。他认为实在论假设的那个实质是不必要的,要说明一个事物不用在这个事物背后再设立一个实体,就是不用再把共相设立成一个实体。在个别事物之外,没有必要再设立一个普遍的实质,用不着这样做。这就是"奥康的剃刀",后来也被称为思维经济原则。

可以说,唯名论在一定程度上,已经意识到了

威廉·奥康(约 1285—1349 年)。英国的经院哲学家,新唯名论的创始人。提出"奥康的剃刀":切勿浪费较多的东西去做用较少的东西同样可以做好的事情

信仰和理性之间的矛盾很难调和,甚至认为这很有可能会危害到信仰。威廉·奥康认为,不仅仅是上帝的存在,上帝的属性如全知、全能、全善、无限、永恒等,也不能通过理性的哲学来证明。

06 基督教哲学因何衰落

以威廉·奥康开创的唯名论思潮是公元14世纪下半叶经院哲学的主流,它以批判和探索的精神,逐渐从内部瓦解了经院哲学,动摇了经院哲学的基础。基督教哲学也在这个时期逐渐衰落。

在中世纪的欧洲,基督教会的权力达到了无以复加的地步。教会不仅是精神领域的统治中心,而且也成了政治的中心。然而随着教会的世俗化,它也陷入了自上而下的腐败之中。当时的教会甚至滥用职权,售卖所谓的"赎罪券",他们宣称"只要买赎罪券的钱币落进钱柜叮当一响,罪人的灵魂就会立刻从炼狱直飞天堂"。当人们对现存的基督教体制感到失望时,宗教改革发生了。

宗教改革的直接要求是消解教会的权威,变奢侈的教会为廉洁的教会。从哲学上看,宗教改革的内在要求则是由外在的权威返回到个人的内心信仰。中世纪的教会力图垄断拯救灵魂的权力,它提出人获得救赎必须借助教士的中介作用。教皇是上帝在人间的代理人,掌握着拯救灵魂的大权。教会甚至禁止一般基督徒阅读《圣经》,唯有教会才有解释《圣经》的权利。就信仰层面的等级而言,以教皇为首的宗教人士被教会称为"属灵等级",高于一般信徒的

"世俗等级"。针对这些观念，德意志宗教改革家马丁·路德提出了"因信称义"的学说。只要受洗入教、心存信仰，人人都可享有与教皇、主教同等的权利。只有体现在基督身上的上帝权威才是真正的权威，只有记载基督言行的《圣经》才是永无谬误的。人人都有权阅读和解释圣经，并在阅读中与上帝交流。教皇和其他宗教人士只是为信众提供服务，并没有高于其他教徒的特权。

在马丁·路德的领导下，最初在德国，接着在瑞士、英国、法国以及北欧，掀起了一场声势浩大、震撼教廷的宗教改革运动，并且最终脱离了罗马教会，自行成立了新教，经过长时间的斗争还取得了合法的地位。

与宗教改革几乎同时发生的还有文艺复兴运动。意大利和西欧各国的人文主义者以复兴古希腊、古罗马文化为名，开启了一场比宗教改革更为深刻的思想解放运动。人文主义反对中世纪抬高神、贬低人的观点，肯定人的价值、尊严和高贵；反对中世纪神学主张的禁欲主义和来世观念，要求人生的享乐和个性的解放，肯定现世生活的意义；反对封建等级观念，主张人的自然平等。

随着宗教改革和文艺复兴运动的进行，基督教的权威被破除，使得哲学思考的对象从天上的神转回到人间。于是，经过这些思想准备，近代理性主义哲学登上历史舞台。

第二部分 中世纪基督教哲学

小结：中世纪基督教哲学

随着古希腊哲学的逐渐衰退，当时的人们遭遇到了一种痛苦，需要在精神上寻求解脱和救赎，基督教神学便登上了历史的舞台，并成为主宰西方一千多年的第一大宗教。

基督教哲学是一种通过哲学的方式为基督教的教义进行辩护的哲学体系，前提是在基督教信仰背景下。当然，哲学强调的是理性，而基督教是一种信仰，所以基督教哲学一直在调和信仰和理性的矛盾。

为了更好地理解基督教哲学是如何为基督教教义辩护的，我们就要去了解基督教本身是一个什么样的宗教。

我们讲到了基督教的起源、创始人和基本教义。

基督教起源于巴勒斯坦的犹太人中，公元3年的战乱使犹太人陷入痛苦不堪的绝望中，于是他们将希望寄予一种宗教的世界，希望出现一个救世主来拯救苦难的人民，在精神层面寻求解脱的需要，促使了基督教的产生。

耶稣基督便是基督教的创始人。《圣经》是基督教最重要的经典，分为《旧约》和《新约》两个部分。《旧约》是上帝与犹太人订立的契约，《新约》则是上帝与所有人订立的契约，所有人都可以因为信仰耶稣基督而获得拯救。

基督教的教义强调三大学说，即上帝创世说、原罪救赎说和天堂地狱说。核心思想是为了传达信、望、爱。这就是具有救赎精神的基督教神学，人们因为信仰耶稣基督、信仰上帝而获得一种救赎，获得一种解脱。

基督教哲学应运而生，通过哲学的方式为基督教辩护，它分为使徒时期、教父哲学阶段和经院哲学阶段。

公元1世纪为使徒时期，是耶稣的门徒进行传教的时期。公元2—5世纪，是教父哲学的发展阶段，代表人物便是奥古斯丁。奥古斯丁有三个主要思想——真理与光照、创世与时间、原罪与救赎学说，体现了他对基督教的辩护。这三个思想分别体现出了上帝的全知、全能和全善的特征。

公元5世纪以后，具体是从公元476年西罗马帝国之后，国家陷入了战乱，这就是一段黑暗时期，哲学停滞不前。一直到公元800年，查理曼帝国建立后社会逐渐稳定，文化复苏，公元11世纪后基督教哲学又复兴起来。

公元11—14世纪，是基督教哲学的第二阶段——经院哲学阶段。主要受亚里士多德理性哲学的影响，强调用理性为基督教辩护。讲到了两位哲学家，即安瑟尔谟和托马斯·阿奎那。

安瑟尔谟是早期经院哲学的代表，他提出的上帝存在的本体论证明，用一种先天论证的方式，从概念本身出发推出上帝存在。托马斯·阿奎那是经院哲学的集大成者。他通过一种后天的论证方式，提出上帝存在的五路证明——四个宇宙论证明和一个目的论证明，推出上帝存在。

可以看出，经院哲学的论证已经带有一种理性和逻辑的色彩，也在无意中开启了近代哲学的理性主义先河。但无论怎样，经院哲学还是在信仰层面的背景下论证的，无论它的理性色彩多么浓厚，还是逃脱不了为信仰辩护这个大的历史背景，因为在基督教神学思想占主导地位的欧洲，"哲学是神学的婢女"。

在经院哲学中，一个纯粹的哲学问题——共相问题。我们通过白马非马的命题，引出了共相这个概念。共相，就是从个别事物中概括而来的共同特征。关于共相问题，产生了实在论和唯名论之争。

实在论把共相当作一个独立存在的客观实体，而唯名论则把共相当作是一个名词而已，认为它并不是独立存在的，只有个别的事物是独立存在的。紧接着，我们又说到了极端唯名论、极端实在论、温和唯名论和温和实在论的观点。

在晚期的唯名论中，最重要的代表人物就是威廉·奥康。他的一个重要理论——奥康的剃刀，"如无必要，切勿增加实质"，就是针对实在论而言的。其认为不用再把共相设立成一个实体，在个别事物之外，没有必要再设立一个普遍的实质了。

公元14—16世纪，经院哲学逐渐衰落，文艺复兴运动和宗教改革运动开启了一个新的历史阶段。

第三部分

近代理性主义哲学

第一篇 文艺复兴时期的哲学及认识论的转向

01 意大利文艺复兴

从立足于信仰的中世纪基督教哲学到立足于理性的近代哲学，中间经历了一个过渡形态，那就是文艺复兴时期的哲学。

文艺复兴产生的原因

公元14—16世纪是欧洲的"文艺复兴时期"。在这段时期，欧洲的社会发生了重大的变化，以教廷为代表的旧势力逐渐衰落，生产力大发展，纺织、采矿、造船等工业取得了巨大进步，与此同时，欧洲地中海沿岸开始出现一些城市共和国，社会孕育着新的资本主义生产方式，以资产阶级为代表的新势力开始崛起。

于是，新生的资产阶级在精神文化层面也提出新的要求，那就是要有跟自己的生活方式相适应的文化，但这个时期占统治地位的还是基督教及其经院哲学，这样的文化形态已经不能适应资产阶级的需求了。于是从公元14—16世纪，一场起源于意大利继而发展到西欧各国的思想运动蓬勃发展。这场运动以复兴古希腊、古罗马文化为口号，其实就是搜集整理古希腊、古罗马文献来表达自己的文化主张,我们现在所能见到的古希腊、古罗马文献,在当时就已搜集全了,他们所做的这项工作就叫作"文艺复兴运动"。

文艺复兴运动产生的原因可以概括为,由于生产力的发展出现了新生的资产阶级,当时主流的文化如基督教和经院哲学已经不能够适应资产阶级的文化需求了,他们需要一场思想运动来表达自己的文化主张。于是,一场搜集整理古希腊、古罗马文化文献的思想运动就这样应运而生,这就是文艺复兴运动。

文艺复兴的思想实质

关于文艺复兴运动的思想实质,概括起来就是四个字——**人文主义**。

文艺复兴时期的人文主义者反对中世纪抬高神、贬低人的观点,肯定人的价值、尊严和高贵;反对中世纪神学主张的禁欲主义和来世观念,要求人生的享乐和个性的解放,肯定现世生活的意义;反对封建等级观念,主张人的自然平等。

这就是文艺复兴运动的第一个历史功绩:**人的发现**。

这时,人本身的意识已经开始觉醒,人已经不再受到世俗化的基督教思想的蒙蔽,从蒙昧的状态逐渐苏醒过来。从那个时期的文化艺术作品就可以看到这种思潮。

人文主义思潮极大地推动了西欧各国文化的发展和思想的解放,而对世俗生活的重视引起了人们对自然的浓厚兴趣以及自然科学的发展。哥白尼的天文学革命是文艺复兴时期科学成果的代表,他提出的"日心说"把人们从神学世界观中解放出来,这又为后世自然科学的发展奠定了基础。这是文艺复兴的第二个历史功绩:**自然的发现**。

第三部分　近代理性主义哲学

02 皮科：人的发现

　　文艺复兴时期的人文主义运动首先是对希腊、罗马文化进行研究，出现了一大批钻研古希腊、古罗马文献的学者，并进行教学和传播，使人们看到古典文化完整的、本来的面目，而不是被教会歪曲后的样子。

　　随着复兴和效仿古典文化，人们的目光开始由神转向人。但丁、彼特拉克和薄伽丘被称为"文艺复兴三杰"。诗人但丁的《神曲》，彼得拉克的十四行诗，薄伽丘的《十日谈》等，这些作品充满了对人的尊严、人生的价值、人的世俗生活、人的真实欲望和情感、人的创造力的热情讴歌，对教会腐败、虚伪、扼杀人性的批判。

　　"我是人，人的一切特性我无所不有"，这句古老的箴言成为人文主义者的共同口号。可以看出，对人的重视是文艺复兴时期的特点。下面介绍文艺复兴时

皮科（1463—1494年）。意大利哲学家、人文主义者，被称为"文艺复兴时代的宣言"

期一位重要的哲学家——皮科。

皮科有一本著名的书叫《论人的尊严》。皮科哲学思想的起点是一个有等级的宇宙结构论。在这个结构中，人可以说是在这个体系之外的。上帝在创造了宇宙万物之后，希望有某物来细细揣摩他的伟大工作计划，爱它的美，惊讶于它的广大，于是上帝又创造了人类。

在《论人的尊严》这本书里，皮科借上帝之口把人抬高到万物之上，他认为上帝让万物遵循必然性法则，唯独给人自由意志，为的就是让人可以不受束缚，按照自己的愿望、自己的判断决定自己的界限和在宇宙中的位置。人的本质和伟大就在于无限变化的能力，人在一个无限的过程中不断创造新的东西，从而实现自身、通往无限。在这个意义上，人感到自己是造物主，是地上的神。

可以看到，皮科通过构想一个有等级的宇宙论，来赋予人绝对的尊严和价值。他的思想受到文艺复兴时期抬高人性思潮的影响，借助上帝之口，为人性和自由谱写了一曲赞歌。他是一位典型的强调"人的发现"的哲学家。

03 布鲁诺：自然的发现

文艺复兴时期的另一个思想维度是自然的发现。

我们从达·芬奇的绘画中可以感受到对自然的探索。在所有艺术形式中，达·芬奇最推崇绘画艺术，把绘画称颂为一门绝妙的科学。因为绘画是用点、线、面、体的流动过程来展现自然界的构造和运动的连续性的。

当然，我们不是来讲达·芬奇的绘画艺术，只是通过那个时期的艺术形态来映射出对自然的关注。

文艺复兴时期是一个开放和解放的时代，当人们开始用感性的、实验的眼光重新观察自然时，自然就露出新的面貌。那时，自然科学的发展取得了一系列突破性的成果。

哥白尼首先提出了"日心说"，推翻了托勒密体系。一直到公元16世纪，托勒密体系都是欧洲天文学的基础，它认为地球静止不动地居于宇宙的中心，行星和各类星体按巨大的圆形轨迹围绕地球而运行。这其实就是一种"地心说"的理论。而公元16世纪的哥白尼提出的"日心说"，挑战了传统权威，实现了天文学的革命。

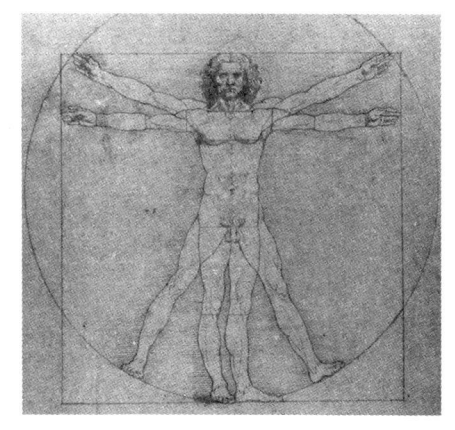

《维特鲁威人》是达·芬奇创作的一幅世界著名素描作品。根据维特鲁威在《建筑十书》中的描述，画家以比例最精准的男性为蓝本，描绘了一个男人在同一位置上的"十"字形和"火"字形的姿态，并同时被分别嵌入到一个矩形和一个圆形当中

另一位科学家开普勒发现了天体运动的三大规律，即轨道定律、面积定律和周期定律。他将建立在经验观察基础上的天文学变成一门精密的科学。

哲学100问

布鲁诺（1548—1600年）。文艺复兴时期意大利思想家、自然科学家、哲学家和文学家。他勇敢地捍卫和发展了哥白尼的太阳中心说，批判经院哲学和神学，反对地心说。1592年被捕入狱，最后被宗教裁判所判为"异端"而被烧死在罗马鲜花广场。

当时哥白尼提出了"日心说"，布鲁诺坚决捍卫哥白尼的观点，并把它传遍欧洲，他因为对天主教教义产生怀疑而被指控为异端，最终被宗教裁判所告发而被烧死在罗马鲜花广场。他被人们誉为反教会、反经院哲学的无畏战士，是捍卫真理的殉葬者。

大家一般都把布鲁诺当成一位杰出的科学家，但他其实也是一位哲学家，而且是文艺复兴时期最著名的自然哲学家。他最重要的哲学著作是《论原因、本原与太一》。

与新时代的大多数哲学家一样，布鲁诺对经院哲学表现出极大的反感。他反对空洞的玄学和幻想，认为这些理论只会让人远离自然，同时也远离真理。

布鲁诺根据哥白尼的"日心说"，提出了自己的宇宙论。他认为整个宇宙是无限大的，不存在什么固定的中心，也没有界限。地球只是围绕太阳转的一颗行星罢了，太阳也是宇宙无数恒星中的一颗而已。在无限的宇宙中，有无数的世界在产生也在消亡，但作为无限的宇宙本身是永恒存在的。

这个宇宙论，就好比你置身宇宙中去观察各个行星和恒星的状态，看到太阳系，看到银河系，看到河外星系，这些星系就是一个个世界，有些星系在产生，有些在消亡，但宇宙这个最大的空间是永远存在的。

布鲁诺还提出，宇宙中的一切事物都是由对立面构成的。他指出，不仅"极大"与"极小"吻合为一，而且在"极大"与"极小"自身中的对立面也归于一。他还把这一原则放到生活中去验证，举出很多例子：最少量的热和轻微的冷是一回事；医生在最好的情况下担心最坏的结局；有远见的人懂得居安思危等。把现实世界的矛盾和对立看作是认识宇宙奥秘的途径，这是布鲁诺辩证思想的重大理论成果。

布鲁诺的哲学是文艺复兴时期哲学发展的高峰，宗教裁判所可以用火刑架夺走哲学家的生命，可以用禁令销毁哲学家的著作，但却阻挡不了其思想的广泛传播。布鲁诺的思想在笛卡尔的理性论、斯宾诺莎的泛神论、莱布尼茨的单子论、德国古典哲学的辩证法思想中都得到不同程度的重现。

文艺复兴时期是孕育近代哲学的时代，体现新时代精神的巨人们与经院哲学进行了艰苦卓绝的斗争，打破了基督教神学的统治地位，动摇了天主教会对思想的垄断。人文主义思想家恢复了古典哲学的真实面目，也恢复了人的价值和尊严，重新确立起人在哲学体系中的中心位置。这为近代哲学中的主体性原则，以及启蒙运动等思潮铺平了道路。

文艺复兴时期也是近代自然科学和自然哲学诞生的年代。科学家与教廷抗争，开拓了人类知识的领域。有远见的哲学家则在自然科学的基础上建立了哲学体系,哲学与科学的结盟为近代理性主义哲学定下了基调。

04 如何获得真理性知识

文艺复兴时期,由于生产力大发展,新兴的资产阶级要求一种全新的文化来适应自己的需要,于是促成了一次人性的解放。这是公元14—16世纪时期,在欧洲的南部,意大利和西班牙等地兴起的思想解放运动。

而在欧洲的北部,兴起的是另外一场运动——宗教改革运动。大概在公元16世纪,因为教会的世俗化,教会成了吸金敛财的腐败场所。基于这样的情况,宗教改革运动兴起,目的是回归到最初的信仰状态,把奢侈的教会变为廉洁的教会,回到虔诚的信仰本身。

可以说,文艺复兴和宗教改革阶段的思想状态还是处在感性和信仰层面。

文艺复兴时期,我们能想到最多的就是文学、艺术和绘画作品了,想到诸如但丁、薄伽丘、彼得拉克、塞万提斯、达·芬奇、拉斐尔和米开朗基罗这些文学家和艺术家。艺术作品其实就是人的一种感性体验的表达,比如你看到一幅绘画作品,你认为是美的,而你认为的这个美的感觉,就是一种主观的感性感觉而已。那个时期的哲学家其实很少,人们的个性解放仅仅停留在感性层面。

宗教改革运动,其实也没有涉及理性的层面。因为宗教改革是立足于信仰层面的，是通过改革回到最初的那个基督教神圣的信仰状态。

这两个运动虽然倡导的思想不同，一个倡导人性主义，一个回归信仰，在历史上的作用都非常大，但都没有涉及理性的层面。

哲学上真正开始发展，或者说人们的思想逐渐走向理性层面的思考，是从公元17世纪开始的。文艺复兴之后，理性主义登上了哲学的历史舞台。

这里所说的理性主义是什么意思呢？是我们通常意义上说的感性和理性的那个理性吗？

古希腊哲学讲到本体论问题，探讨世界的本原是什么、始基是什么以及世界是由什么构成的等问题，这是一种还原论的思想，或者是从时间和空间维度上还原，或者是走的一条形而上学的道路，最终目的是探讨世界的本体问题。

而中世纪哲学则是在基督教信仰背景下展开的，开始探讨人的精神问题，因为人们的生活困境需要一个神来救赎自己。虽然中世纪时期搬出了上帝这个概念，但实质上是一种对人精神问题的探索，只不过那个时候人们还没有自我意识，没有意识到上帝这个客观精神其实就是人自身主观精神的体现罢了。所以中世纪哲学探讨的是人的生存状态和主观精神问题。

这两个阶段的哲学都缺乏一种反思的精神，就是没有意识到其实自己本身在探讨这些问题，只是一味地去探索，探索客观的世界本体，探索人的生存和主观精神。可以说客观和主观是割裂开的，并没有去讨论这两者之间的关系是怎样的。

在中世纪基督教的经院哲学中，那些对于理性的证明很容易会导致对教义的感性直观，比如托马斯·阿奎那关于上帝存在的五路证明，搬出了第一推动者、第一因、目的论等，这些很容易让人在大脑中产生一些画面感，而这种画面感便是一种感性的直观，而感性的直观体验有利于开创另一个新的方向——经验的方向，经验的层面其实就是一种理性主义的范畴了。

再加上，文艺复兴时期人们的感性解放，对万事万物的体验最为真切，而人一旦感性起来后，就必然会去追求他看到的这个表象世界背后隐藏着什么。

于是在这样的情况下，公元17世纪理性主义逐渐觉醒。这里说的"理性主义"是以一种怀疑和批判的精神逐渐开始进行反思——人自身和这个世界的关系是怎样的，主体和客体之间的关系是什么，思维和存在的关系是什么。

前面说到，古希腊只关注客体的问题，中世纪哲学关注主体精神，而到了近代理性主义阶段，便是把主体和客体相结合去探讨他们之间的关系。这个核心问题便是去解决——人如何才能获得一种确定性的知识问题，如何获得一种真理性的知识。此时人是主体，确定性或真理性的知识就是客体。

人如何获得知识，需要将主体和客体联系在一起，这个联结的纽带就是认识论。比方说"太阳东升西落"，这是一个知识，在探讨如何才能获得这个确定性的知识时，其实也就是在探讨人如何认识这个世界。所以，近代哲学也是一种认识论的哲学。这就是近代哲学认识论的转向。

从古希腊的本体论，到中世纪的生存论，再到近代哲学的认识论，这大概就是哲学史发展的一个简要概括了。只不过近代认识论，把前面两个历史阶段探讨的大主题进行了综合。

那么，在怎样得出确定的知识问题上面，是靠感性经验的观察（如人肉眼看到、耳朵听到）去判断，还是通过理性的逻辑推理来得出必然的真理性知识呢？理性主义分为两大哲学派别——英国经验论和大陆唯理论。

05 英国经验论和大陆唯理论

需要明确的是，无论是经验论还是唯理论，它们统统都是理性主义的范畴。哲学家们的目标只有一个，那就是如何获得具有真理性和必然性的知识，他们都要对中世纪的经院哲学进行一种反驳和超越。

在当时的环境下，经院哲学根深蒂固，如何才能从浓郁的信仰背景下脱身，这时候就需要两个重要的因素——怀疑和经验。怀疑是什么，就是对认识的事物或者固有的观念提出质疑——经院哲学中那老套的思想是否都是正确的，难道就没有漏洞吗？需要这样的质疑精神。而经验论和唯理论的起点都是以一种怀疑精神来对抗经院哲学的。

另一个重要的因素就是经验。英国经验论自然不必说，注重经验层面，以实际感受到的感觉为主。而唯理论其实也是以经验作为起点的，比如笛卡尔的"我思故我在"，"我正在思考"，这本身就是一种经验体会，只不过后期笛卡尔抛弃了经验而已。

唯理论和经验论的一个大的目标是一致的——获得真理性的知

识,它们都是要超越经院哲学的。而"怀疑"和"经验"是两个重要的因素,是它们能够冲破经院哲学束缚的有力武器。

那么,英国经验论和大陆唯理论有何不同之处?

经验论和唯理论差不多是同时期兴起的哲学派别。只不过注重经验的哲学家都是在英国,所以叫英国经验论;而注重理性推理的哲学家大都在欧洲大陆地区,所以叫大陆唯理论。

经验论,顾名思义就是特别注重经验的作用,把经验看作是知识的来源,从感觉经验出发,通过归纳总结而推导出一个普遍的知识。比如,我们看到了一只白色的天鹅,然后我们又看到了一只白色的天鹅,之后看到了第3只、第4只……一直到第100只天鹅都是白色的,于是从感官经验角度,我们归纳得出"天鹅是白色的"这个结论。

再比如,我们第1天看到太阳从东边升起西边落下,第2天如此,第3天还是如此,一直到第100天……太阳一直都是东升西落的,那么我们就可以得出一个知识:太阳是东升西落的。

这就是经验论的方法,通过感觉经验,用归纳法得出最后的那个确定知识。归纳的意思是什么?通俗理解,就是一个由"多"到"一"的过程。由诸多的现象,推导到最后一个普遍的结论。

经验论把实验科学作为知识的模型,提倡实验和观察,就好比我们在实验室里做实验,当我们做了100次实验,看到的都是同一个结果的时候,大体上我们就可以得出结论了。经验论提倡的就是这个意思,把经验当作知识的来源,运用的是归纳法,从"多"到"一",最后得出最一般的科学结论,重视或然真理,把观念与经验的符合当作真理的标准。

唯理论则非常强调理性的演绎，从天赋观念出发（所谓的天赋观念就是那些不证自明的、与生俱来的观念，比如数学里"1＋1＝2"，欧几里得几何学里的"三角形的内角和等于180度"），通过理性的演绎方法，推导出无限的知识。演绎，就是从"一"到"多"的过程。

唯理论以数学作为知识的模型，把必然真理作为知识的目标，把观念的内在标准作为真理的标准。

我们总结一下：经验论和唯理论都属于理性主义，它们都是要从固化了的经院哲学中超越出来，都是要批判经院哲学，它们共同追求的都是如何获得真理性的知识问题。只不过在这个追求真理性知识的过程中，两者的观点各异。从方法上来说，经验论强调经验层面，运用归纳法推出真理性的知识；唯理论则从天赋观念出发，运用演绎法推导出真理性的知识。

既然两者都是为了得到真理性的知识，那么到底什么是真理性的知识呢？

真理性的知识需要满足两个条件

第一个条件：这样的知识内容必须能够不断地扩展。就是说这样的知识更强调的是一种开放的特征，强调的是一个知识的系统，比如自然科学的知识，物理学、化学或生物学的知识，这些知识都是有一个自身的体系的，而且这个体系自身是能够扩展更新且不断完善的。这就是真理性知识的第一个条件。

第二个条件：真理性知识要具有普遍必然性的特征。这个很好理解，比如牛顿的万有引力定律——苹果从树上落下必然会掉到地上，这并不是偶然的现象，这个知识是具有普遍必然性的。

满足了以上两个条件的知识,才能称为真理性的知识。经验论和唯理论通过各自的方法,最终要通向的、得出的就是这样的真理性的知识。

经验论和唯理论是理性主义的两大哲学派别,哲学也正是因为理性主义的觉醒而步入了近代阶段。人们一般会认为,唯理论的开创者——笛卡尔是近代哲学的开创者,但经验论者并不认同这一点,因为出于自身哲学派别的考虑,经验论者把培根、霍布斯与笛卡尔并列为近代哲学的开端。

其实,笛卡尔和培根都具有开创性的意义,笛卡尔提出"我思故我在",第一次有了主体性意识的觉醒,培根提出的"四假象说"和"三表法"也已经有了经验的意味。

不同的哲学流派的划分也是不一样的,我们先介绍早期经验论哲学的代表培根和霍布斯,而后转向唯理论哲学的代表笛卡尔、斯宾诺莎和莱布尼茨,最后介绍经验论哲学的代表洛克、贝克莱和休谟。

为什么按照这样的顺序去介绍呢?首先从时间上来说,培根和霍布斯都要先于笛卡尔,而且培根和霍布斯的哲学是有一些经验的意味,但并没有把经验的作用推向极端,因为培根所处的时代还没有到认识论转向的阶段,而经验论其实是认识论的范畴。但培根提出的思想为后世哲学奠定了基础,尤其是他强调的归纳法,成为经验论的开端。而笛卡尔呢,是在培根之后,大概跟霍布斯是一个时代的。笛卡尔开创了唯理论,而后斯宾诺莎和莱布尼茨发展了唯理论。这个时候,真正的经验论的代表是洛克、贝克莱以及休谟,因为洛克的思想的起点便是对唯理论天赋观念的批判。所以介绍完唯理论后,再来讲洛克的经验论,更有利于大家理解。

第二篇　早期经验论哲学
Passage 2

01 培根：知识就是力量

培根有一句名言：**知识就是力量**。

这句话是说要看重知识的实用性，强调知识对世界的改造作用。培根生活在公元16—17世纪的英国，他提出"知识就是力量"这个观点时，已经在进行一场思想的革新了。培根认为，传统的知识和思考方式都是没有实用性的，古希腊的智慧被认为是一种没有实用性的思辨乐趣，并没有对人类进步起到作用，而中世纪哲学的那一套生存论又导致了一

弗兰西斯·培根（1561—1626年）。英国哲学家、思想家、作家和科学家，经验论哲学的创始人。提出"知识就是力量"

163

种玄之又玄的神学,这些知识使人的思想凝固和僵化,并没有什么实实在在的意义。培根提出"知识就是力量"以批判传统的知识无用性,提倡用一种实用性的知识来认识和改造自然。这个观点在当时确实非常标新立异,他反对古代的权威,为人类提出了一种新的思考模式。

培根是如何批判传统知识的?可以从他批判的"四假象"开始讲起。

02 培根:四个假象阻碍了什么

培根认为,人们认识世界时有很多偏见在阻碍着认识过程,而这些偏见也正是科学进步的障碍。他把这些假象和偏见归纳为四个,即种族假象、洞穴假象、市场假象和剧场假象。

种族假象

种族假象,是从人认识世界的角度去探讨的。人类是一个种族,人们在思考问题时,总是从人自身的角度去思考,从人自身的逻辑出发去做判断,以个人为尺度去衡量外物,而不是从事物自然的尺度,或者从客观的角度去衡量。这其实就是更加强调人的主观性,是人性中的一种缺陷。举个例子,你认为做这件事情是有意义的,那么你在认识自然时,也会把这种意义强加到花草树木身上,认为花草树木的生长也是有意义的。

洞穴假象

洞穴假象，让我们想到了柏拉图的洞穴比喻——在洞中的人看到的永远都只是眼前的影子而已，并没有看到外部真实的世界。洞穴的假象说的就是这个意思，每个人都好像身处在洞穴的环境中，人被束缚起来了，每个人因为自己的成长环境、受到的教育以及自己的行为习惯等，形成了自己的那一套固有的思维模式，较为主观和狭隘，颇有一点坐井观天的意思。这就是洞穴假象。

市场假象

市场假象，其实就好比说，市场上流通的假币混迹在市场中让我们难辨真假，给我们的交易带来很大的困扰。通过这个比喻来形容我们的思维，我们在思考时会用一些晦涩难懂的、缺乏真实性的假的概念，这些假的概念和真的概念混淆在一起，从而产生一种混乱，让我们难辨真假。这通常会出现在语言的交流中，别人抛出一个观点，定义模糊，表述不清，很容易就会让我们产生混乱。

剧场假象

剧场假象，顾名思义，我们去剧场看表演会有一种什么感觉？就是置身其中，看舞台上演员表演，以为这就是真实的，从而忘记了他们是在表演。这就如同人们对某些传统哲学思想的盲目崇拜。传统的哲学思想，某些权威和教条就好比是舞台上的演员，台下的观众对舞台上的这些权威和教条盲目崇拜，尤其是经院哲学对亚里士多德主义的追随。

以上就是四假象说，培根对其持极力批判的态度。要获得知识，真正认识自然，就要先破除这四种假象。只有把感觉经验作为起点，才能够获得真正的知识。

培根的哲学思想其实已经有了一些经验论的意味了，把感觉经验的作用提了出来。但这里仅仅是具有了经验的意味，他并没有把经验的作用彻底贯彻，因为他还是承认理性在认识中的作用的，就是说在对待感觉经验上面不能盲目一味全信，通过感觉经验，我们收集一些素材出来，最后还是要通过理性进行分析。

尽管如此，培根的思想仍然具有一定的开创性，至少在那个时代背景下，他开创了一种经验论的思潮，注重科学的实验方法来找到最终的确定的知识。

03 培根：如何通过感觉经验获得确定的知识

培根批判的四假象说，直接的矛头就是指向中世纪的那套无用的知识，这是具有一定怀疑精神的，而怀疑精神也是理性主义的起点。在这样的背景下，培根确立了自己的基本原则：一切知识都来源于感觉经验，感觉经验是整个知识的基础和出发点。

那么如何通过感觉经验获得确定的知识呢？培根提出了一套新的方法——经验归纳法。

经验归纳法，其实是培根在《新工具》这本书中提出的，《新工具》也是培根最主要的哲学著作。我们知道亚里士多德写过一本书叫《工具篇》，培根的这本书就是针对《工具篇》而写的，因为培根的出发点正是要批判传统的那套演绎法，尤其是中世纪经院哲学所运用的那套演绎法，所以写了这本《新工具》，提出了自己的经验归纳法。

下面具体说说培根的经验归纳法的具体步骤。

要形成三表：具有表、差异表和程度表。这是进行归纳的前提。

具有表，收集所有正面的材料或例证，通俗理解，就是收集所有具有某种性质或属性的正向的素材，将其形成一张表。

差异表，收集所有反面的材料或例证形成差异表。

程度表，就是不同程度的材料或例证构成的表，也叫比较表。

这三张表是归纳的前提，就是把所有的感性材料搜集起来（正面的、反面的以及程度差异层面的材料）进行整理形成这三张表，然后进行理性的分析，推导出一般的规律，再总结分析，逐渐上升达到一般性的公理，最后得出一个新的知识。概括起来就是：第一步，搜集材料；第二步，整理材料，形成三表；第三步，进行真正的归纳，得出结论。

比如培根在《新工具》里说到的，要研究"热"的现象，要找到热的原因或形式，我们就需要先搜集各种感性的材料，列出各种表然后进行比较。

我们先列出与热有关的现象。比如光，从正面列举一些有光且一定能发热的物体，如太阳、电灯等，把这些列在一张具有表里。然后我们再列举一些反面的素材，就是那些有光但没有发热的事物，比如萤火虫，然后形成一张差异表。接着列举一些与热的现象有着共同变化关系的现象,比如摩擦力的大小与热的关系是什么,是不是摩擦力大了就更热一些等等,形成一个程度表。

根据这三张表搜集的素材进行比较和归纳,找出一些有规律的东西,最后找到了热的形式的结论:热是一种扩张的、受到抑制的、在其斗争中作用于物体的较小分子的运动。

可以看出,培根的三表法其实就是从经验材料出发。三张表收集的是感觉经验的材料,在此基础上进行一番比较和推导,最后得出一个结论。这其实就是一个从"多"到"一"的推导过程,"多"就是非常多的感性材料,"一"就是最后推导出的知识结论。这个过程也类似于理科生在实验室里做实验的过程,那就是不断搜集材料,不断试错,不断比较,最后得出那个正确的结果。

虽然培根的归纳法是比较粗糙、比较简单的,但不可否认,这个方法在当时确实具有开创性的意义。当时主流的方法是亚里士多德的三段式演绎法,经验归纳法无法登上大雅之堂。但培根在《新工具》里提出了这样的经验归纳法,就是要跟亚里士多德《工具篇》三段式演绎法针锋相对。亚里士多德的那一套三段式演绎法仅仅是一种证明方式的方法,通过一种演绎证明出一个观点是什么,并没有得出什么新的知识。而培根的科学归纳法则是通过对感性材料的搜集整理,从而归纳出一些新的观点,这其实是一种发明和发现的方法,有助于人们获得新的知识来征服自然。

第三部分　近代理性主义哲学

04 霍布斯：如何形成知识

英国经验论的第二位哲学家是托马斯·霍布斯。

可能大家最为熟悉的是霍布斯的社会契约理论，尤其是他的那本著作《利维坦》。当然这个是他政治哲学的一部分，这本《利维坦》也是西方政治学的奠基之作。霍布斯在哲学方面也有着自己的见解，他是近代唯物主义第一人，其理论也带有明显的机械论的色彩。

霍布斯是一个早产儿，当时他的母亲听说西班牙的无敌舰队已经开到，在惊慌之中生下了霍布斯，或许是早产，造就了霍布斯忧郁的个性。公元17世纪的英国发生了资产阶级革命，成长于历史转折时期的霍布斯更加沉湎于思考，后来成为一个特立独行的思想家。

霍布斯是经验论哲学中承前启后的一位哲学家，他把培根开创的经验论向前推进了一步，系统地阐述了知识形成的过程，而

托马斯·霍布斯（1588—1679年）。英国政治哲学家、经验主义者，其代表作《利维坦》为西方政治学的发展奠定了根基

知识形成的过程其实就是我们认知的过程。

霍布斯和培根一样，认为一切知识都先是从感觉经验开始的，感觉经验是一切知识的最初来源，在感觉经验的基础上，形成对某个事物的印象，然后对这种印象命名，最后形成概念。

霍布斯把知识形成的过程做了一个完整的解释，总结起来就是这么个过程：从"感觉经验"到"印象"再到"概念"。但其实到这里还没有完，要推出一整套知识体系，需要用到概念和概念之间的关系，从而推导出一整套完整的知识体系。举个例子，我们看到一个苹果——圆圆的、红色的、硬的、香甜可口的这么一个物体，这是通过视觉这个感官经验而形成的印象，然后把所有具有同样印象的物体命名为苹果，苹果就是一个概念。形成了苹果这个概念后，我们再用同样的方法形成诸如香蕉、梨等概念。概念和概念之间连接形成一个判断，比如"苹果和香蕉都是水果"就是一个判断。最后再从一个判断推导出另一个判断，比如从"苹果和香蕉都是水果"这个判断我们可以推出"具有什么样特征的物体是水果，不具备这些特征的物体不是水果"等等，这个推导的过程可以无限下去，最后形成一整套知识体系。

这就是霍布斯对经验论的理解。建立在概念和判断上，进行归纳和推理，最后形成一整套完整的知识，这也是霍布斯理解的哲学。

我们再深入思考一下会发现，霍布斯的这一套推理是完全不同于中世纪亚里士多德主义的理性演绎的推理方式的。中世纪经院哲学的那一套推理，是从形而上学的原则出发，其前提与经验毫无关系，这样的推理最后变成一种玄学，我们也无法验证推理的结果到底是正确还是错误。这仅仅只是一种证明的方法，得不出新知识。

但霍布斯不同,他是建立在经验基础上的,无论是从原因推导到结果还是从结果推导到原因,都是立足于经验基础,尤其是结果可以在经验中去验证,得出的结论也是能扩展我们的知识的。

接下来说一说霍布斯关于实体和偶性的概念。

实体和偶性

实体这个概念,我们在亚里士多德那里已经讲到过,霍布斯和亚里士多德关于实体概念的界定基本一致,就是某种独立实在的个体事物。实体既不能述说一个主体,又不依存于一个主体。实体只能是被说明,而不能说明别的主体,从某种意义上来说实体是不生不灭的。

偶性是什么?偶性是物体所具有的各种物理特性,比如广延、颜色、气味、运动、静止等都成为偶性。偶性都是要依赖于实体的。除此之外,霍布斯还提出了一个非常有意义的观点:**偶性是实体所具有的某种能力刺激我们感官的结果**。这个观点非常新颖,其实就是提出了偶性要依赖于感官的经验。比如我们看到一个苹果,苹果是红色的、圆形的、硬的、甜的等,这些苹果的偶性是源于苹果这个实体本身具有的能力刺激我们的视觉、味觉和触觉而形成的。

在所有的偶性中,广延是最基本的属性,广延就是物体具有的长、宽、高,其他的偶性比如色香味、硬软等是属于第二类的偶性,这两类偶性不同。

广延是本质偶性,是和实体共存亡的。而第二类的偶性,如色香味等是和物体的存在没有必然关系,或者说没有本质性的关系。第二类的偶性已经和人们认识世界的主观化的方式联系在一起了。

比如不同的人吃相同的水果，有人认为这个水果很甜，有人则认为不甜，甜和不甜可能跟不同人的味觉系统有关，但水果本身这个实体，它的广延属性却是一直存在的。

05 霍布斯：带有机械色彩的唯物主义者

霍布斯是一个唯物主义者，这在其生活的年代历史环境下是具有一定的开创性的。我们知道，当时是宗教和宗教派别占统治地位的时期，宣扬唯物主义，拒斥上帝的信仰意味着和那个时代的主流思想作抗争，但霍布斯很勇敢而且很大胆地提出了自己的唯物主义思想。哲学不再讨论上帝，不再增进天国的荣耀，而是更加关注人世俗层面的幸福。

霍布斯认为：宇宙，亦即所有事物的结合体，是物质性的，也就是说是物体，是具有广延，是具有长度、宽度和深度的。物体的任何一部分同样也是物体，同样具有广延。因此之故，宇宙的任何一部分都是物体，非物体不可能成为物体的组成部分。由于宇宙即是大全，因此在其之外就无物可言。

可见，物体是霍布斯研究的唯一对象，宇宙就是所有物体的集合体，而物体都是有广延的。那么这个时候，上帝这个概念就被排除在宇宙的范畴了，或者说排除在哲学研究的范畴了。因为上帝没有广延，不具备物体的属性，没有长宽高，你见过上帝长什么样子吗？没有。

霍布斯把上帝排除在认识的范畴之外，因而在当时，人们把霍布斯的唯物主义观点看作是一种无神论。但霍布斯的唯物主义又有着浓郁的机械论的特点。

什么是机械论？通俗地理解，什么事物是具有机械性的？当然是机器了，比如齿轮和齿轮之间的相互作用让整个机器运转起来，就是说机械论具有刻板性，原因和结果就像机器运作一样，不具有伸缩性。

霍布斯把任何一种运动着的物体都看作是机器，是宇宙这一更为强大的机器的组成部分。比如在运动的解释中，霍布斯把运动解释为位移，即物体位置的移动就是运动。这种对运动的解释就非常机械化了，当然这在当时产生了一定的影响，后来牛顿经典力学也是这么解释的。

还有一点需要说明，霍布斯的机械论还表现为只关注物体的功能和运动，因为霍布斯的经验论的前提是从感性经验出发的，所以他只关注物体表面的现象，而没有去深入探讨物体的本质和目的，因为本质和目的已经上升到形而上学的层面了。

06 霍布斯：国家是如何产生的

社会契约论是自然法学派最基本的理论，在历史上很多哲学家都持有这样的观点，比如洛克、斯宾诺莎、卢梭、孟德斯鸠、莱布尼茨等，他们都属于自然法学派这么一个群体。霍布斯虽然不是最早提出社会契约论的，但他比较详细地描述了社会契约论的内涵。他的那本伟大的著作《利维坦》就详细地阐述了这个理论。

那么，社会契约论主要探讨的是什么呢？探讨国家的起源问题——国家是如何产生的。在霍布斯看来，有这样几个步骤。

假设，在自然的状态（人类最原始的状态）下，每个人都只受自然法则的支配，每个人都出于自私的考虑而进行自保，保护自己的生命，保护自己的财产，保护自己不受外界的侵犯，就像自然界的动物一样。我们知道弱肉强食，只有学会自保才能生存下去，原始状态下的人就是这样，为了自保可以不惜一切代价，甚至是剥夺别人来保护自己，且不择手段。那么这样的情况就会导致一种状态：每个人都只为保护自己，每个人和每个人都处在一种敌对的状态，一种战争的状态，也就是一切人对一切人的战争。人和人的关系就好比是狼和狼的关系一样，只有互相厮杀，并不能和平共处。

这个时候就出现问题了，原本每个人是要自保的，但结果是人非但不能自保，反而互相伤害。面对这样的情况，人们开始思考解决的办法。因为人们是渴望和平和安定的生活的，目前的状态已经遭到了彻底的破坏。

于是出于理性，人们相互之间开始订立契约，选择放弃各自的自然权利，每个人把自己的权利让渡出来，把它交给第三者，由第三者把大家的意愿整合在一起，每个人都要服从第三者的意志，服从他的判断和管理，这样来保证每个人的利益都能够得以实现。这个第三者就是国家或者君主。

但由于第三者是没有参与订立契约的，所以所有契约的规定对第三者来说都是没有约束力的。当所有权利都集中在第三者这里，他就可以为所欲为，可以干任何他想干的事情，甚至是剥夺人们的财产乃至生命。因为你把权利都交给他了，他又不参与订立契约，自然他想干什么都可以。如此一来，他就成了一个拥有绝对权利的君主，导致一种绝对君权的结果。

当然这只是从原则上面来讲这个第三者具有的权利，实际上第三者的初衷是为了保护每个人的利益，是为了维护和平。但是如果哪一天，第三者真的将生杀大权滥用一气，每个人也只能忍受着，因为在订立契约时，每个人都是自愿将权利交出来的。这种理论被后人称为绝对君权理论。

霍布斯的社会契约论，其实就是阐述了国家起源的过程。

从当时的历史环境来说，霍布斯的社会契约理论，尤其是他的绝对君权理论在很多统治者那里都得到了推崇。当时英国社会要从封建专制制度转向资产阶级的专制制度，首先就需要有一股强大的力量才能驱使历史的发展。而这股力量就是绝对君权理论，只有从封建的闭塞的环境中真正解脱出来，通过君主制度，通过建立一个中央集权的国家，而后资产阶级的经济才能真正发展起来，从而才能通过社会革命走向民主宪政。在当时，都铎王朝的伊丽莎白一世、斯图亚特王朝的君主以及克伦威尔都有着强烈的集权倾向，这种绝对君权理论为独裁者提供了一个有利的根据。

所以，霍布斯的这种绝对君权理论虽然从表面上看有些反动色彩，但从历史的角度去看也有一定的积极意义。

第三篇 唯理论哲学

01 笛卡尔：怀疑一切

17世纪，是一个普遍怀疑的时代。前面说到了培根对四假象的怀疑，而接下来要讲到的是笛卡尔对以往陈旧知识的怀疑。

当时在欧洲，新兴的资产阶级已经登上了历史舞台，笛卡尔的祖国法国也在酝酿一次大的资产阶级运动，动荡不安的社会环境让笛卡尔从小便具有一种批判的精神。笛卡尔从小就接受了正统的教育，在学校里学习了各种古典学科，也学习了中世纪的经院哲学；在课外他博览群书，读了大量稀奇古怪的书籍，甚至是禁书。正是如此广泛的阅读打开了笛卡尔的思维，他开始对传统教育中接受的知识表示不满，不再把那老套的知识，尤其是圣经贤传当作绝对的权威崇拜，他开始用批判的眼光看待一切。

笛卡尔甚至认为，传统的学问实在没有用处。从学校毕业后，他开始走向社会这本大书，通过实际的体验，通过自己理性的思考来认识世界。他还以志愿兵的身份参加了日耳曼的三十年战争。笛卡尔不爱早起，喜欢躺在床上思考，冬天的时候，他特别喜欢在壁炉前进行哲学的沉思。以至于罗素在《西方哲学史》里这样评价：

第三部分 近代理性主义哲学

"苏格拉底喜欢光脚在冰天雪地里披着毡进行思考,而笛卡尔则喜欢在温暖的壁炉前进行哲学思考。"

带着这样的探索精神,笛卡尔发现了一些不一样的哲学道理。他开始怀疑一切,怀疑之前一切陈旧的知识。当时浓郁的神学氛围,在笛卡尔看来是一种神秘主义,因为最高的真理在基督徒看来不是人们的理性所能把握的,神学并没有让人们学到更多东西,不证自明的真理也不能够从神学中获得。所以,这是值得怀疑的。

笛卡尔(1596—1650年)。法国著名哲学家、物理学家、数学家。数学上,他开创了解析几何学;哲学上,他是西方现代哲学思想的奠基人之一,开拓了理性主义哲学。提出"我思故我在"

进而,笛卡尔也开始怀疑起哲学来。他认为,哲学从历史上看各个流派都处在一个针锋相对的境地。从古希腊自然哲学到基督教哲学,每个阶段的哲学家都各执一词,"公说公有理,婆说婆有理",然而并没有得出最终的一个普遍的真理。

逻辑学也是一样。逻辑注重从推理上面进行逻辑演绎,是一种推理和证明的科学,而不是发明的方法,并不能够从逻辑证明中获得新的知识。

就这样,笛卡尔开始怀疑,怀疑神学、哲学、逻辑学,对一切知识系统都进行怀疑,甚至对数学知识也开始怀疑起来。按理说,像"1+1=2"这样的公理是绝对公理,是不应该被怀疑的。但在笛卡尔看来,这也有可能是假的,1+1也有可能并不等于2,之所以1+1等于2是因为这可能是上帝的一个恶作剧,是上帝让我们认为1+1=2,是他诱导我们犯的错误,但实际上也许并非如此。

笛卡尔从对知识系统的怀疑,进而延伸到对客观世界的一切进行怀疑。比如肉眼看到的这个世界,你在教室里上课,到底是真的在教室里上课,还是你做梦梦见自己在教室中上课呢?有些人会说,通过感觉经验就可以判断自己到底是真的在教室里上课还是在做梦。但实际上,真理应该是清楚明白的,当我们在提出这个疑问"你是不是真的在教室里上课?"的时候就已经不够清楚明白了,自然这就不是真理,就应该受到怀疑。

感觉这东西,在笛卡尔看来有时候会欺骗我们。比如一只筷子插在水里,看起来就像是折断了的筷子一样;再比如一座方塔,当我们距离它很远很远时,塔看起来是圆的。那么,塔到底是方的还是圆的?既然不能够直接给出答案,这就是值得怀疑的。

普遍怀疑的思想,是笛卡尔哲学的出发点,这种普遍怀疑精神在当时有着一定的开创精神,因为这是一种除旧创新的思考方式,也正是基于此,开启了近代唯理论的先河。

那么,笛卡尔怀疑一切的目的是什么呢?他并不是为了怀疑而怀疑,而是为了找出不可怀疑的东西,从这个不可怀疑的东西建立起可靠的根基,从而认识世界。

那笛卡尔到底有没有找到那个不可怀疑的东西呢?答案当然是有的。

第三部分 近代理性主义哲学

02 笛卡尔：我思故我在

笛卡尔的怀疑精神和古希腊的那一套怀疑论是有所不同的。古希腊的怀疑主义者皮浪提倡"悬置判断"，怀疑就是目的本身，是为了怀疑而怀疑的。但在笛卡尔这里，怀疑只是手段，是通过怀疑找到一个通向真理的途径，通过怀疑找到那个不可怀疑的东西，从而确定他的哲学出发点。

终于，笛卡尔找到了答案。他认为：我们在怀疑所有事物的时候，或者说思想在怀疑一切的时候，可以怀疑一切的对象和内容，但有一件事情是不能怀疑的，那就是不能怀疑自己"正在怀疑"，不能怀疑思想本身。

这就是笛卡尔的著名观点"我思故我在"。这也是他不可怀疑的第一原则，是他后续理论的出发点。

我思故我在

从字面上看，大多数人会这么来理解："我思"就是"我思考"；"故"就是"所以"；"我在"就是"我存在"。"我思考所以我存在"，这是大多数人对字面意思的理解，但实际上真的是这样的吗？其实不然。"我思故我在"可分为两个层次，即"我思"和"我在"。

我思

"我思"指的就是一种思想活动，是脱离了具体思考内容的一种纯粹的思考活动本身。感性的、理性的，包括情绪甚至思维方式层面等都属于"我思"这个范畴，这是精神的实体。

比如我们对事物产生怀疑，我们提出为什么的时候，"为什么太阳东升西落"，"我思"指的就是我们大脑中产生"为什么"这个动作，至于为什么的内容，不在"我思"的探讨范围之内。"我思"就是指"思想本身"，或者我们用动词的含义去理解这个"我思"，就是当我们发出了一个思考的信号的时候，这个思考的信号或者说这个思考的动作本身就是"我思"，至于发出来的这个信号是什么，思考的是什么，则不在讨论的范围内。

"我思"也可以理解为一种自我的意识。但思想本身是不会发出信号的，在思想的背后一定有一个思想活动的承担者，有一个进行怀疑和思考的主体，这个主体就是"我"。

所以在笛卡尔这里，"我思"中的"我"首先指的是一种精神实体，但笛卡尔提出这个观点的时候，其实必然肯定了一个思考主体的存在——一个具有肉体层面的我。这也是笛卡尔要强调的，把"思"和"我"连同在一起。

我在

"在"一般被理解为什么，就是存在。什么存在呢？精神主体的思想存在，不管是你怀疑也好、肯定也好，你的意识也好、灵魂也好，这些精神实体是存在的。这个"我在"其实就是说精神实体已经脱离了肉体而存在的概念。

故

"故"在这里并不是因果的关系,并不是"因为前者,所以后者"的关系。"故"指的是一种必然的关系。

所以"我思故我在"可以理解为:**我们思想着,必然性地得出思想本身的活动是存在的**。

在思想的背后有一个思想活动的承担者——"我",这是思想的主体;思想活动也是一个反思的过程,谁反思,"我"自身反思。所以"我"是思想的主体也是反思的主体。比如,我提出为什么的时候,我必须同时也要意识到——我在提出为什么,我正在进行这样的思考活动。而我意识到我正在提出为什么的时候,就是一种反思的活动了。

这里,其实有两个区分:一个是思想活动本身。比如提出"为什么太阳东升西落"这个疑问就是思想活动本身。另一个是对思想活动本身的意识。就是我意识到了我正在提出"为什么太阳东升西落"这个活动。

笛卡尔将两者等同在一起。把思想活动本身和对思想活动本身的意识等同在一起。

但在后来的哲学家中,比如休谟、康德以至于到胡塞尔、萨特都批判了笛卡尔的这种观点。笛卡尔的"我",其本身是从哪里来的呢?"我"只是一种心理活动上的集合,事实上并非存在于一个实体性的"我"。"我思故我在"完全可以理解为"思"故"在",不需要"我"。但笛卡尔认为,"我"就是思想本身,思想停止了,那么"我"也就不存在了。

如果从历史的维度来评价一下,笛卡尔第一次把人自身的主体意识作为哲学的前提,这是一种主体性的觉醒,为近代理性主义开了一个好头。

古希腊哲学以自然的本原为出发点,基督教哲学以上帝、以神为出发点,到了笛卡尔这里,则转向了人的主体性。这种反思的精神,成为哲学的出发点。因此说笛卡尔是近代哲学之父,是有一定道理的。

从笛卡尔这里,开始了自我意识的确定和觉醒,自我的确定性代替了上帝的确定性,因此这是一个很重大的改变,比如我们前面说到的认识论的转向,原因就在于此,以至于后来很多哲学家突然找到了一块精神的栖息地,让大家豁然开朗。

作为唯理论开创者的笛卡尔,要解决的根本问题是如何获得真理性的知识。那么是不是只要"我思故我在"就能获得知识呢?显然不是,"我思故我在"仅仅是一个理论起点罢了,笛卡尔还要经过一番推导和论证,才能得出真理性的知识。

03 笛卡尔:"天赋观念"从何而来

笛卡尔通过"我思故我在"找到了自己哲学的起点,一切知识都可以怀疑,但不能怀疑思想本身的活动。笛卡尔找到了自我的主体性,把"我"当作出发点,一个可靠的立足点,从而去确定可靠的知识体系。

但这个时候，笛卡尔遇到了一个理论难题。因为笛卡尔之前采取的是普遍怀疑的态度，一切都是可质疑的，怀疑到最后，只剩下一个"我"了，这个与思想同一的"我"。这个"我"只是一个精神实体，其他的什么都没有了。这时笛卡尔陷入了一个"我"的困境中，如果不走出来，就会被自己憋死，更别谈去推导出其他的确定性的知识，也更别谈要去建构更为广阔的哲学体系了。

这时，笛卡尔想了一个办法，从内向度的"我"走向了一个外向度的领域，他搬出了上帝。他在提出"我思故我在"以后，又提出了"我在故上帝在"，一切解决不了的事情，只要搬出上帝这个具有完满性的概念，一切都能圆满地解决。

下面，我们来重点剖析一下笛卡尔是如何借助"上帝"这个概念，来构建他自己的哲学体系，从而找到确定性的知识的。

上帝存在的证明

要搬出上帝，笛卡尔首先要证明的是上帝是存在的，他的方法和中世纪的安瑟尔谟的方法如出一辙，都是从上帝的概念出发然后推导出上帝存在的结论。比如，当你产生怀疑的时候，你会意识到自身是不完满的，因为产生了怀疑，怀疑和确定性相比较，肯定是不完满的。你怀疑"地球是圆的"和你非常清楚明白地确定"地球是圆的"，这两者放在一起的时候，一定是确定性的答案比怀疑的问题要圆满。所以，当你在怀疑时，你就是不完满的，之所以是不完满的，是因为心中有一个更为完满的东西存在。

前面我们只是举了一个例子，怀疑和确定性而言，一定是确定性知识比怀疑的知识更为完满。我们把这个范围放大、放大、再放大，从我们看到的周遭的实际生活，从衣食住行到花草树木，再到整个世界，到宇宙，放到最后一定会出现一个具有无限完满性的观念，这个观念是无所不包的，而这个观念的背后一定存在着一个实体，那就是上帝。

再来梳理一下这个逻辑：笛卡尔运用了一个因果联系的论证，从结果推导到原因。

结果是什么呢？结果就是人自身的"自我"观念是不完满的，只具有有限的完满性，存在着一个无限完满性的观念。

那产生这样结果的原因是什么？不完满的观念"我思"，有一个思想的承担者，这就是"我"，也可以通俗地理解为人自己。自我意识，或者自我的观念只具有有限的完满性。

完满的观念，是如何产生的呢？会是人自己思考的结果吗？显然不是。因为人的"自我"观念只具有有限的完满性，有限的完满是无法推出无限的完满的。只有一个具有无限完满性的实体才能产生一个具有无限完满性观念的结果。

那么反过来，无限完满性的观念，追溯原因就一定有一个无限完满的实体产生出这样的观念，这就是上帝的存在。

因为在当时的社会环境（在一个充满信仰的时代）中，说出"上帝"这个概念时，大家都是能理解的，也都是能相信的。上帝当然是一个绝对完满的、具有无限性的观念。因为信仰的缘故，在当时也不会有人对上帝产生怀疑。

如此上帝这个具有无限完满的观念本身，就已经蕴含了上帝这个实体的存在了。

笛卡尔证明上帝存在,是从概念出发推出其存在的,即从上帝观念的绝对完满性推导出上帝的存在。上帝这个完满性的概念,已经内在包含了上帝存在。就好比说,我们有了一个正方形的概念,这个正方形已经内在包含了"每个角都是90度"一样。

以上我们解决了第一个问题,笛卡尔搬出了上帝,证明上帝是存在的。接下来,笛卡尔便是借助上帝来进行哲学的理论构建。如何认识到确定性的知识呢?这时,笛卡尔创立了"天赋观念说"。

天赋观念说

所谓天赋观念,就是清楚明白、不证自明的观念,这些观念是天赋的、生来就有的。这些天赋观念正是上帝赋予的,上帝赋予了我们一些观念,让我们心中产生了清楚明白的观念。

这些观念主要是一些数学的观念、几何学的观念等。比如关于事物的形状——三角形的观念、正方形的观念、圆形的观念;关于这些观念的特征——三角形内角和是180度,正方形和长方形每个角都是90度等。这些观念就是天赋的观念,来自上帝,是上帝赋予我们的,我们在心中产生了这样的观念。

其实,天赋观念和上帝存在的证明,这两者也存在着彼此证明的关系。上帝存在赋予了人天赋观念,天赋观念是不证自明的,一定是来源于一个绝对完满的实体,一定有这么一个圆满的实体存在,这个实体就是上帝。

在笛卡尔看来,天赋观念是认识世界的一个起点,也是他认识论的出发点。从这些清楚明白的观念出发,运用理性的演绎方式推导出更多的命题和定理,从而推导出整个确定的知识体系,这就是笛卡尔唯理论的基本思路。

笛卡尔将"上帝"看作一个跳板,这仅仅是出于一种理论上的需要,或许这里的上帝概念不能完全等同于宗教意义上的上帝概念。借助上帝,笛卡尔从"我"这个狭隘的境地走出,到全能的上帝赋予的天赋观念,从而完成了唯理论知识体系的建构。

天赋观念是上帝赋予我们的观念,是精神实体层面的。但是我们又要面对纷繁多样的世界,真实的物质世界又是一个体系。比如圆形是精神层面的观念,而具有圆形的实际的物体如苹果、西瓜等,这些物体又是一个物质的世界。

在笛卡尔看来,精神世界和物质世界都是因上帝创造而来的。上帝是全能的,他要保证这两个世界的真实可靠。物质世界是真实的,同时精神世界(我们头脑中的观念)也是真实可靠的。这就引入了笛卡尔的心物二元论的思想了。精神和物质这两个世界,到底是一个怎样的关系?它们之间是怎样互动的?

04 笛卡尔:心与物是什么关系

心物二元论

心就是心灵,心灵的世界是什么,就是一个精神世界;物就是一个客观的物质世界。二元论是什么？就是把世界分为两个世界：一个是精神世界，一个是物质世界。

这两个世界的关系是怎样的？精神世界和物质世界是彼此独立的世界，两者是互不影响的，谁也不跟谁发生关系，就好比两条平行线，在各自的轨道上行走，永远也不会相交。但两者都是依靠上帝的，都依靠上帝来保持它们之间的和谐和统一。

这两个实体，都有各自的属性特征。物质实体的属性就是广延，精神实体的唯一属性就是思维。

物质实体和精神实体都是彼此独立的。那么，物质就不能思维，精神就无广延。

物质世界是按照自然规律进行发展的，比如太阳东升西落、四季交替等，这些可以理解为自然规律，物质世界是按照这个规则自行发展的。

精神世界则是按照自由意志发展的，这里的自由意志不是无目的的胡思乱想，而是从天赋观念出发，通过演绎的方式，进行一步一步地推导，精神世界就是按照这个路数自行发展的。

可以说，物质世界和精神世界是两个独立的世界，但都按照同样的轨迹在进行发展着，只是两者在各自的领域发展，从不交汇。

这就是笛卡尔的心物二元论。

那么，为什么笛卡尔要采取这样的观点呢？为什么要提出心物二元论呢？我们一定不要忘记，笛卡尔是唯理论者。唯理论的出发点就是要从不证自明的天赋观念出发，一切的知识都是从天赋观念演绎而来的，不需要一个感性层面的经验，只要理性的演绎，就可以推导出万事万物。

但是，客观的世界，我们是无法回避的。因为你看到了一个物质世界，总不能否定这个物质世界的存在吧；你触摸着一个苹果，总不能说你触摸的是空气吧，那就真的成掩耳盗铃了。

所以笛卡尔其实就是在肯定了物质世界的基础上，提出还有另外一个精神的实体世界，他是按照自己的演绎方式进行推导的，从而获得确定性的知识。

心物二元论，虽然从一定程度上肯定了物质世界的客观存在，但笛卡尔更加强调真理的来源是天赋观念。需要指出的是，这并不是一种唯心论的说法。因为唯心论是什么，通俗地理解就是，真理是由心灵制造出来的，心灵是怎么想的，那么真理就是怎样的。

很显然，笛卡尔的唯理论并不是这样，他是把心灵世界中的天赋观念当作真理的来源，真理或确定性的知识是从天赋观念演绎而来的，是有一套论证的体系的，而不是心灵臆想出来的。

但这个时候，笛卡尔又面临一个困境了。针对人本身，心物二元论就有些矛盾了。我们知道，人的主观意识和身体这个客观的物质之间其实并不是彼此独立的，身和心之间是彼此影响着的，两者之间明显存在着某种相互的作用。拿火来举例，我们的手遇到火的时候，很自然地就会缩回来，因为你感觉到什么，感觉到热，感觉到烫，感觉到疼了，自然就要缩回来。

我们仔细分析一下这个过程。手，就是我们的肉体，当肉体遇到外界的刺激——火时，你有什么感受？很热、很烫、很疼。那么，这个热、烫和疼的感觉是什么？是你大脑中的一种意识，因为外界的刺激，让你大脑中产生了一种热的感觉、疼的感觉。有了这样的感觉后，大脑中的意识层面又反作用于你的肉体，手要缩回来，不能触碰这个火，不然就会很疼很难受。

这个过程就是一个明显的例子，肉体受到外界刺激，信号传输给大脑产生某种意识，然后又反作用于肉体。这是一个身和心交互作用的过程。

那么，笛卡尔如何解决这个问题呢？他提出了**身心交感说**。

笛卡尔假设，身体和心灵之间有一个交接点，就是我们大脑中的松果腺这个器官，松果腺相当于一个中介，肉体一旦受到外界刺激，就会把这种感觉通过中枢神经传到松果腺，然后松果腺又把这种感觉作用于心灵当中，于是身体和心灵之间的交互就这么产生了。

可以说笛卡尔的这个身心交感说和心物二元论是相互矛盾的。心物二元论强调心和物彼此独立、互不干涉，但身心交感说却强调身体和心灵之间存在着某种交互的关系。

笛卡尔其实并没有很好地解决这一矛盾，这也为后世的哲学家留下了一个讨论的话题，如何在精神和物质世界彼此独立的情况下，又能保证两者之间的协调统一。

但笛卡尔的这种思维方式，确实开创了一个新的思考模式。把思维和存在的关系问题提到了哲学的讨论当中。思维和存在，谁决定谁，谁是第一性谁是第二性，这在后面的哲学发展中成为很多哲学家讨论的论题。

05 伽桑狄：批判笛卡尔

实际上，笛卡尔的理论给后世哲学家留下了一个难题：如何在精神和物质彼此独立的情况下，又能保持两者的协调统一。

在哲学史上，伽桑狄这位哲学家就是以批判笛卡尔而著称的，他是一个反笛卡尔者。在《对笛卡尔〈沉思〉的诘难》这本书里，伽桑狄就详细地对笛卡尔进行了批判。

对笛卡尔的"普遍怀疑"态度的批判

伽桑狄说，笛卡尔的怀疑一切是装腔作势、故弄玄虚，一个真诚的哲学家应该实事求是，承认客观存在的物质世界。笛卡尔的态度首先就有问题，怎么能怀疑一个客观存在的世界呢？伽桑狄又说："我就不相信，你自己都怀疑你自己感受到的那些东西。"你连看到的、感受到的这个客观世界都不相信，这个态度就不是

伽桑狄（1592—1655 年）。法国科学家、数学家和哲学家。伽桑狄在认识方面是感觉论者，他肯定感觉是知识的唯一来源。提出著名的"三种灵魂说"：植物的灵魂、生命力和推理力。

一个好的态度,不太诚实,不是一个哲学家应该有的态度。

这就是第一点,伽桑狄首先从态度层面对笛卡尔进行批判。

对笛卡尔的"我思故我在"的批判

伽桑狄认为,"我思故我在"中的"我"到底是什么?在笛卡尔那里,从思想本身的活动推出思想的存在,"我"就等同于思想,等同于精神,是不具有广延性的东西。

他认为,笛卡尔只是说了"我"是不具有广延性的,不是这不是那,但并没有说清楚"我"究竟是什么。你不能从"一个东西不是什么",就推出"这个东西就是什么"的结论。比如,我们说"苏格拉底不是一头牛",你能从这个命题中得出"苏格拉底是一位哲学家"的结论吗?显然不能,苏格拉底不是一头牛,他还有可能是一头羊啊。

所以在伽桑狄看来,笛卡尔"我思故我在"中的"我"很有问题,这个"我"只是一个空壳而已。脱离了肉体的精神本身就是荒谬的,一个不具有广延性的东西更别谈独立存在了。因为伽桑狄是唯物主义者。

对笛卡尔的"天赋观念"的批判

伽桑狄认为,我们所有的观念都是外来的,通过感觉传达到理性,根本不存在什么天赋观念。我们所有的观念都是通过经验概括总结出来的,包括上帝也是。

批判笛卡尔对上帝存在的证明

伽桑狄并没有公然否定上帝,因为他是天主教的神父,他是承认上帝的,只是对于推导出上帝的过程,他对笛卡尔是批判的。

上帝是怎么来的,并不像笛卡尔所说的有一个无限完满的东西才知道我们自身的不完满,恰恰相反,正是因为我们首先认识到自己是不完满的,对现实中的东西的一种否定,把这不完满的东西完满化,最后得出一个完满的东西,这就是上帝。

这样看来,人心中的上帝其实是人创造而来的,上帝是人通过对自身不完满的认识不断完满化的过程推导出来的一个概念罢了。

对笛卡尔清楚明白的真理标准的批判

笛卡尔认为,一定要从清楚明白的观念出发,通过演绎最后得出结论。伽桑狄认为,那这个清楚明白的标准是什么呢?每个人对清楚明白的定义是不同的,是相对而言。对你来说是清楚明白的,不见得对别人就是清楚明白的。这样一来,真理的标准本身就不清楚不明白了。

对笛卡尔的身心交感说的批判

笛卡尔说,身和心之间靠大脑中的一个器官——松果腺来协调。这时,伽桑狄就开始质疑了:这个松果腺本身是什么呢?松果腺是物质还是精神?

如果松果腺是物质,是大脑中的某一个物质,是广延的,那这时候问题就来了,一个没有广延的心灵如何能够在一个有广延的松果腺里与有广延的物质发生联系呢？心灵是没有广延的，那么它如何能够居住在一个有广延的东西里面呢？就好比说，心灵或者精神其实是不占地方的，一个不占地方的东西怎么能说它居住在松果腺里呢？你都不占地方了，谁去居住啊？这个没有广延的东西，不占地方的东西，自然就不可能说居住在某一个场所了，更不可能跟这个场所里的其他事物发生关联。

如果松果腺没有广延，也就是说松果腺本身就不是物质，就不占地方了。你都不占地方了，那上哪里去找到这个松果腺？它怎么能成为身心交感的地方呢？这是松果腺没有广延的情况。

所以在伽桑狄看来，无论哪种情况都是说不通的。伽桑狄通过对松果腺这个东西的质疑达到对笛卡尔身心交感说的批判。

伽桑狄的解决方式

伽桑狄怎么解决笛卡尔的这个问题呢？如何解决心物二元论和身心交感说之间的矛盾呢？

伽桑狄的方法是唯物主义的，他把精神物质化了。他认为，心灵也是一种物质。他用古代原子论的观点去解决这个难题。回忆一下，之前原子论说到什么？世界的本原是看不见摸不着的最小的微粒。伽桑狄认为，精神也只是一种更加精细的微粒罢了，精神也是有广延的，只不过这个广延占据的空间非常小，就如同微粒一般。

这样一来，精神或者说心灵就没有独立实在性了，它只是物质的一种形态而已，真正的实体只有一个，那就是物质。

在伽桑狄这里，这个世界就由笛卡尔那里的二元世界变为一个一元世界——物质的世界了。身体和心灵都归结为一个整体，就是物质。

那么身心之间的互动关系此时此刻也就消失了。身和心是一体了，也就取消了身心交感的问题，从而就解决了笛卡尔的那个难题。

我们来总结一下，其实伽桑狄的方法很简单，就是把精神物质化，把精神还原为物质，走的是一条德谟克利特的原子论的路线，把二元论还原为一元论，从而取消了身心交感的问题，也就解决了笛卡尔遇到的那个矛盾了。

伽桑狄是从唯物主义的角度来解决问题的，这个时候唯心主义者就不高兴了。比如唯心主义哲学家马勒伯朗士这时就跳出来，要从唯心主义的角度来解决笛卡尔的这个问题。

06 马勒伯朗士：对笛卡尔难题的解决

针对笛卡尔的心物二元论和身心交感说，马勒伯朗士通过物质精神化的方式来解决笛卡尔遇到的理论困境。

马勒伯朗士是公元17—18世纪法国著名的唯心主义哲学家和神学家，他和伽桑狄针锋相对，走的是一条柏拉图主义的路线。之前我们说伽桑狄走的是德谟克利特的原子论的路线。原子论和柏拉图的理念论是针锋相对的，所以在这里，我们可以理解为伽桑狄和马勒伯朗士也是针锋相对的。

马勒伯朗士从小就体弱多病，这样的遭遇使他的性格非常孤僻，他很封闭，也很喜欢沉浸在自己的世界里。他的哲学晦涩难懂，也带有很强的神秘性。他和柏拉图的理论是一脉相承的，回忆一下柏拉图主义最主要的特点是什么？就是有一种神秘感，他的理念实体本身就具有神秘性。马勒伯朗士延续了柏拉图主义的风格，但和柏拉图不同的是，马勒伯朗士将柏拉图主义和基督教信仰结合在一起，从这个角度去解决笛卡尔遇到的问题。因此马勒伯朗士的观点中，很多都是通向上帝的，从上帝的角度去解决。

马勒伯朗士（1638—1715年）。法国哲学家。法兰西科学院院士。他是法国天主教奥拉多利修会的神甫，公元17世纪笛卡尔学派的代表人物

我们主要说两点：第一个就是他的物质精神化，第二个就是他的偶因论。弄清楚这两个问题，我们也就清楚了马勒伯朗士是如何解决笛卡尔的问题的。

物质精神化

从字面去理解，物质精神化就是把客观的物质还原为一种精神，还原为一种观念。在这里我们需要强调，马勒伯朗士是从认识论的角度去理解物质和精神世界的，也就是人如何获得对事物或理念的

认识。

马勒伯朗士是把上帝作为出发点的，他认为上帝创造了物质世界和精神世界，这两个世界是相互独立的。但我们看到的这个物质世界，我们的眼睛里或感官呈现出来的这个物质世界，只是一种关于物质的观念而已。

我们头脑中的精神世界、头脑中的观念并不是对客观世界的反映，而是从上帝那里得到的观念。由于上帝是主宰者，它既创造了物质世界也创造了精神世界，所以这个物质世界的观念早已在上帝的头脑中存在。上帝心中的观念便是客观事物的原型，物质世界只是对上帝心中的观念进行的分有与模仿罢了。

因此我们获得的观念不是来自客观物质，也不是来自自身的心灵，而是来自上帝。我们只需要与上帝的精神沟通，就可以获得对物质世界的认识，而不必通过与物质世界发生联系来获得认识。

总之就是一句话，我们看到的物质世界，其实是一种关于物质的观念而已。这样其实就否定了感觉的可靠性。就比如说，我们看到了物质世界中有一棵树，我们头脑中就会产生树的观念，但我们头脑中的这个树的观念并不是对客观世界的那棵树的认识结果，而是我们从上帝那里直接获得的关于树的观念。因此，我们认识的不是具体的树，而是树的观念。

我们可以看到，马勒伯朗士就是把物质世界看作是一种关于物质的观念，这个观念早已在上帝的头脑中存在了，我们要认识物质世界，只需与上帝交流，便可以获得这种观念。物质的观念和物质本身具有同一性，认识了物质观念就等于认识了物质本身。

进一步讲，上帝通过物质世界的观念创造出了一个真实的物质世界。当这个物质世界被上帝创造后，就和观念有所不同了。物质世界要按照自己的那一套规律——自然规律进行发展，和精神世界是彼此独立的。这也就承认了物质世界和精神世界是彼此独立的。

那么怎么解决两者的协调统一呢？笛卡尔是通过身心交感说来解决这个问题的。但马勒伯朗士并不这么认为，他提出了偶因论的观点。

偶因论

马勒伯朗士认为身体和心灵之间是靠上帝来协调的。身心之间不存在直接的因果关系，而是有一个外因——上帝，在这中间不断进行协调，不断调整心物之间的关系。

比如身体受到一个刺激，遇到了火，上帝就马上跳出来，让你的心灵产生一个观念，烧着很疼的感觉，要赶紧远离。于是你有了这样的观念后，上帝又赶紧指挥你的肉体，让你的肉体做出远离这团火的动作。

这个过程中，上帝就好像是一个钟表匠一样，当一座钟表指向十二点时，另一座钟表正好响了十二下。钟表匠要协调这两座钟表随时保持一致，上帝要随时协调身体和心灵之间的关系。

所以，马勒伯朗士的偶因论的观点已经不需要借助物质和精神之间的经验性的互动了，而是借助上帝的全能性来解决问题。

07 斯宾诺莎：神即自然

笛卡尔开创了唯理论的先河，通过"我思故我在"和天赋观念以及心物二元论，通过主体性意识的觉醒走上了一条以理性演绎获得知识的道路。斯宾诺莎沿着这条路继续走着，把唯理论发展得更加深入。

斯宾诺莎的本体论：心物关系问题

斯宾诺莎于公元 1632 年出生于荷兰阿姆斯特丹的一个犹太家庭，自小接受了非常正统的犹太教的教育。24 岁时，他因为对犹太教的教义产生反感而表达出了一种异教观点，因而被犹太教逐出教门。随后他离群索居，靠给人打磨光学镜片为生，生活非常困难，只活了 40 多岁就英年早逝了。斯宾诺莎非常短命，但他的品格极高，他潜心研究学问，从来不向权贵低头，成为哲学史上的道德楷模。

斯宾诺莎写过一本书叫《笛卡尔的哲学原理》，细致地批判了笛卡尔的观点。当然，斯宾诺莎的哲学也正是从批判笛卡尔开始的，就如同笛卡尔的哲学是从怀疑一切开始一样，斯宾诺莎在批判笛卡尔的时候，也逐渐找到了自己的哲学起点。

第一点，斯宾诺莎对笛卡尔的"我思"进行了批判，他认为"我思"不能作为整个哲学的出发点。斯宾诺莎其实是同意笛卡尔

第三部分 近代理性主义哲学

"清楚明白"的真理标准的,但他认为这个"我思"并不是清楚明白的,因为"我思"是经过怀疑之后的"我思",怀疑了一切以后才得出"我正在思考"这件事本身,所以这就不是清楚明白的了,清楚明白的东西应该是直接呈现出来的,为什么还要有这么一个怀疑的过程呢?

第二点,斯宾诺莎批判了笛卡尔对上帝存在的证明。从"我思"如何能推导出"上帝"的存在呢?

斯宾诺莎(1632—1677年)。犹太裔哲学家,近代西方哲学公认的三大理性主义者之一,与笛卡尔和莱布尼茨齐名,其代表作为《几何伦理学》

我们回忆一下笛卡尔对上帝存在证明的方式,从概念出发,概念本身就已经蕴含着一个绝对实体——上帝的存在。但斯宾诺莎就要质疑,这个"我思"本来就含糊不清啊,本身就是模棱两可的,如何进行推导和演绎呢?

可以看出,笛卡尔的哲学出发点是从"我思"出发,从而进行后面的演绎推导,而经验论的哲学家是从经验世界出发,将经验本身作为一个哲学的起点。这时,斯宾诺莎认为,这两者都不是他的哲学的出发点,他的出发点是什么?

神即自然

斯宾诺莎的出发点是神,从而引出了他的泛神论的观点——神即自然。

我们先来说神。斯宾诺莎说,神是哲学的出发点,神创造了万事万物,神是最清楚明白的东西了。从这一点来说,这里的神好像是从宗教信仰出发的,是人们心中崇拜的至高无上的那个上帝。但其实不然,这里的神即自然,就是说万事万物都有着神性,世上的花草树木、山川河流都内在包含着"神"了。因而这是一种泛神论的观点。这里有必要简单为大家介绍一下自然神论、泛神论和无神论,以便于大家理解。

自然神论:就是我们之前讲到的宗教信仰层面认为的,神也就是上帝,是在世界之上的,上帝是世界之外的一个上帝。上帝创造这个世界的时候,就高高在上地看着这个世界发展了,不参与到世界本身的发展和变化中去。上帝是一个绝对实体,创造了万事万物,这就是自然神论。

泛神论:就是上帝不仅创造了万事万物,而且还内化于每个事物中。就好比说,上帝要参与到每个事物自身的运作中。神,或者说上帝就是自然本身了。自然界所有的事物,都是神本身。

无神论:就是没有神,不相信有神的存在,纯粹的唯物主义的理念。

通过比较我们会发现,泛神论的观点已经有一些唯物主义的影子了,因为神已经内化在自然之后,我们不需要再去寻找神的存在,我们只需要面对自然的万事万物就可以直接接触到神,因为神内化为万物之中了。在一定程度上，就取消了神的存在。

从神的角度去理解斯宾诺莎的哲学起点后，我们来说一说自然。

自然是什么呢？按照大多数人的常识去理解，自然是一个概括的概念，自然界的万事万物、花草树木、山川河流等一切自然物体统称为自然。但在斯宾诺莎这里，不能完全这么来理解自然。

斯宾诺莎的自然是二元化的，他认为有两种类型的自然：一个是作为原因的自然，这是一种能动的自然；另一个是作为结果的自然，这是一种被动的自然。

花草树木和山川河流，这些应该算作是作为结果的自然；还有一个产生自然的自然，是创造自然的自然，这就是作为原因的自然。这个自然，其实就是一个实体的概念，要从整体上去理解，是所有的部分加之在一起之后的一个整体的自然，这个自然也就是神。在斯宾诺莎这里，"自然""神""实体"其实就是一个概念，它们之间是画等号的。

我们来说说斯宾诺莎的"实体"，也许有助于大家理解这个作为原因的自然概念。实体，在亚里士多德那里介绍过：实体是既不能述说别的东西，也不能被述说的独立存在物。世界万物有很多的实体，实体是杂多的。但斯宾诺莎这里的实体概念不是杂多的，而是唯一的。**斯宾诺莎说："实体是在自身内并通过自身而被认识的东西。"**这个实体是独一无二的且接近永恒秩序的实体。

回到自然的概念上来。

作为原因的自然就是一个实体。产生自然万物的这个自然本身是一个大的整体，一个大的实体。作为原因的自然是接近永恒秩序的实体，其他的都可以变化，但唯有这个作为原因的自然，这个实体是不变的，有一种内在的规律蕴含其中。

而作为结果的自然，这个自然是杂多的，因为自然万物、花草树木这些具体的自然事物，都是作为原因的自然这个大实体的一部分，这部分是千变万化的。这些部分的总和加在一起，就是一个结果的自然。

在斯宾诺莎这里，他赞成的是作为原因的自然，因为这个是哲学家研究的范畴，而作为结果的自然，即具体的自然物是科学家研究的范畴。

所以"神即自然"，就是把这个作为原因的自然等同于神，等同于实体。神也内化在这个作为原因的自然中，这个作为原因的实体本身也就是神。这样，有着神性的作为原因的自然，创造出来的万事万物——作为结果的自然也是具有神性的。

斯宾诺莎从他对笛卡尔的批判，找到了自己的哲学起点，以神为起点，"神即自然"是斯宾诺莎的第一个基本命题。我们了解了作为原因的自然和作为结果的自然的区分。现在从整体上去理解，把作为原因的自然看作是一个有着永恒秩序的统一的实体。那么，作为结果的自然，这个具有杂多变化的自然万物是作为原因的自然这个实体的样式。

这里又引入了新的概念——实体的属性和样式——这也是斯宾诺莎本体论层面的宇宙的模型，是他分析出来的宇宙万物究竟以一个怎样的结构和形态呈现的宇宙模型。

08 斯宾诺莎：宇宙模型如何构成

斯宾诺莎认为的宇宙世界是怎样构成的呢？三个关键词：实体、属性和样式。所有的事物，都逃不出这三个词。属性和样式是针对谁说的呢？当然是实体了，实体的属性和样式。样式我们已经理解了，就是实体的特殊的表现状态。而属性呢？就是那个构成实体本质的东西。

关于实体的属性，人们能够认识的有两种：广延和思想。

广延，是针对物质实体而言的，就是事物的长、宽、高，是占空间的。思想，大家应该也能理解，这是针对精神世界而言的。

广延和思想是属性。由于实体有着这两种属性，它们也就构成了各自的样式系列。有广延属性的样式是一个系列，这个系列就是各种各样的事物；有思想属性的样式是一个系列，这个系列就是各种各样的观念，每一种思想具体的表现形态就是一个观念。也就是说，这个"样式"是针对实体的广延的样式和实体的思想的样式而言的。

这样，斯宾诺莎通过实体、属性和样式的概念，展现出了他自己的宇宙模型，任何事物都可以归在这个模型当中。

我们再深入思考一下，斯宾诺莎所说的实体的属性，广延和思想是存在于一个实体上面的，因为前面提到，在斯宾诺莎那里，实体只有一个，就是自然，所以自然是既有广延属性、也包含着思想属性的一个实体。那么这个跟之前的笛卡尔提出的"实体"是不是有些不同呢?

在笛卡尔那里,实体分为了精神实体和物质实体,这是上帝这个绝对实体创造出的两个相对实体。精神实体的属性是思维,物质实体的属性是广延。各自的属性都在各自的实体中,你有你的属性,我有我的属性,我们各自互不干涉,这是一种实体二元论。

但到了斯宾诺莎这里,这两个属性合二为一了。笛卡尔那里的两个实体上面的属性——思维和广延,现在归在自然这个唯一的实体上面了。自然,既有思想属性又有广延属性,就好比一体两面。这个改变是非常重要的。

原先笛卡尔那里心物二元论和身心交感说遇到了一个理论困境。心物二元论和身心交感说是彼此矛盾的,要说心物二元,那么身心就无法交感,要身心交感就无法心物二元。笛卡尔是用松果腺去解决这个矛盾,但这遭到了后世哲学家的反驳。所以,这个矛盾的问题是一直存在的。

到了斯宾诺莎这里,这个问题就解决了。现在已经不再是两个实体了,斯宾诺莎这里就只有一个实体——自然,这一个实体有两个属性——思想和广延,不同的属性的表现形态就是各自的样式体系。这就好比说,之前是外部的矛盾,现在转为内部问题了,变为一个实体自身的思想和广延如何协调一致的问题了。现在既然都已经是一体了,它们之间就有着某种特定的内在一致性。这种内在一致性是一种先验的一致性。

在笛卡尔那里,身心交感其实是经验性的,通过松果腺来协调,是经验层面的刺激,传递到松果腺,然后反射给精神层面做出反应。

但斯宾诺莎这里,身心的问题并不是一个经验性的相互影响的问题,而是在实体自身中就有一种先天的规定性,有一种先天的协调性,身和心先天地保持一致。

当然,广延的系列和思维的系列,是两个独立的系列,只不过两者的一致性是通过两者共同的这个实体先验的内在和谐而实现的。

这其实就是斯宾诺莎的"身心平行论":物质是一个系列,心灵是一个系列,两者就像两列火车一样在两条轨道行使,彼此具有相对独立性,两者永远不会交汇,但两者行使的速度永远一致。那么把这两辆火车"调成一样的速度"这个动作,就是实体,或者说自然,或者说上帝先验性的一种安排。这样,"身心平行论"就很好地解决了笛卡尔心物之间的矛盾了。

09 斯宾诺莎:一切从"真观念"出发

所谓认识论,就是探讨如何认识真理性的知识问题。来回忆一下唯理论的路线:从天赋观念出发,通过一系列的逻辑推理,最后得出确定性的知识。获得知识是靠理性的演绎,不太重视感觉经验。可以说,斯宾诺莎的认识论就是严格按照这个路数,而且是比笛卡尔更为彻底的唯理论。

在笛卡尔那里,坚持心物二元论是唯理论的需要。要强调从天赋观念出发通过演绎推导出知识,前提是要把精神世界和物质世界分开,在彼此独立的基础上,再去谈精神世界的理性演绎、推导出知识的大厦。所以笛卡尔的路线就是这样的：先承认精神世界的独立存在，通过天赋观念的理性演绎，最后得到确定性的知识。但我们知道，笛卡尔这里有点不太彻底的地方，就是他后来又提出"身心交感说"，借助松果腺来解决身心互动问题，借助松果腺已经带有一些经验色彩了。

而斯宾诺莎这里呢？也是一个路数，也是要先承认精神世界和物质世界的彼此独立，这个"身心平行论"已经承认了，物质和精神就像两列平行的列车一样行使，永远不会交汇，在这个基础上更加注重精神世界中观念的演绎，从而推导出知识的体系。

"身心平行论"必然导致在认识论上严格的唯理论。斯宾诺莎更加彻底，把唯理论推向了顶峰，因为他绝不掺杂任何经验的成分，纯粹依靠演绎就获得了知识，这缘于本体论上面的"身心平行论"，缘于这个先验的协调性。

出发点：真观念

笛卡尔的出发点是天赋观念，在斯宾诺莎这里出发点便是"真观念"。所谓"真观念"，其实跟笛卡尔的天赋观念是同一种表达，就是这种不需要思索、清楚明白、不证自明的观念。

斯宾诺莎对观念的种类进行了区分，主要分为三种：

第一种就是想象和意见，通俗地理解就是感性的观念，从感觉经验里获得的；

第二种是理性知识；

第三种是直观知识。

斯宾诺莎认为第一种知识是不可靠的，想象和意见的知识就是道听途说而来的知识,从感觉经验而来的知识,斯宾诺莎是不认同的,他也因此否定了感觉经验的可靠性。

斯宾诺莎认同的是第二种理性知识和第三种直观知识。

我们先来说直观知识。直观,从字面上去理解,就是直接感受到的,不需要思索而来的,直观知识是一种先天的知识。斯宾诺莎认为直观知识就是真观念,是一切真理的源泉。

而理性知识就是从直观知识、从真观念推理而来的知识。也可以说,理性知识是真观念经过演绎推理后的产物。斯宾诺莎认为,这个理性知识也是可靠的。

通过对知识观念的划分,我们了解到斯宾诺莎首先要将想象和意见的知识刨除去,否定感觉经验的可靠性,一点也不掺杂感觉经验的成分。然后,从直观的知识出发,就是从真观念出发,通过一系列的推导和演绎得出真理知识,这个真理知识又可以成为下一个推导的前提,然后再推出更多的真理知识,逐渐地,这个知识体系就越来越丰满了,最后呈现出一个知识的大厦。

这就是斯宾诺莎的唯理论的脉络:从公理出发(这个公理其实就是"真观念"),严格按照演绎的步骤证明论题,推导出定理,这个定理又作为下一个结论的前提,一直这么推导下去,就有了一套完整的知识体系了。

真观念必定符合它的对象

正是本体论上的"身心平行论",让斯宾诺莎在认识论上面顺理成章地遵循着唯理论。但斯宾诺莎又说了一句话:真观念必定符合它的对象。

符合是什么意思？就是保持一致，"真观念要符合对象"的意思是说精神要与物质保持一致。精神要以客观事物为前提，精神要反映出客观事物的本来面貌。这样一来，岂不是违背了精神和物质彼此独立的二元论思想了吗？这就陷入到了唯物主义的反映论当中去了，违背了唯理论的思想了。因为这样就承认了感觉经验在其中的作用。

其实不然！

"真观念要符合对象。"我们重点说说这个符合的根据是什么。是经验层面的符合吗？就是经过感性经验后，得出的精神对物质的反映？显然不是。

这个符合的根据就是身心平行论的先验协调，是一种先验性层面的符合。本体论层面，实体的一体两面，已经先验决定了精神和物质、身和心之间是一致的。那么在认识论的层面，真观念也必然是符合对象的，是和对象吻合的。这里不但没有掺杂任何感性的经验，反而更加强调"身心平行论"所倡导的身和心之间的先天协调。

在本体论层面，身和心已经先天协调好了，那么在认识论层面，必然观念和物质就是协调一致的，就是相符合的。

正是因为有了本体论意义上的观念系列和物质系列的先验协调同一，才有了认识论上的真观念必定和对象相符合的结果。这是一种先天的符合，不是经验层面的反映。

这里的理解稍微有点难度。我们简而化之，就是要想清楚先验和经验的关系问题。先验是先天性的，经验是后天性的。身心之间先天性就保持一致了，那么在认识层面，观念和对象就已经先天地保持一致了，并不需要后天的经验在里面掺和。

斯宾诺莎的唯理论比笛卡尔的更加彻底也就体现在这里。笛卡尔的身心交感借助松果腺，一定程度上有一些经验的意味。而斯宾诺莎则通过先验的协调，完全排除了经验的作用，更加彻底地贯彻了唯理论的基本思路。

再来整体梳理一下斯宾诺莎从本体论到认识论的观念。首先，从本体论层面来说，斯宾诺莎坚持的是身心平行论，身和心彼此独立，又彼此保持一致，这种一致性是一个实体自身先验的协调的体现。在认识论层面，则彻底排除经验层面的作用，从真观念出发，推导出理性的知识体系。真观念的内在标准是清楚明白，外在标准便是符合它的对象。这里的符合，是一种先验的符合，而非经验层面的符合。

10 斯宾诺莎：自由是对必然性的认识

在斯宾诺莎的哲学体系中，伦理学是很重要的。他认为，哲学的目的是为了获得最高的幸福，这个幸福不是世俗的幸福，不是感官的享乐和财富的满足，而是一种精神的幸福和心灵层面的快乐。

斯宾诺莎这一生的生活很艰苦，靠给人打磨光学镜片为生，但在他自己看来这或许是一件幸福的事情，他乐在其中，因为他摆脱了人世间的很多束缚。正因为他认识到了自然的本质，认识到了这个世界的样子，所以他更为超脱和游离于常人的世俗观念而过得逍遥自在。

斯宾诺莎践行着自己的理念，这也是一种伦理学意义上的理念。他有一个著名的观点：**自由是对必然性的认识**。

意思是说，一个人的知识水平越高，对自然的认识水平越高，对自然规律把握得越透彻，那么他在自然面前就越是自由的。要想获得真正的自由，一定要有对客观必然性的真正认识。一个人对自然没有获得一定认识的时候，他是不自由的。

自由是什么？自由就是不被束缚住，大家应该能体会到这种感觉，就好像鱼儿在大海里尽情遨游，飞鸟在天空中肆意地飞翔，面前是广阔的空间，我们可以获得一种随意自在的心境，没有羁绊的因素在阻碍着自己。

要想在大自然面前获得一种自由，就一定要驾驭得起大自然的客观必然性。认识自然越深刻，越懂得怎样遵循规律，越能够获得一种幸福、快乐，其道德的水平就越高，也越容易超脱和释然。斯宾诺莎之所以能够在那么艰苦的生活环境中怡然自得，而且有自己的哲学建树，就是因为他释然了，获得了一种自由的心境。

人之所以不自由，是因为人会碰到很多的不幸，这个时候就需要认识这个不幸，然后把握住不幸背后是不是隐含着什么更为深刻的内在规律。这个不幸是自然的，所以对自然的把握越深，对自然的认识程度越高，就越可以摆脱这样的不幸和困境。这就是斯宾诺莎明确表示的伦理学的思想：自由是对必然性的认识。

伦理学意义上的自由是建立在认识论的基础上的。对自然的认识程度的高低，决定了他在自然面前的自由程度。

从斯宾诺莎本体论的思想、他的"神即自然"和"身心平行论"，再到他的认识论思想，运用几何学，通过真观念的逻辑演绎，得到一套系统的知识大厦，这样的哲学论证，在斯宾诺莎那里都有一个终极的目的所在，就是指向了伦理学（广义的伦理学层面）。通过对自然的认识，通过对自然客观规律的把握，从而去理解人的本性和情感，获得最终的幸福，达到至善的状态。

11 莱布尼茨：哲学上的二迷宫问题

莱布尼茨是德国哲学家，他一生有着很高的理论建树。如果从聪明才智看，他一定是超越斯宾诺莎的，但他的人品和人格方面却没有斯宾诺莎那样伟大。因为莱布尼茨长期和上流社会保持良好的关系，

莱布尼茨（1646—1716 年）。德国哲学家、数学家，其研究涉及法学、力学、历史学等，是历史上少见的通才，被誉为 17 世纪的亚里士多德

他的有些思想是为了讨好政治的，难免会有一些媚俗化的倾向。

莱布尼茨不仅是一个哲学家，还是一个数学家，比如他创立了微积分。其实微积分是莱布尼茨和牛顿分别独立地在德国和英国创立的，莱布尼茨先发现了微积分，但牛顿先发表了微积分。除了微积分外，莱布尼茨提出了形式逻辑的三大规律——同一律、矛盾律

和排中律之外的第四大规律——充足理由律。

莱布尼茨的理论是非常晦涩和神秘的。但这种神秘性又不同于中世纪的信仰层面和宗教意义上的神秘，它既超越于常识，又带有一套严密的逻辑论证体系。

二迷宫问题

莱布尼茨在他的著作《神正论》中，把哲学的问题归为两个：**一个是关于不可分的点和连续性的关系问题，第二个是自由和必然性的关系问题。这两个问题也被称为哲学上的二迷宫问题。**

第一个迷宫——不可分的点和连续性的关系问题（第二个迷宫在莱布尼茨的"最好的世界"理论中），这个是莱布尼茨本体论的核心的问题，也是他思考世界的出发点。

斯宾诺莎对世界本体论思考的出发点是什么？神即自然，是从大的概念入手，把自然这个唯一实体当作是本体。而莱布尼茨正好相反，是从小的方面入手，从世界的最小组成单位入手去研究世界的本体问题，从点或者原子这样的概念去切入，所以才会有这么一个思考维度——世界的最小单元是否可分割，以及它们之间是否连续的问题。

那么，不可分的点和连续性的问题，这两者的关系该怎么去理解？为什么这个问题是一个迷宫？两者的矛盾性在哪里？

还是先来回忆一下之前的哲学史。这个"点"的概念，在德谟克利特的原子论那里提到过，世界是由原子和虚空组成的。我们先说原子，古代原子论中，原子是不可分割的那个最小微粒，也就是那个不可分割的东西了，是哲学上抽象性的概念。

我们姑且先承认原子论说的这个原子是世界最后的那个不可分割的东西，它解决了第一个迷宫中的"不可分割的点"的问题，那么还有一个问题，是否解决了连续性的问题？答案是没有。因为原子论说世界的本原由原子和虚空组成，虚空意味着什么？意味着间断，原子是被虚空包围着的，这就无法保证原子之间的连续性了。

从古希腊原子论中，我们姑且得出一个结论：原子论明确了不可分的点，但无法解决连续性问题。这里用了一个词叫"姑且"，就是因为莱布尼茨认为原子论强调不可分的点还存在问题。

既然世界的最后单元的东西是一个不可分的点，它就不可再分，但这个原子论里的原子并不是不可再分，因为这个原子是有广延的，哪怕我们把这个原子理解为世界的最小的一粒灰尘，这个一粒灰尘还是占据空间的，有广延的。既然是一个有广延的东西，那么就一定还可以再继续分割。所以最后的结论便是，莱布尼茨认为原子论中强调的"不可分的点"是有问题的，而且还无法说明连续性的问题。

笛卡尔在物理学中说到了充实空间这个概念，在物质实体的充实空间内是具有连续性的，因为物质本身就是一个整体，但无法解决"不可分的点"这个问题。

所以在莱布尼茨看来，之前的哲学都没能很好解决不可分的点和连续性的问题，要么是保证不可分的点而无法保证连续性，要么是保证了连续性而无法保证不可分的点。

那么，有没有一个本体是两者都满足的呢？答案是有的，这就是莱布尼茨提出的"单子论"。

12 莱布尼茨：单子如何构建世界

莱布尼茨提出"单子论"，"单子"既是一个不可分的点，又能保证其连续性。

单子是无广延的精神实体

"单子"在莱布尼茨看来是世界的最小单元，但这个"单子"是没有广延的，是不占空间的，是一种"形式的原子"。一说到形式这个词，我们就很容易想到形式和质料的概念，质料是有广延的，而形式是一种抽象出来的精神，所以这个"单子"是一种精神的原子，是一种精神的实体。

如果按照常识去理解，点是什么？比如太阳是一个点，星星是一个点，足球是一个点，粉笔头也是一个点，甚至空气中的一粒沙也是一个点，还有德谟克利特说的原子也是一个点。这个点是物理学意义上的点，是有广延的，是占据空间的，是具有实在性的，这个点是可以再进行分割的，因为只要有广延就可以分割。这个物理意义上的点，无法满足不可分割这个特性。

还有另外一个层面的点，就是数学意义的点。比如我们用圆规画出一个圆，这个圆心就是一个点，但这个点是不具有广延性的，因为这是你抽象而来的概念——到圆周上任意一个地方距离相等的一个点；还有一个例子，线段上的两个点 A 和 B，我们只是在线段上点出了两个点去计算 A、B 之间的距离，但我们不会去计算 A、B 这两个点本身是多大的，半径、直径是多少，因为 A、B 这两个点只是一个抽象出来的概念或者标志而已，是不具有广延性的，不具有实在性的。

所以，莱布尼茨提出了一个形而上学意义上的点——单子，这个单子就是一种精神的实体，没有广延不占空间，但同时又是一个实体，因而是精神层面的。因为是精神实体，不占广延，所以就肯定是不可分割了的。

这里可能还是不太好理解，因为我们都深受唯物主义的影响，会认为一定是物质实体才是实在的，精神是对物质的一种反映。但公元 17—18 世纪的欧洲，在当时的历史环境下大家认为精神实体存在是没有问题的，因为"上帝"就是一个最大的精神实体，在那么一个氛围中，你提出单子是一个精神实体，大家还是能接受的。只是我们现代人在理解的时候要换一种思维模式。

精神的实体如何构成大千世界

"单子"是世界组成的最小单元，是一个精神的实体。那么这个不占广延的单子，没有形体的东西，如何构成一个有形体的大千世界呢？我们看到的万千世界的山川河流、花草树木，这些都是实实在在的物质，那么单子——一个精神的实体，又如何构成物质的世界的呢？

这里，莱布尼茨就有比较过人的地方了。他认为，整个物质世界只不过是单子在我们主观的反映中的一种表象。这个表象就不是客观的反映，而带有一种主观色彩了。比如，我们人类看到这个物质世界，是通过我们的眼睛看到的，眼睛具有一种表象能力，单子构成的世界是通过人类的眼睛呈现出来的，是带有人眼睛这个表象能力印记的。

具有不同的表象能力的主体，看到的世界也许不太一样。比如，拿比人类低级的动物——兔子来说，兔子的眼睛也有它的表象能力，当单子组成的世界呈现在兔子眼中时，是什么样子呢？你能确定、能保证兔子看到的世界和人类看到的世界是一样的吗？

所以，莱布尼茨认为物质世界是单子的一种表象，无数多的单子堆积在一起，形成了一种主观性的表象，物质的世界是具有表象能力的主体（比如人或动物）呈现出来的一种现象罢了。

我们再来举个例子，比如彩虹这个现象。我们都能看到彩虹，彩虹在天空中呈现出七种颜色，但你在天空中能真正抓住彩虹吗？并不能。彩虹只不过是小水珠，是无数多的水汽在阳光照射下，呈现在我们眼睛里的一种现象罢了。我们的眼睛具有这样的表象能力，能看到这样的现象。但也许在动物眼中就不会有彩虹，因为动物的表象能力和人是不一样的，至于动物眼中的水珠在阳光照射下，出现的是什么现象，不得而知。

通过这个例子就是想告诉大家，单子这个精神实体是如何构成大千世界的。并不是说单子这个无广延的实体，能构成有广延的物质世界，这个逻辑是说不通的，而是说，是精神实体单子堆积在一起，形成了一种物质世界的现象，正好有表象能力的主体看到了这个现象，有广延的物质只是单子堆积的一种主观表象罢了。

单子的特性

首先，单子是没有广延的，是没有部分的，没有量的规定性，既不能组合也不能分割。

其次，单子和单子之间是自我封闭的状态，彼此独立，不发生经验性的交往。

最后，单子是精神性的实体，其内部有一个原子的原始的力或欲望，使之能够成为能动的状态。当然这个力不是物理学意义上的力，而是一个精神的力、欲望的力。这个欲望之力，就使得单子从低级向高级发展，形成了一个单子系列，就像是一条流畅的线段一样，从 A 点到 B 点之间会插入等级在 A 和 B 之间的单子，那么以此类推，整个单子系列就是一个连续的整体，并不存在明确的区别界限。整个单子系列就具有了整体的连续性。

莱布尼茨这里所说的单子，其实就是一个精神实体，无广延且不可分割，但又带有连续性的特点。这样就解决了二迷宫中的第一个难题，单子论既满足点的不可分割性又保证了连续性。

但这时又出现了一个新的问题，既然单子是靠内在的欲望之力进行发展的，单子和单子之间不发生作用，任何两个单子之间又都可以插入无数个中间状态的单子，那么这样一来，单子的世界岂不是会乱作一团吗？单子和单子之间会乱撞，发生冲突。

这个问题要如何解决呢？

13 莱布尼茨:什么是"前定和谐"

莱布尼茨提出"前定和谐"的理论很好地解决了这个难题。

说到"和谐",我们都能理解,就是一种你好、我好、大家好的状态。

那"前定"呢?

"前"就是前世今生的那个前,前世已经规定好了,命中已经注定了单子和单子之间是以一种井然有序的和谐状态共处的,就好比说早在单子这个精神实体产生之前,单子之间的规则,彼此的相处方式就已经像编程一样编好了,单子只需要按照这个命中注定的规则运行就可以了,自然就不会四处乱撞而发生冲突了。

"前定和谐"其实就是一个先验性的规定。在经验之前就已经先天地规定好了,单子和单子之间是和谐统一的。

回忆一下之前讲的斯宾诺莎的"身心平行论",这个"身心平行论"和"前定和谐"是不是有相似的地方呢?没错,斯宾诺莎的"身心平行论"是一体两面,实体的内在协调性保证了事物系列和观念系列的和谐统一,保证了身和心之间的统一。在斯宾诺莎这里就是一种先验的协调。莱布尼茨的这个"前定和谐"其实就是沿着斯宾诺莎的这个脉络提出的。两者都提倡一种先验的协调。但不同的是,斯宾诺莎的实体是一个,就是自然,在自然这个唯一的实体下的两个属性的彼此协调;而莱布尼茨的单子论说的是有很多个单子,是多个实体，无限多个实体，是一种多元论，因而前定和谐是实体的多元论的先天协调。

我们把前面的内容再整体回顾一下，以便大家形成一个整体的框架。在说到实体之间的协调方面，总共说到这么几个观点。

首先是笛卡尔"身心二元论"，身体和心灵是彼此独立的，但又提出了身心交感说来解决身心互动的问题，保证两者的协调一致。

而后，马勒伯朗士提出了偶因论，通过上帝的不断干预不断调整来保证身和心之间的协调统一，这有点像把上帝比作是古希腊悲剧里的"救急神"，一旦哪里出现问题就赶紧把上帝搬出来，因此上帝显得非常忙碌，一会协调一下身，一会协调一下心，这样反而把上帝神圣的地位给贬低了。

第三种观点便是斯宾诺莎提出的"身心平行论"。在莱布尼茨看来，他不太认同前两种观点，因此他沿着斯宾诺莎的路线，提出了"前定和谐"，把实体之间的协调一致的问题由经验层面推向先验层面。就好比一个交响乐队一般，在演奏乐曲时每个乐器都按照自己的演奏方式，比如有人拉小提琴，有人弹钢琴，有人吹单簧管等等，每个乐器都按照自己的谱子进行演奏，当大家一起合奏时就出现了美妙和谐的交响乐。

这个"前定和谐"，就好比是交响乐的乐谱，这个乐谱是在交响乐演奏之前就已经谱写好了的，每个乐器的演奏者只要按照这个乐谱进行演奏，演奏出来的整体就是一个和谐的交响音乐。而上帝就好像是这个谱写乐谱的作曲家，他安排好了一切，然后形成一个和谐的音乐出来。

在"前定和谐"中，这个安排好一切的原始推动者就是上帝，上帝的先验安排，让每个单子之间都按照统一的规则运行，不发生冲突。这样，即使每个单子内在有一股欲望之力，在上帝的先验协调下，单子和单子之间也可以和谐发展；且单子的等级由低级向高级排列，这个欲望之力驱动着单子由低级向高级不断发展，从而构成整个单子系列，形成一个整体，单子和单子之间是具有连续性的。

单子论，其实是一种多元论，因为有无数的单子，每个单子都是独立的，这是不同于斯宾诺莎的"神即自然"这个一元论的。

14 莱布尼茨：心灵是一块"有纹路的大理石"

在莱布尼茨看来，世界的最小单元是单子，单子是精神实体，没有广延，单子的发展靠内在的欲望之力，同时也遵循着一种先验的协调性，"前定和谐"让无数多个单子能够按照秩序有条不紊地发展。

我们先回忆一下之前的两位唯理论哲学家在认识论上的思路：

笛卡尔，从心灵中与生俱来的清楚明白的天赋观念出发，在精神层面通过理性的演绎，得到最后的知识大厦。斯宾诺莎，从"真观念"出发用一种几何学的方式，进行理性的演绎和推导得出真理知识，这个真理再作为前提，推导出更多的真理知识，逐渐整个知识体系就建立起来了。

而莱布尼茨的做法是什么呢？莱布尼茨有一本著作《人类理智

新论》，这本书主要是讲他的唯理论思想的。为什么叫新论呢？因为之前经验论哲学家洛克写了一本书叫《人类理智论》，莱布尼茨是为了反对洛克而写的这本书。洛克，我们在后面的经验论会详细讲到，这里先简要地介绍一下。

洛克在批判天赋观念时，提出了"白板说"。所谓"白板说"就是说心灵是一块白板，上面没有记号，知识经过经验的途径，心灵中才有了观念。这个"白板说"强调了经验的作用，否定了天赋观念。

莱布尼茨认为，我们的心灵既不是像经验论说的那样是白板，也不像笛卡尔说的有一些与生俱来的清楚明白的天赋观念，我们的心灵是一块"有纹路的大理石"。这个说法，就比较有意思了。

心灵是一块"有纹路的大理石"

大理石大家应该都见过，而纹路呢，就是大理石上先天就存在的纹路，在这个纹路的基础上，对大理石进行加工和雕琢，才能雕塑出各种雕像。这个加工和雕琢的过程是什么？是经验的过程。

莱布尼茨用这个比喻是要表达什么呢？在人的心中，的确是存在一些先天的东西，但这个先天的东西不是现成的天赋观念，只是一种潜在的倾向、禀赋、习性或者自然的潜在能力，这就如同大理石上的纹路，这个纹路是雕塑成型之前的一种潜在性。想要这种潜在的思想或者习性成为清楚明白的观念，就需要通过经验的刺激，就好比说这个有纹路的大理石，需要一个雕刻的过程才能最终成型一样。

如此一来，莱布尼茨岂不是承认了经验的作用了吗？他还是一个唯理论者吗？

莱布尼茨当然是唯理论者了，只不过作为第三位唯理论者，当时的莱布尼茨确实受到了经验论的挑战。他不得不承认经验的作用，但他更强调知识的前提是那些潜在的"纹路"，也就是天赋的东西，经验的刺激只是外在的一种媒介或者手段罢了，真正起到决定性作用的仍然是先天的东西。

在这里，我们看到了莱布尼茨的一个出发点，仍然是以先天的天赋的东西作为知识的前提，只不过这里强调的天赋观念是具有一种潜在性特征的。莱布尼茨在此基础上对洛克进行了反驳。

莱布尼茨对洛克的反驳

洛克的经验论以"白板说"为出发点，提出了双重经验说，观念的来源有两个，一个是感觉，一个是反省。感觉，很好理解，就是由外在的刺激而来的经验；反省是内在的，是心灵自发的活动。洛克认为观念的来源是外在的感觉和内在的反省，是双重的来源。这时，莱布尼茨反驳说，既然反省是心灵自发的活动，那么这不正是对内心已有的东西的一种反省吗？这么一来，也就承认了心中有某些东西是本来就存在的，不然你反省什么？

莱布尼茨认为，心中那些潜在的东西（潜在的禀赋或者习性），从潜在的状态到逐渐浮出水面，从不清晰的状态到逐渐呈现出清晰的观念，这个过程就是一个理性认识的过程。认识能力的不断提高，理性自身的不断提升的过程就是认识发展的过程。当你把自己的理性能力提高到一个层次时，心中的天赋观念就会越来越清晰地呈现出来。比如理性能力较低的人，必须依靠外在的经验刺激的帮助，使潜在的禀赋习性成为一种清晰的观念;而随着你的理性能力的提升,当你达到一种很高的理性能力时,你便可以只凭借理性本身认识整个世界了,这个时候外在的经验刺激就是多余的了。

换句话说,理性水平越低的人,心中的观念就越模糊;理性水平越高的人,心中的观念就越清晰。这样,我们的认识从模糊到清晰的过程,看上去是要依靠外在的经验刺激,但实际上是由于理性自身能力的提高导致的。那么想要有清晰明确的观念,就要有提升理性的能力,这其实就是理性启蒙的过程。

我们从认识论的角度上看,莱布尼茨虽然表面上是承认了一定的经验作用,但归根到底还是落脚于理性的层面,人人心中都存在一种类似"大理石的纹路"的潜在观念,这个观念是一种未成形的禀赋或者习性,随着经验的刺激,潜在的模糊的观念逐渐清晰起来,随着人的理性能力的提升,最后完全不需要经验的帮助,便可以认识这个世界,世界的一切知识经由理性的逻辑演绎便可以推导出来。

这就是莱布尼茨的唯理论的思想。发展到后来,这样的唯理论思想难免会走向一种极端,因为一个理性能力很高的人只需要从天赋的倾向或观念出发,遵循逻辑的规律便可以推演出各种知识,根本就不需要借助经验的作用,不需要观察世界就可以用各种形式逻辑构建出知识的大厦了,这样到最后就变成"你说一就是一,你说二就是二",因为你完全脱离了经验的验证,只需要在你这个逻辑体系下说得通即可,最后这样极端的唯理论便发展为一种独断论了。

莱布尼茨思想的继承者沃尔夫就是独断论者,莱布尼茨-沃尔夫体系统治德国思想界达半个世纪之久,这种独断论表现出了一种理性的狂妄,这其实是过分夸大了理性的作用。

莱布尼茨的唯理论的逻辑就是:仍然以先天的禀赋、倾向和习性为出发点,虽然他承认了经验的作用,但仍然把天赋的东西作为知识的前提,认识的过程也是理性的发展过程,理性的程度越高,对知识的认识就越清晰,极端的唯理论到最后就极度夸大了理性的作用,从而走向了一种独断论。

15 莱布尼茨:这是"最好的世界"

二迷宫中的第二个迷宫,便是关于自由和必然的关系。莱布尼茨是如何破解这个难题的呢?或者说莱布尼茨是怎么看待自由和必然的关系问题呢?

自由和必然

先从字面去理解,自由是什么?自由就是一种无拘无束的状态,不受任何的束缚,通俗地说,就是你想干什么就干什么,没有那么多的清规戒律,人是有自由的意志的。

必然是什么?必然就是一种必然性,我们结合偶然来理解。偶然就是偶尔发生的一种情况,比如走在大街上遇到了一位多年未见的老友,这种情况就是一种偶然的情况,是在没有安排的情况下发生的。那么必然呢?就是注定要发生的,这种规则已经预定好了,事情肯定会朝这个方向发生和发展，不受外力的干扰，这就是必然。比如太阳东升西落，这是必然的。无论这个世界发生什么，太阳肯定是东升西落的。

如此一来，自由和必然就呈现出一种矛盾状态了。因为自由是一种不受约束的状态，而必然强调的是命中注定。想要实现完全的自由，肯定无法满足必然性；完全遵循必然性原则，就无法得到完全的自由。

斯宾诺莎认为"自由是对必然的认识"，他是从认识论的角度进行解析，把必然性的问题当作是一个实体的本质，想要获得自由就要对自然这个实体有着绝对的认识。

而莱布尼茨在说到这个问题时，把它归结为对神（上帝）和人的关系的一种探讨，在《神正论》中就有所论述。

人是自由的，但又是有必然性的。上帝已经注定了世间的一切，人就很矛盾了。世界都是按照上帝的预定创造的，上帝创造了世界的一切，这就是一种必然性，过分强调这种必然性，人就没有自由了，因为人只要按照上帝规定的这个规则去实践即可。拿我们前面举过的例子来说，上帝就像是一个交响乐的谱曲者，人只要按照这个曲谱去演奏就好了，自然就不会再有自由演奏的发挥了。

如果过分强调人的自由，人的自由意志过分强大后会怎么样？就违背了上帝的全知全能全善的特点了，因为人可以为所欲为，不再需要一个全能的上帝来安排这一切，必然性的问题就没有了。

但实际上，上帝的存在、上帝的全能性是不能被推翻的，因为在当时的神学世界中，上帝是至高无上的。所以自由和必然的关系，就是造物主和被造物之间的关系问题了。必然对应的是什么，是造物主上帝，自由对应的当然是被造物——人类了，因为只有人类才有自由意志。

自由和必然的关系到最后就落脚于上帝和人类世界的关系问题。那两者的矛盾点在哪里呢？一个完美的上帝创造出来的这个世界不是完美的，这就是矛盾点。因为现实世界有恶的存在。按理说，一个全知全能全善的上帝直接创造出一个完美的世界就好了，为什么现实世界还有恶呢？

恶，这个大家很好理解，罪恶和苦难。比如小偷偷别人东西，这个行为是什么，就是一种恶的行为，他危害到了他人的财产安全；再比如人的身体受到的痛苦，疾病带来的人身体上的折磨，这是一种痛苦，这就是恶。

上帝是全正义的一方，是全知全能全善的。但在上帝创造出来的世界中，却是存在着恶的，人是要遭受到各种苦难的。所以要解决自由和必然的矛盾问题，到最后就落脚于解决完美的、正义的上帝和世间的恶之间的问题。

最好的世界

在这里，莱布尼茨提出了"最好世界"的理论，为现实的世界进行辩护。也就是说上帝在创造这个世界的时候有很多种可能性，在上帝那里有无数多个世界的模样，上帝从中选择了一个最好的世界出来，并通过自己的能力把这个世界变为现实，就是我们现在的真实世界。

换句话说，我们的这个世界是一切可能世界中最好的世界。虽然这个世界中存在着恶，但是这些罪恶不仅没有使我们的世界黯然无光,反而使我们的世界更加和谐美好。

这就是"最好世界"的理论。

那么为什么这个现实世界是最好的世界呢?为什么一个有恶存在的世界还是最好的呢?为什么这个恶非但没有拖后腿,反而成就了这个完满的世界?

要解答这个问题,我们就要结合着对恶的分类和起源问题来理解。

16 莱布尼茨:"恶"从哪里来

莱布尼茨将恶分为三类:第一类是形而上学的恶;第二类是道德的恶;第三类是形体的恶。

形而上学的恶

形而上学的恶,是一种必然性的恶。

在神学领域,上帝创造了世界已经毋庸置疑了。莱布尼茨认为,上帝创造世界是智慧先行的,这种智慧是优先于用仁慈、善良去创造世界,所以在创造世界时,上帝首先有了诸多个世界的模样和世界的形态,从这些世界中选择了一个最好的世界,然后上帝用自己的能力把这个世界变成了一个真实的现实世界。这个现实的世界就是最好的世界。那么这个最好的世界,为什么还会有恶的存在呢?

恶是什么,恶并不是一个实实在在的实体,而是一种匮乏,一种善的缺乏状态。

上帝这个完美的全能型选手,把世界万物创造出来了,世界上任何一个事物在上帝面前都是有缺陷的,因为上帝是最完满的。在莱布尼茨这里,就是单子实体在上帝面前存在一种缺陷。

前面已经讲到单子是多元实体的理论,许许多多个单子之间存在着非常细微的差异,这个差异是有一种排列等级的,单子系列也是遵循着从低到高的等级序列而形成的连续性的世界。

那么有最低级的单子,也有很高级的单子。但哪怕是很高级的单子,在上帝面前也是有缺陷的,只能说这个很高级的单子是无限接近上帝,因为最完满的单子是上帝。

既然任何单子都是有缺陷的,那么在面对上帝这个全知全能全善的实体时,都有一种匮乏,当存在一种对善的匮乏时,这就恰恰说明恶存在了。这种就是形而上学层面的恶,是一种必然的恶。因为上帝创造了世界,世间万物必然都是不完满的,总是少点什么东西,这就是恶的存在,这是必然的。

那么,为什么上帝在面对头脑中诸多个世界模型的时候,他选择的这个世界是最好的世界呢?因为上帝是全知全能全善的,他是完美的,他必然要选择一个所有世界中最好的那一个把它变成现实,上帝是不会做愚蠢的选择的。

但莱布尼茨又反过来说,正是因为现实世界是最好的世界,所以上帝一定是全知全能全善的,因而万事万物存在一种对善的缺陷时恶就存在了。这其实是一种循环的论证。

第一个类型的恶——形而上学的恶,是一种必然性的恶。这种必然性就在于上帝是完满的,他创造出来的世界和上帝相比,必然

第三部分　近代理性主义哲学

是存在缺陷的。世间万物对善缺乏，恶就必然存在。

道德的恶

第二种恶，就是道德的恶，这种恶就是罪恶，是一种偶然性的恶。道德上的恶就是人滥用自由意志而犯下的罪恶。比如我们知道偷东西这个现象，为什么想要偷东西呢？因为人的贪念，有一种不劳而获的想法，产生这种想法不是因为上帝，而是因为人自身。人是有自由意志的，当人自由去思考的时候，肯定会想到不好的地方，一旦方向偏离了善，那么就走向了道德上的恶。

莱布尼茨还认为，上帝唯独把自由的权利交给了人，人有了自由意志以后才会有道德，自然界是没有道德的，动物也是没有道德的。动物界弱肉强食是很正常的事，你也不会从道德上去谴责一只猫吃了一个老鼠。但人不同，因为人是有自由意志的，你可以去选择是从善还是从恶，当你从了恶，那么你就会受到人们道德上的谴责。

那么问题又来了，上帝把自由的权利交给了人类，上帝为什么要这么做呢？为什么不剥夺人的这种自由意志呢？人一旦没有了自由，不是就不会犯下罪恶了吗？

在上帝看来，一个有着自由意志的，可能会生出道德的恶的世界，比一个没有自由意志不会有道德的恶的世界更完美。也就是说，上帝宁愿选择一个人类有自由意志但可能会产生道德的恶的世界，也不愿意选择一个没有自由意志的不会产生道德的恶的世界。

举个简单的例子，断臂雕像维纳斯大家都知道，因为断臂有了缺陷，这个雕像成了一个著名的作品，这是一种残缺的美，这个残

断臂维纳斯

缺的部分也成了这个雕像整体的一部分了。如果这个雕像是完好无损的,维纳斯没有缺胳膊少腿,这个雕像是绝对完整的,试想一下它还能成为一个不朽的作品吗?不得而知了。

再举一个例子,拿一幅画来说,如果这幅画上面,都是明亮的部分,好看吗?不好看,一幅画只有明暗交错,有些地方明亮,有些地方暗淡一些,这幅画才有对比度,才有层次感,才立体,这幅画才是好看的。

我们用在这个道德的恶上面也是一样的,这个有自由意志的世界,有道德的恶的世界,这个恶本身的存在,就让这个世界更完整了,如果这个世界本身就是一个最完美的世界,那就一点意思都没有了。正是因为有了自由意志,有了道德的恶,世界才是五彩斑斓的,才是一个精彩的世界,因而也是一个完整的世界。

从某种意义上来说,道德的恶衬托出了善,没有恶的存在,没有恶的考验和折磨,怎么能衬托出善的伟大呢?但恶又是局部的,比如偷东西这件事儿必定是小概率事件,大众还是从善的,所以正是有了这个局部的恶的存在,才让世界更加完整,才能衬托出整个世界的和谐。就好比一幅画一样,局部的阴影才能衬托出整幅画的立体感。

所以在莱布尼茨看来，有道德的恶不见得是一件坏事，与此同时他也肯定了自由的价值。道德的恶，是人们滥用自由意志导致的结果。

形体的恶

第三种恶是形体的恶，这种恶是苦难。比如生老病死，人的各种疾病与病痛，这就是形体上的恶，人的肉体要遭受到痛苦。莱布尼茨认为，这个身体上的恶是对道德上的恶的一种惩罚。道德上犯下的罪恶，身体上也要遭受痛苦。

与此同时，这个形体的恶也是为了防止人类犯下更大程度上的道德上的恶的有效手段。比如人生病了才知道健康有多么重要，人老去了才知道时间是多么珍贵等等。

人要遭受这种身体上的苦难，这也是上帝安排的。但这其中的缘由只有上帝才知道。

这就是莱布尼茨认为的恶的三种类型。通过恶的产生和起源的问题，阐述了上帝的正义和人的恶之间的关系问题，阐述了自由和必然的关系问题。

在莱布尼茨看来，上帝是一个全知全能全善的完美主义者，从众多的可能世界中选择了一个最好的世界创造出来，这个现实世界就是一个"最好的世界"，任何事物和上帝比起来，都是有缺陷的，所以从形而上学的角度，一种先天的必然性层面，就存在一种恶。而上帝选择把自由意志交给人类，就导致了一种人的偶然性的恶——道德的恶，而身体的恶也随之而来，道德上犯下的罪恶，身体也要跟着受到惩罚。

可以说，通过理解恶的种类和恶的起源问题，我们便理解了莱布尼茨提出的"最好世界"的理论。总结起来，大概的脉络就是上帝的完美性导致世界中存在不可避免的缺陷，即恶的存在。而上帝把自由赋予了人类，人滥用自由而导致一种道德上的恶，形体的恶也随之而来。但世界正是因为有了这些恶，才突显出了善的伟大，从而让世界整体变得更加丰富和色彩斑斓，生活中充满着好的一面，也有不好的一面，才是一个完整的生活。因而，一个完整的世界才是最好的世界。

自由和必然之间存在矛盾，但"最好世界"的理论把这种矛盾性化解了。两者成为一种相辅相成的关系，谁也离不开谁。两者的合而为一才成就了一个最好的现实世界。

小结：唯理论哲学

唯理论我们讲到了三位哲学家：笛卡尔、斯宾诺莎和莱布尼茨。

笛卡尔从普遍怀疑出发，怀疑一切唯独没有怀疑"自己正在怀疑"，于是有了著名的论题"我思故我在"，这是他哲学的出发点。一切都怀疑了，最后只剩下了一个"我"，如果不从"我"中走出来就会被憋死，那还如何去构建知识体系呢？于是，笛卡尔搬出上帝这个实体，一切解决不了的问题，上帝都可以加以解决。上帝这个概念在笛卡尔这里算是一个中介和跳板，从"我"这个精神实体中跳出来，走向了一个更为广阔的领域——精神世界和物质世界。

因为上帝是全能的，所以上帝创造了两个世界——精神世界和物质世界，两者是彼此独立的，于是在心物关系上，笛卡尔持的是"心物二元论"。心灵世界和物质世界是两个彼此独立的世界。这也在一定程度上为他的认识论做了一个铺垫，心灵和物体的彼此独立，也就为心灵世界这个观念层面的理性演绎做了一个准备。

笛卡尔认为上帝赋予了人天赋观念，他从天赋观念出发，注重的是观念世界自身的演绎，从而推导出无限的知识。

笛卡尔开创了唯理论，但并不是特别彻底，原因就在于他针对人的特殊性提出了身心交感说，虽然身心交感说一定程度上是笛卡尔为了弥补心物二元论在人身上的特殊矛盾，但身和心之间的互动，其实有一些经验的成分在里面。再加上笛卡尔"我思"这个理论起点，本身也存在着一种内省层面的经验，所以我们说笛卡尔开创了唯理论，是一个先行者但并不是那么严格和彻底。

笛卡尔的哲学脉络大致总结为以下这几点：

第一，他的理论起点是：由普遍怀疑得出的"我思故我在"。

第二，他的实体观，是一个心物二元论的实体观，又针对人这个特殊情况，提出了身心交感说。

第三，他的认识论，是从天赋观念出发，注重逻辑的演绎最后推导出知识，但唯理论又不是特别彻底。

在笛卡尔之后，出现了两位哲学家：一位是伽桑狄，从唯物主义的角度，将精神物质化，二元论变为一元论，解决了笛卡尔的身心矛盾问题；另一位是马勒伯朗士，从唯心主义的角度，将物质精神化，提出了偶因论，上帝不断地干预身心之间的关系问题，使两者协调一致。

斯宾诺莎可谓是发展了笛卡尔的唯理论。他的出发点是神，是自然。这个神呢，其实是一个形而上学的实体概念，因而"神＝自然＝实体"。

重点在于对"神即自然"的理解。自然分为作为原因的自然和作为结果的自然。我们看到的大千世界是作为结果的自然，而那个作为原因的自然呢，就是一个终极的原因，这就是神，是实体，是一种永恒的秩序和规律，其他的东西都可以改变，唯独这个终极的神，这个实体是不改变的。因而，这个实体是唯一的，而不是杂多的。

"神即自然"是斯宾诺莎的实体观，这是一元论的观点。而后便引出了他的宇宙模型——实体的属性和样式。这也恰恰说明了心物之间的关系问题，斯宾诺莎提出了身心平行论。物质的属性和心灵的属性都在这唯一的实体上面，两者合二为一了。因此，心物之间的关系问题变为了实体内部的自身的和谐问题，斯宾诺莎由此提出了先验协调的观点。身和心在实体自身已经先验地协调好了，这自然就解决了笛卡尔的心和物之间的矛盾问题。

在认识论层面，斯宾诺莎是以"真观念"作为出发点，这个"真观念"其实就是笛卡尔的天赋观念。斯宾诺莎也是按照唯理论的路数，注重理性的演绎得出最后的知识。但正是因为身心平行论，观念世界完全和物质世界分离，两者不发生关系，这样也就完全抛弃了经验的作用，不像笛卡尔认为的那样，物质世界和精神世界还有一些交感。所以斯宾诺莎是更为彻底的唯理论者，可以说身心平行论在一定程度上决定了认识论上面严格的唯理论。

最后讲到了他的伦理学思想，自由是对必然的认识。要想获得自由，就要对自然、对这个实体有一个清晰的认识。

斯宾诺莎的哲学思想总结起来，就是三句话：

第一，理论起点：从神出发，主张"神即自然"的一元论实体观。这也是他的本体论观点。

第二，从认识论上，斯宾诺莎从"真观念"出发，注重逻辑演绎，通过身心平行论和先验协调的理论，让唯理论更为彻底和严格。

第三，伦理学层面，斯宾诺莎提出"自由是对必然的认识"。

唯理论的第三位哲学家——莱布尼茨，从他对哲学上二迷宫的破解来完成对他哲学脉络的梳理。

第一个迷宫，不可分的点和连续性的关系问题。莱布尼茨提出了单子论的思想，单子是一个精神实体，既满足了不可分的点，同时单子之间的独立和封闭的状态以及单子之间的等级差异，让单子系列成为一个连续性的整体。单子论，也可以看作是莱布尼茨的本体论思想，是一种多元论的实体观，因为单子是杂多的。

那如此杂多的单子，会不会产生混乱呢？这时，莱布尼茨提出了"前定和谐"的思想。这是沿着斯宾诺莎的先验协调的思想而来的，是一种先验层面的预定。

在认识论层面，我们了解了莱布尼茨是如何获得真理知识的。这时，莱布尼茨提出了不同于前人的观点。他不得不面对经验论的挑战，他提出认识仍然要以天赋的东西出发，但这种天赋的东西不是现成的观念，而是潜在的一种禀赋和习性，需要靠经验的刺激把这个潜在的禀赋雕琢出来，因此这里有一个比喻："心灵是一块有纹路的大理石"，纹路就是一种潜在的禀赋，需要靠经验的作用，需要靠雕琢才能使这块大理石变成一个成型的雕像。

莱布尼茨最终的落脚点还是要强调理性层面，虽然表面上承认了一定的经验刺激的作用，但潜在的观念、潜在的禀赋才是根本。所以莱布尼茨仍然是注重通过理性的演绎，最后得出知识。莱布尼茨还有一个贡献在于，他提出了理性认识的能力问题：理性水平越低，心中的观念就越模糊，理性水平越高，心中的观念就越清晰。

二迷宫中的第二个问题是自由和必然的关系问题。莱布尼茨的破解方式便是把自由和必然的关系归结为正义的上帝和世间的恶之间的关系，提出了"最好世界"的理论。

莱布尼茨的哲学思想，几句话总结一下：

第一，本体论：提出了单子论的思想。

第二，认识论层面，从潜在的禀赋出发，通过经验的刺激，让心中的观念越来越清晰，但理性的层面是根本，"心灵是一块有纹路的大理石"便可以概括出精髓。

第三，在伦理学层面，莱布尼茨解决了自由和必然的关系问题，提出了"最好世界"的理论。

第三部分　近代理性主义哲学

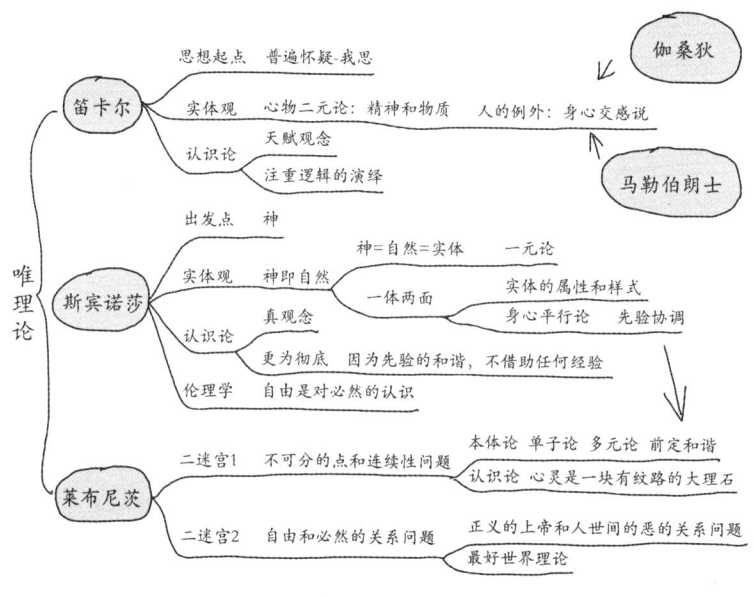

唯理论脉络图

"唯理论脉络图"是从横向的角度对三位唯理论哲学家的梳理。接下来从纵向的角度做一个整体的把握。有两个维度：一个是实体观层面；第二个是认识论层面。

从实体观层面，我们先来说说理论的起点。

笛卡尔的理论起点是普遍怀疑后的"我思故我在"，提倡的是心物二元论，"身心交感说"是一个补充。因此笛卡尔的实体观是二元论的实体观。

斯宾诺莎的起点是"神"，提出"神即自然"的观点，这是一元论的实体观，而后提出"身心平行论"——一体两面，先验协调——解释了心物之间的矛盾。

莱布尼茨则是提出了单子论的实体观，这是一种多元论的观点。

"前定和谐"让杂多的单子有条不紊地运行着。

再来说认识论层面。

笛卡尔是从天赋观念出发,注重逻辑的演绎从而去推导真理性知识,但不太彻底,因为心物之间的交感,让这个过程不太纯粹了。

斯宾诺莎则是从"真观念"出发,也是注重逻辑的推理和演绎,但在斯宾诺莎这里,实体的先验协调性决定了认识论层面更为彻底的唯理论,不再注重经验层面的作用。

莱布尼茨的认识论,从潜在的禀赋和习性出发,虽然表面承认了经验的刺激作用,需要经验的刺激,潜在的禀赋才能逐渐呈现出清晰自明的天赋观念,但落脚点仍然是注重理性的演绎和推导,因为这是一个认识能力提升的过程,认识的能力越高,理性的能力越高,心中的观念对这个世界的认识也就越清晰。

唯理论思想的纵向比较

哲学家	实体学说			认识论	
	出发点	心和物的关系	实体观	出发点	特点
笛卡尔	普遍怀疑 我思故我在	心物二元论 身心交感说	二元论	天赋观念	注重逻辑演绎 但不太彻底
斯宾诺莎	神	神即自然 神=自然=实体 身心平行论 先验协调	一元论	真观念	注重逻辑演绎 先验协调性 使唯理论更为彻底
莱布尼茨	单子论	前定和谐	多元论	潜在的 禀赋和习性	心灵是一块 有纹路的大理石 认识的能力和 理性的能力越高 观念就越清晰

第四篇 经验论哲学

01 洛克：批判"天赋观念"

培根和霍布斯是经验论的开创者，而洛克则是真正把经验论哲学进行系统梳理的哲学家。接下来我们从洛克的认识论和政治学两个方面介绍，首先从洛克对"天赋观念"的批判讲起。

洛克，1632年出生于惠灵顿的萨姆赛特，1704年去世。他从小在威斯敏斯特学校接受了全面的古典教育，之后他前往牛津大学就读，但他的兴趣点并不在古典文献方面，他对亚里士多德逻辑和经院哲学感到了厌恶，兴趣点逐渐转向了实验科学新近的发展上面，转向了实验哲学和医学的研究层面。1674年，他获得了医学学位并得到了行医执照。

洛克的《人类理解论》是他最重要的哲学著作，也是经验论的奠基之作。书中洛克首先对笛卡尔的"天赋观念"进行了批判。我们知道，《人类理解论》是洛克在1690年出版的，在当时唯理论已经建立起来而且发展到比较高的水准，而笛卡尔是唯理论的创立者，所以洛克首先针对笛卡尔的"天赋观念"进行批判。

回忆一下，在笛卡尔的"天赋观念"是指什么，就是一种与生

洛克（1632—1704年）。英国哲学家，他与乔治·贝克莱、大卫·休谟被公认为是英国经验主义的代表人物，洛克在社会契约理论上做出了重要贡献，其代表作为《人类理解论》

俱来的观念，比如上帝的观念、几何学和逻辑学的基本规律，这些是不需要后天去证明、本身就存在的观念。笛卡尔把这些当作是知识的起点，任何知识都是从这些起点出发经过逻辑的推理和演绎而得出的。

洛克对这样的观点是坚决反对的，他的批判也是非常系统的。

他首先批判了笛卡尔用"普遍同意"来支持天赋观念的特点。"普遍同意"是什么意思？从字面意思去理解，大家普遍性地同意或认同，也就是说天赋观念是大家头脑中普遍都有的观念。

洛克针对这一点就说了，世界上根本就不存在"普遍同意"，不是每个人都知道几何学的定律和逻辑学的规律的，也不是每个人都有上帝的观念的。比如，对于一个没有意识的婴儿，他一生下来就知道几何学定理吗？他能知道 $1+1=2$ 这个道理吗？还有，对于那些不信仰基督教的人来说，你说他心中会有上帝的观念吗？显然没有。洛克首先就批判了这个"普遍同意"是不成立的，根本就没有这种与生俱来的、全人类都普遍同意的观念。就算有普遍同意的东西也不见得是天赋的，完全可以通过其他途径形成这样的观念，比如通过经验获得。

这是第一点，洛克批判了笛卡尔的天赋观念的"普遍同意"这个特点，这是从理论的层面进行的批判。

第二点，洛克对天赋的实践原则进行了批判。天赋的实践原则是什么，是一种道德原则，这些原则指导着人们的实践活动，比如我们对人要友爱、善良、怜悯等，这些是一种天赋的道德实践原则，人一生下来就是向善的。

但是洛克并不这么认为，他觉得人本身具有的道德原则，只是人们长期形成的一种习俗而已，是一种人们传承下来的习性，这并不是一种与生俱来就有的道德原则。洛克还提出了一点，有些道德原则跟功利性有关，因为遵循这些道德原则是对自身有利的，而且这样的实践原则往往还会被利用，一些独裁者把自己的统治说成是一种"天赋观念"，这样人们只需要按照这个规则行事，不需要再有自己的思考和判断，最后盲目信仰独裁者的统治学说，从而达到独裁的目的。

关于第二点，洛克认为道德原则只是历史和习俗的产物，并不是天赋的，而且这种实践原则还容易被利用，有功利的色彩，因此他是持批判态度的。

洛克对笛卡尔的"天赋观念"的批判，一个是从理论的层面批判了天赋观念具有的"普遍同意"这个特点，一个是从实践的层面，从道德原则的角度批判其并不是天赋的，只是一种习俗的结果，而且还带有功利的色彩。

02 洛克：知识从哪里来

洛克既然反对知识是从"天赋观念"而来的观点，那么知识是从哪里来的呢？他提出了"白板说"和"双重经验说"。

白板说

一块白板有什么特点？干干净净什么也没有。那洛克说的这个白板是指什么呢？当然是心灵了。心灵是一块白板，上面是没有记号的。从先天层面来说，心灵中是什么都没有的，所有的知识、观念等都是后天的经验"写"上去的。通过经验的途径，心灵中才会有关于各种知识的观念。

比如一个刚刚出生的婴儿，心灵就是一块白板。婴儿并没有产生对这个世界的认知，更认不出谁是自己的爸爸、谁是自己的妈妈，也无法体会到高兴、难过的情绪。只是通过后天经验的作用，婴儿受到了来自父母的教育，而后对这个世界产生了认识，才知晓了谁是爸爸、谁是妈妈，当婴儿的头脑中产生了能辨别出"谁是爸爸、谁是妈妈"这个意识的时候，心灵就不再是一块白板，而是有印记的了，这个印记是经验的作用使然。

这就是洛克首先强调的"白板说"。"白板说"也是他批判"天赋观念"的一种补充，既然不存在天赋观念，那么心灵就是一块白板，强调了经验的作用。

双重经验说

关于知识的来源问题，洛克提出了"双重经验说"。他认为经验有两类：一类是感觉，一类是反省。这两类经验都是知识的来源。

感觉是外在经验，反省是内在经验。

我们先说感觉。通俗理解，感觉就是人受到外界刺激后的一种反应。比如你的手遇到了火，有什么感觉？热、烫、疼，这就是感觉。当你产生了"火是热的，会让你感到烫和疼"时，这就是感觉经验。这也是外在的经验，因为是靠外在的事物的刺激，让你产生的一种感觉经验。

反省，是一种内在经验，这是心灵中的内在活动。也就是说人总是会有意无意地对自己内心的活动有一些感受，这样的感受不是推理，所以仍然是经验。比如说，高兴是你内心的一种心情，这是你当下的感觉。或者说你痛苦忧郁了，这也是你的一种心里的感觉，这不是通过逻辑推理推出来的结论，因为高兴和痛苦只是你当下内心的一种感受，你感到高兴和感到痛苦了，所以这也是一种经验，一种内在的反省经验。洛克把心灵中这种内在的活动叫反省的经验。

经验的两个分类，也是知识的两个来源——一个是感觉经验，一个是反省经验。

但我们需要注意，这里说到的感觉也好，反省也好，都只是知识的来源，这是一个源头，感觉和反省并不是知识本身，只是洛克认为的知识获得的两个途径：一个是受到外界刺激而来的经验，一个是内心反省活动的经验。

举一个形象的例子，拿水龙头来说，感觉和反省只是水龙头，水龙头是一个开关，是一个来源，而打开水龙头流出来的水才是真正的知识。

那么什么才是知识呢？知识的对象是什么？在洛克看来，知识的对象就是观念。我们可以这样理解，打开感觉和反省这两个水龙头，在大脑中形成了一个判断或者得出一个结论，最后形成的这个观念就像水龙头里流淌出来的水，这才是知识。比如从外在的经验活动中，我们得出了"火是一种发热的物质"。这就是一种观念，这才是知识的对象。

总体上来说，洛克首先从批判"天赋观念"出发，认为"天赋观念"是不存在的。既然知识的来源不是天赋观念，那么心灵中有什么呢？洛克提出了"白板说"，认为起初心灵中什么都没有，是一块白板，只有通过经验的作用才能让心灵产生印记，产生观念。

在探讨观念的来源问题上，洛克提出了"双重经验说"——感觉和反省。这两个都是经验的来源、知识的来源，或者是途径。通过这两个管道，而后才能形成观念。观念又分为简单观念和复杂观念。

03 洛克：什么是简单观念

由感觉和反省这两个途径形成的观念，叫简单观念。比如，感官感觉到的现象——视觉上苹果是红色的，味觉上苹果是甜的——

这就是简单观念；再比如从反省的维度，感觉到一种喜悦或者悲伤的心情，这也是一种简单观念。

简单观念就是通过感觉和反省直接获得的一种经验和体会，这其中不掺杂复杂的组合关系。

洛克在说到简单观念的特点时，提出了第一性质和第二性质的思想。洛克把简单观念的性质做了一个划分，这个划分同时也是从主观和客观关系的角度进行的划分。

第一性质主要是从客观的角度，从实实在在的物体出发。比如，物体的广延、形状、大小、位置、运动、静止、数目等这些特征，物体实实在在地存在在那里，具有长、宽、高的物体，具有不同形状的物体，这些性质就是属于第一性质的。我们形成的这些关于物体广延、形状的简单观念，是物体本身具有的。比如，我们认为苹果是圆的，这是苹果的实实在在的形状，苹果不可能是方形的吧，也不可能是三角形的吧。所以，你看到苹果后，视觉的刺激让你大脑中产生了"苹果是圆的"这个简单观念，这是属于第一性质的简单观念。

那么第二性质呢？就是从主观的角度出发。比如事物的色香味，这些观念是第二性质的。也就是说，色香味这样的特征并不是事物本身就具有的，是我们对事物进行感觉后得出的结果。去界定事物的色香味，是要从我们的主观感觉出发的。

第二性质的观念，是事物凭借着第一性质的能力在人们心中引起的观念。比如你的手遇到了火，会感觉到一种疼，那么这个疼的感觉是什么呢？是火这个事物本身具有的第一性质的能力，引起人主观的一种感受，让你感觉到了一种疼。但，疼这个观念并不是火的特点。

再比如，榴莲大家都知道，榴莲是什么味道的？有些人会认为是臭的，有些人却认为榴莲的味道很香，所以去界定榴莲是臭还是香的味道，不是榴莲本身，而是人的主观感受，是榴莲这个物体刺激到了人的味觉后产生的一种观念，是具有一定主观性的，是因人而异的。这就是第二性质的简单观念，我们只需要理解，第二性质是物体引起的人主观的一种感觉经验。

其实洛克还谈到了第三种性质，这第三种性质更加主观，是一个物体在另一个物体中产生某种性质的能力。比如，太阳具有能使冰融化的能力，但了解即可，重点仍是理解第一性质和第二性质。

04 洛克：什么是复杂观念

我们从三个方面去理解复杂观念：第一个是复杂观念的含义，第二个是复杂观念的分类问题，第三个是它的形成机制的问题。

复杂观念

复杂观念，是把多个简单观念经过加工、组合、归类和整理后形成的观念。也就是说，简单观念复合而成了一种复杂观念，同时复杂观念也可以分解为多个简单观念。

比如说，苹果是红色的，苹果是圆的，苹果是甜的，这几个都是简单观念，但当这几个简单观念组合在一起后，是红色的、圆的，又是甜的，吃起来是那个特有的味道，这些要素组合在一起后，就形成了"苹果"这个复杂观念了。你单说一个物体是红色的，或者一个物体是圆的，能说它是苹果吗？不能，但这些简单观念组合在一起，最后的那个结果一定是形成"苹果"这个观念。这就是从简单观念到复杂观念的过程。

复杂观念的分类

复杂观念分为三类：样式、关系、实体。

样式，是什么意思呢？就是把简单观念组合起来的一种方式。比如，"组"这个概念。我们会说"五个为一组，八个为一组"。这个"组"就是把简单观念组合起来形成的一种方式，当你说到一组的时候，它代表的不是一个，而是一群（五个或八个），这就是一个复杂观念了。

关系，就是对简单观念进行比较而形成的复杂观念。比如因果关系，原因和结果，这两个简单观念放在一起的时候，就形成了一种关系，这就是一种复杂观念。

实体，这个不太容易理解，我们详细介绍一下。

还是拿苹果来举例吧。我们感受到的这个苹果，是通过五官的感觉而来的，视觉上是红色的、圆形的，味觉上是甜的，嗅觉上是香的，触觉上是硬的。这些简单的观念组合在一起的时候，就是一个整体性的东西了，这就是实体。苹果这个实体，在支撑着所有的性质，是所有性质的一个附着物。

在洛克看来，实体这个复杂观念是不能够感觉到的，人们能感觉到的只是简单观念，不能直接感觉到"实体"，也就是说，你不能直接感觉到一个苹果这种观念，因为实体这个观念不是经验的对象。那么人们是如何形成苹果这个观念的呢？通过把各种简单观念，一个个可感的观念进行组合和抽象后形成的。

洛克的逻辑就是，一定要从简单观念入手，通过对简单观念的组合和抽象后，才能形成一个复杂的实体观念。实体不能直接被感知到，也就是说，认识的过程是不能有跳跃性的。

那么，既然洛克说了实体是不能直接被感知到的，只能通过感知简单观念而来，那是不是就否定了实体的存在呢？不，洛克没有因为无法直接感知实体而否定实体存在，反而必须要假定这个实体是真实存在的，因为事物的那些特征要有一个附着的物体，如果实体不存在了，那些事物的特点附着于什么上面呢？

所以，实体这个复杂观念在洛克这里，就是从简单观念通过组合整理后形成复杂观念所需要的一个理论假设，必须得有这个假设。

这里就有一些矛盾的地方：这个实体不能被经验直接感知到，但又要承认它的存在。那么到底存不存在一个脱离于我们的经验而独立存在的实体呢？也就是有没有一个形而上的实体呢？

洛克认为，是存在的。

他把实体分为了物质实体和精神实体。前面我们探讨的那个苹果的例子就是物质实体。这个物质实体是存在的，因为那些感官的杂多的简单观念，必须要有一个附着物，不然来自感觉的简单观念就没有东西来支撑了。

那么精神实体呢？也是如此。比如说，我们内心中产生的反省经验，高兴、忧郁、悲伤这样的情绪，得有一个主体，我们在表达高兴和悲伤的时候，已经潜在地隐含了一个主体存在，谁高兴，谁悲伤？我高兴，我悲伤啊！那么这个"我"就是高兴和悲伤反省经验的附着物。但是这个"我"本身，是不能够直接被反省经验感知到的，只能够通过高兴和悲伤这个情绪来感知到"我"这个复杂的精神实体。

这里的逻辑其实和我们刚刚说的那个苹果的例子是一样的，我们只能通过感知苹果的形状、色香味等简单观念从而形成实体苹果这个复杂观念，那么我们也只能通过感知到高兴、悲伤这样的情绪（也即简单观念），最后感知到情绪背后的附着物——这个精神实体"我"本身。

以上是为了说明精神实体和物质实体一样，都是存在的。如果不存在的话，那些通过直接感知到的简单观念组合在一起就没有附着物了。

复杂观念中的样式、关系和实体，这三者中，实体是最难理解也是最为核心的，可以说样式和关系都是在实体这个基础上的复杂观念。

关系是什么关系，是实体的关系。夫妻关系是一种关系，父与子是一种关系，但前提是什么，得有两个实体。

而样式呢？也是对实体的一种综合。实体本身是不能够被直接感知到的，人的认识必须要经过从简单观念到复杂观念的一个过程，不能跳跃性地去认识。人只能先认识简单观念，通过对简单观念的组合和加工而形成一个复杂的实体观念。

实体不能够被直接感知，但又需要承认实体的真实存在。这就是洛克认识论的一个矛盾点，有一点自相矛盾的意味。

在此基础上，我们来探讨第三个问题：**对复杂观念的形成机制的探讨**。

复杂观念的形成机制

复杂观念从何而来？从简单观念的组合、加工、归类和推演中来。这时我们就要问了，这个对简单观念加工、组合的能力是什么？为什么我们的心灵把红色的、圆的、甜的等这一系列特点组合在一起的时候，最后能形成一个苹果的观念呢？

这其实是一种心灵的能力，这种能力就是推理的能力。前面说到，洛克是批判天赋观念的，他认为心灵是一块白板，什么都没有。但是心灵却有一种把各种简单观念组合在一起而形成复杂观念的能力，这种能力就是一种推理的能力，而且是天赋的能力。其实洛克也没有解释清楚，简单观念形成复杂观念的这种能力从何而来。他只是说，简单观念能形成复杂观念，那么潜在地就承认了这种心灵的能力。

可以说，洛克虽然批判天赋观念，承认经验才是知识的来源，但他的论证恰恰又陷入了承认心灵中有某种天赋的能力这样一个境地。这也正是洛克经验论不太彻底的地方。

洛克从批判天赋观念出发，强调感觉和反省经验是知识的两个来源，人只能先认识简单观念，而后通过心灵中的某种能力，将简单观念发展为复杂观念。

洛克的论证是循序渐进的，但这又恰恰陷入了一种矛盾的境地，既要承认实体的不可直接经验性，又要承认实体的存在。批判天赋观念的同时，又承认了心灵中某种天赋能力存在。

洛克将经验论哲学系统化，但没有把它贯彻到底，暴露出了一定的问题。

05 洛克：社会契约论和三权分立

洛克对后世整个西方文化的影响主要体现在他的社会政治学理论方面，他是西方"民主"理念的奠基者。

社会契约论

霍布斯认为，最初在原始状态下，人与人之间是处在一种互相敌对的状态，是一种狼人对狼人的状态，为了调和这种矛盾，人们之间订立契约，把权力交给第三者（国家或君主）来保障大家的利益，但第三者不参与订立契约的过程，所以会导致绝对君权的后果。这是霍布斯的理论。

那么洛克的思路呢？其实洛克和霍布斯在出发点上面都是一样的，只不过最后的结果不太一样。洛克首先认为在原始的状态下，在没有国家、政府、法律约束的情况下，人在自然状态里是依靠自然法生存的，人们之间的关系是温和的、祥和的，处于自然的状态，不再是战争状态，不再是霍布斯那种狼人对狼人的厮杀状态，而是一种和谐共处的状态。

在这种自然法的原则下，人们享有的是一种自然权力。比如，生命权与自由平等权,还有财产权。这些东西是一种与生俱来的权力,是天赋的人权。洛克尤其强调了财产权。

在对自然状态的描述上,可以看出洛克和霍布斯的不同,霍布斯强调人和人的敌对状态,正是因为这种敌对,要解决内部矛盾,所以才要订立社会契约,让第三者保障每个人的利益。而洛克强调的是人与人之间其乐融融的状态,自然的状态是和谐的,人们内部之间是和谐的。尽管如此,但也难免会遭遇到外敌的入侵,当这些冲突发生之时,人们开始订立社会契约,把一部分权力让渡出来交给政府。这样一来,建立起来的国家一方面防止外部矛盾,一方面也可以更好地调和内部矛盾。

洛克在这里强调了人的财产权。财产权是通过劳动而获得的,在此基础上人们具有自己的意愿和行动的自由,也就是说,我种庄稼,只要我付出劳动了,种出的粮食是归自己所有的,我享有自己的劳动成果。如果他人来我的庄稼地窃取我的果实,那就是窃取了我的劳动成果,这就很麻烦,容易出现纠纷。怎么办呢?订立一个契约,把这个裁决权让渡给第三方,国家和政府就可以很好地保证自己的财产。

所以,洛克认为自然状态是一种性本善的出发点,这个过程难免会遇到外敌入侵,也难免会遇到财产权的纠纷,所以人们订立社会契约,很好地保障了自己的权力。

关于让渡出来的权力交给第三者的问题,也就是导致的结果问题,霍布斯那里是怎么说的?把自己的所有权力让渡出来交给政府或国家,第三者是不参与到订立契约中的,所以可以为所欲为,人们处在一种任第三者摆布的状态。那么当第三者——君主或者国家的权力达到一定阶段后，会怎么样？就出现了绝对君权，出现了独裁者。

而洛克呢？他认为权力让渡出来交给了政府，政府也是要参与到契约的制定中去的，也是要受到约束的。而且人们只是让渡出自然权力的一部分，还有一些重要的自然权力比如生命权和财产权，并没有让渡出来。国家和政府的宗旨，是为了更好地保护人民的自然权力免受侵害。这是订立契约的出发点和宗旨，如果违背了这个原则，人们是有权推翻政府统治的。所以，洛克的社会契约论最终会导致什么结果？导致社会的革命。政府是为人民服务的政府，而不是专制的机构。

我们回望历史就会发现，美国革命、法国大革命包括西方的很多资产阶级革命，都是以洛克的思想作为根基的。当政府的统治让人们不满了，那就得想办法革命了，推翻政府的统治。

以上就是洛克的社会契约论，我们总结一下：洛克认为在原始自然状态下的人是处在一种温和的状态下的，按照自然法原则生存，但为了防止外部入侵产生的矛盾，也为了解决财产权的矛盾，因而人们订立契约，让渡出自己的部分权力给政府，政府也参与到订立契约中受到约束，政府的宗旨就是为了保证人们的权力，一旦违背这一原则，人们便可以发起革命推翻政府的统治。

三权分立学说

洛克政治学说的第二个理论——三权分立学说，这是针对霍布斯的集权思想提出来的。

三权是哪三权——立法权、行政权和外交权。这里没有司法权，后来到了孟德斯鸠那里，才把三权发展为了立法权、行政权和司法权。

"三权分立"之后，有什么好处呢？权力分散。想想看，如果一个政府既立法，又执法，又行使司法权，它自己既是规则制定者，又是规则的执行者，会怎么样？为所欲为。

权力的过分强大会怎样？导致腐败。所以，"三权分立"让权力分散了，就很好地防止了权力的绝对化，防止了集权主义。三个机构之间相互制衡，从而达到一个良性的运转状态。可以说三权分立这个政治制度是相对比较完善的，有利于社会的稳定。

06 贝克莱：物是观念的集合

洛克的经验论是为了找到知识的基础，通过感觉经验的途径去探寻如何获得确定性的知识问题。而贝克莱呢？有些不太一样，贝克莱当然也是一位经验论哲学家，但他的哲学更多的是为反对无神论，维护宗教的信仰。

总的来说，贝克莱是把洛克的经验论向前推进了一步。在这之前洛克的经验论已经非常系统化了，但同样暴露出一个问题：洛克保持唯物主义的基本立场，他承认在感觉经验之前有一个我们不能认识的物质实体存在，但这种逻辑又跟经验论是相矛盾的，因为唯物主义在超经验的范围设定了一个客观实在，而经验论则认为所有的知识都只能从经验中来。

贝克莱认识到了这一点，他是怎么解决这个问题的呢？要先从他的哲学著作《人类知识原理》开始讲起。

贝克莱是这么说的：一个事物之所以能够被感觉到，首先是因为它具有了可感的性质。任何事物作为我们的感觉对象，它首先是可被感知的，具有了可感的性质，才能够被感知到。这种感觉在我们心中便形成了一种感觉观念。

我们梳理一下，这有三个关键词：事物、事物的可感性质、感觉观念。

事物，就是事物本身。一个苹果，一张桌子，这就是事物。

乔治·贝克莱（1685—1753年）。英国主观唯心主义哲学家，近代经验主义哲学的重要代表之一。他认为我们感知到的只是物质的性质，并不是物质的实体

事物的可感性质，就是事物具有的被人们感觉到的性质，比如苹果是红色的、香甜的、圆形的，形状、色、香、味等就是事物的可感性质。

感觉观念，就是这些可感性质被感知到以后在你心中形成的一种观念，比如香蕉，具有一种让你在视觉上感知到黄色这个颜色的性质，于是当你看到香蕉时，视觉上的刺激会让你心中产生了黄色的观念。

这样一来，事物、可感性质和感觉观念这三者就是同一的了，

而且可感性质也是事物和感觉观念之间的一个桥梁。

接下来就是要探讨这三者之间的逻辑顺序问题,到底谁在先谁在后?

如果按照常识理解,你也许认为:首先有一个事物,是从事物经由可感性质,最后再得出感觉观念。以香蕉为例,首先要有一个香蕉,然后香蕉具有了形状、色香味等可感知的性质后,人再去感知它时才能得出这个观念——香蕉是黄色的、条形的等。这是一个正常的逻辑,也是一个常识性的逻辑。先承认一个物体是存在的,然后他的可感性质被感知到形成观念。

但贝克莱不这么认为。

如果是遵照唯物主义的路线,那么这就和经验论的初衷相违背了。为什么呢?因为经验论的初衷是一切知识都来自感觉经验,感觉经验应该是在先的,是感觉经验形成的事物的观念,事物的知识是在后的。但唯物主义呢,就是在我们还没有对事物进行感知之前,就已经先肯定了一个不以我们的感知为转移的客观事物了。这个客观事物就先验地存在那里了,也就是说知识已经先验地存在。无论你如何有经验,你都没有办法去改变这个客观存在的事物。这样一来,就产生矛盾了。

于是,贝克莱的经验论并没有遵照唯物主义的方式,他走了一条主观唯心主义的路线。他把事物、可感性质、感觉观念这三者的顺序颠倒过来了。首先是感觉观念在先,可感性质仍然是中介,而后才是事物,也可表述为:我们的感觉观念通过可感性质决定了事物。

仔细分析一下它的逻辑:

第一,一切事物,作为我们的感觉对象都是可感物。因为如果不是可感物,那你就什么都感觉不到,一无所知了。比如,香蕉作为我们的感觉对象,它首先是一个可被感知的物体,如果它不可被感知,你也就看不到它摸不到它了。

第二,可感物都是由可感性质构成的。一个苹果正是由它的形状、色、香、味这些可感性质构成的。而可感性质又离不开我们的感觉,因为这些可感性质正是我们的感觉,是我们心中形成对事物的观念。想想看,香蕉是黄色的、香甜的、软的,当我们在表达这些可感性质的时候,其实也是在表达我们的感觉。

于是这个逻辑就变成了:我们的感觉观念通过可感性质决定了事物,事物是感觉观念的一种结果。这是主观唯心主义的方式。

最后就有了一个著名的结论:**物是观念的集合**。一个事物,就是各种观念(关于这个事物的各种可感性质的观念)的集合。当我们得出"这个物体是一个香蕉"这个结论时,这是香蕉的各种可感性质的观念(黄色的、条形的、软的、香甜的)结合在一起的结果。

07 贝克莱:存在就是被感知

物是各种观念的集合的结果,而观念是离不开我们的心灵感受的,因为观念只存在于我们心中,可感性质也正是通过我们心中的观念表达出来,我们在表达事物的可感性质时,其实也是在表达我们心中的观念。

于是，事物存不存在就取决于是否有如此多可感性质的观念集合在一起，而观念又是人心中的感受，是属于感知层面的。那么从"物是观念的集合"这个基本论点，就可得出一个结论——**"存在就是被感知"**。

存在就是被感知

第一，我们要明确知识的对象问题。

在经验论看来，知识的对象是观念，洛克和贝克莱都将此看成是一个理论前提。除了观念以外，不能直接认识观念以外的事物。知识或感觉的对象是观念，而不是事物。只不过洛克承认了在观念以外有一个事物是存在的，但人的认识只能认识关于事物的观念，不能直接认识事物本身。而贝克莱则强调这个客观事物也是不存在的。

第二，我们要理解"存在"指的是什么。

在贝克莱这里，存在并不是指物体的存在，而是指认识的对象——观念是存在的。前面说到，物是观念的集合，这是一个基础。我们说观念是存在的，而物又是观念的集合，那么最后还是说出了物是存在的。

第三，为什么说存在就是被感知。

既然存在指的是观念的存在，而观念在什么地方呢？在心中。如果观念在心灵中的话，只有感知到它了，这个观念才存在。比如，一朵玫瑰花的颜色、软硬、形状、气味等这些观念，是你心灵中的观念，是你感知到的这朵花的可感性质的观念。只有你心灵中感知到了，才能说这些观念是存在的，而这些观念集合在一起，给它命名为玫瑰花。如果你心中没有感知到这些观念（颜色、软硬、形状、气味等），那么这个玫瑰花的观念就不可能存在了。

这就是对"存在就是被感知"的理解。

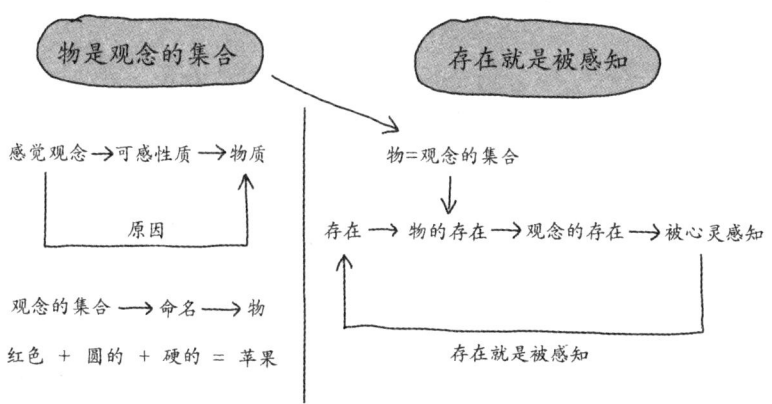

存在与感知

这个逻辑，我们再来仔细梳理一下。

首先，贝克莱是一个经验论者，经验论的一个共识是什么？知识或感觉的对象是观念。于是，贝克莱提出了"物是观念的集合"这个观点，他把物体的结果归结为观念（各种可感性质观念）的集合的结果。那么在一定程度上，就已经否定了物体的独立实在性，因为决定物质的是各种观念，有了各种观念的集合才能决定这个物质。

在此基础上，贝克莱推导出了一个结论：存在就是被感知。

存在是物的存在，但物又是观念的集合，所以最后的存在就是观念的存在。只有心灵中被感知到，才能说明观念是存在的。

我们要说明玫瑰花是存在的,只有通过说明关于玫瑰花的这个观念是存在的。那么要说明玫瑰花这个观念存在,就需要通过玫瑰花的各种可感性质——颜色、软硬、形状、气味等这些可感性质的观念集合在一起。而这些观念要是存在,就要说明它们被感知到了。

从"物是观念的集合"到"存在就是被感知"就是这样的一个逻辑。

我们会发现一个问题,贝克莱在提出这两个观点的时候,实际上是取消了这些可感性质背后的那个实体。因为你要说存在,仅仅是观念的存在,只要说明观念是存在的即可,不必去考察观念以外的那个物体是什么,物又是观念的集合,物只不过是一堆观念而已,不需要一个实实在在的物了,我们只需要说观念就好了。

所以当时,贝克莱在提出这个观点后真的非常让人震惊。因为这确实是违背常识的,当时很多哲学家都指责他的荒谬。常识的立场都会认为感觉的对象应该是外物,来自实实在在的事物。但是贝克莱的经验论认为感觉的对象,或者说知识的对象是观念。只有能证明观念是存在的,这些观念被感知到了,这些观念又集合在一起,才形成物。

我们可以看到,从"物是观念的集合"到"存在就是被感知",贝克莱走的是一条主观唯心主义的路线。不需要再承认一个客观的物质实体了,取消了可感性质背后的那个实体,因为物质就是一堆观念的集合。

08 贝克莱：物质怎么成了虚无

物质是虚无

贝克莱是如何批判物质实体的呢？

先回忆下洛克的简单观念。简单观念从感觉和反省而来，简单观念又分为第一性质的观念和第二性质的观念。第一性质的观念是客观层面的观念，关于事物的广延，事物的长、宽、高等观念；第二性质的观念则是主观层面的观念，比如关于事物的色、香、味的观念。

仔细分析一下这个区分便会发现，洛克在说到第一性质的观念时，其实已经客观上承认了客观物质，因为事物的长宽高，这些都是不以人的意志为转移的客观存在。第二性质的观念便是人的主观意义上的感受。

贝克莱针对这一点就要开始反驳了。他不承认事物的客观存在，他认为第一性质的观念并不是客观性的而是主观性的观念。

贝克莱认为，这两个性质的观念根本无法分开。同一个物体，这两个性质肯定是同时存在的。比如一根香蕉，你能感知到一个只有形状的香蕉，而没有色、香、味的香蕉吗？显然不能。这两个性质是不可分割的。

第二性质（色、香、味）是主观性的，难道第一性质（物体的长、宽、高、形状）这些也能离开我们的感受吗？你能说你脱离了视觉的感受，还能得出香蕉的形状吗？你也许会说，我是个盲人我看不到，那你总要去触摸吧，你的触觉感知到的香蕉的形状，同样是一种主观感受。

所以，在洛克那里关于观念的主客观的区分，到了贝克莱这里都成主观性的了，这样一来他就完全取消了事物的客观性质，不再需要这个客观的物质实体。一切的性质，都是主观感知的结果。没有了感觉，你就得不出事物的色、香、味是什么，也得不出事物的形状、长、宽、高等结论了。因此没有物质实体，只有观念。

在洛克那里，物质实体是不能直接被认识到的，虽然是不能被认识的，但洛克仍然承认了这么一个东西，尽管他自己也说不明白到底这个物质实体是什么，但是他承认了所有的简单观念必须得有一个附着物，得有一个物质实体。这也是人们普遍存在的一种想法。

但贝克莱这时候就要说了，这是没有道理的啊，为什么要把物质的所有特点都附着在一个实体上面呢？

洛克认为观念来源是感觉和反省，但贝克莱认为通过反省，通过心灵层面的活动获得的经验、观念并不需要物质实体。

这是其一，还有一点，贝克莱抓住洛克的弱点，既然洛克你连这个物质实体到底是什么都搞不明白，凭什么说它是存在的呢？一方面你承认这个物质实体无法被直接认识到，一方面你又不得不说它是存在的，那岂不是自己打自己脸吗？

所以在贝克莱这里，物质实体根本就不存在，物质不能作为物质属性的附着物，物质实体实际上等于"无"。

这就是贝克莱的**"物质是虚无"**的观点。

观念的来源问题

既然不承认物质实体了,那么观念从何而来?

大多数人可能会认为,物质实体才正是观念产生的原因,观念是对物质实体的一种反映。这也是唯物主义的逻辑。

但贝克莱就不这样认为,他认为物质实体不是构成各种观念的原因。

前面在洛克那里讲到双重经验说(观念的来源是感觉和反省),感觉是对外在事物的感觉,反省是心灵的自身的反省活动。贝克莱认为,观念的来源不需要两个,一个足矣,那就是心灵。既然心灵能通过反省得到观念,为什么还要设立一个外在的客观事物当作观念的来源呢?这里已经说出了贝克莱认为的观念的原因问题,产生观念的原因是心灵。这是其一。其二,如果承认物质实体是观念的来源,我们就得问,这个物质本身是不是可感觉的。如果它本身是可感的,那它就是离不开我们的感觉的,还是观念本身,而不是物质实体,因为实体是独立存在的一个东西,如果这个物质实体可感,那它必然就跟我们的可感观念相联系,并不是独立存在的。如果它不可感,它如何成为我们可感性质的来源呢?

通过这一系列的论证得出一个结论:物质实体是不存在的,贝克莱根本不需要承认物质实体。

我们来总体梳理一下:

第一,洛克区分了简单观念中第一性质和第二性质的观念,贝克莱来认为这两个性质是不可分割的,且都是通过人的主观感受形成的观念,都是主观性的。因此,不承认物质的客观性。

第二,在洛克那里,观念的背后得有一个附着物,得有一个物质实体。但贝克莱认为,既然这个物质实体根本没法被认识,那为什么还要说它存在呢?所以这个物质实体是虚无的,不存在的。

第三,便是关于观念的来源问题。洛克认为观念的来源是双重经验,而贝克莱强调只有一个来源就够了,那就是心灵。贝克莱认为如果观念的来源是物质实体,那么物质实体本身是否可感?如果可感,这个物质实体就不具有独立实在性,它是跟我们的感觉观念相关联的;如果物质实体不可感,那一个不可感的东西怎么能成为观念的来源呢?

这就是贝克莱对物质实体的批判和否定,他坚持认为物质实体根本不存在。

可以看出,贝克莱虽然否定了物质实体,但他保留了精神实体的存在。为什么呢?因为他强调观念,观念是离不开我们的心灵的。他和洛克一样都承认精神实体的存在,这个精神实体是不能直接被感知到的,只是作为各种观念的一个载体,或者是说各种观念依附的那个实体。

09 贝克莱:肯定精神实体——心灵

贝克莱的"物是观念的集合"和"存在就是被感知"的理论都是在反对物质实体的,因为他走的是一条主观唯心主义的路线,他强调的物只不过是一堆观念的集合罢了，一堆观念集合在一起，再给它命个名，这就是物了。当然，需要强调一点，贝克莱不否定物，只是否定物质实体。

之前在亚里士多德那里说到过实体的概念，**实体是既不述说一个主体，也不依存于一个主体的东西**。也就是说，实体是独立存在的。贝克莱否定的是这么一个独立存在的物质实体，但他并没有否定物，因为物是观念的集合，只要是说到物就要跟观念联系在一起。贝克莱不否定这些观念的集合，他否定的是这些观念集合背后的那个独立存在的实体。

在这里，我们对观念做一个分析。

如果说物是观念的集合，即观念是物的原因，那么观念是从何而来，观念的原因是什么？这个就是精神实体的问题。

如果按照往常的理解，物质是观念的原因，观念是物质的一种反映罢了。比如在洛克那里，便是把物质当作是观念背后的那个承载物，无论是物质层面还是精神层面，背后都有一个承载这些观念的实体。这是洛克不得不承认的。

但贝克莱这里就颠倒过来了，观念是物质的原因，那么观念的原因是什么呢？总得有一个什么东西产生观念吧。

贝克莱认为，不能像过去认为的那样把物质实体这个承载物当作是观念的原因，而应该把心灵当作观念的原因。

之前说到观念的来源时，贝克莱和洛克不同，洛克认为观念的来源是两个——感觉和反省，一个外在的来源，一个是内在的来源。贝克莱认为观念的来源就只有一个，那就是心灵。这也正解释了观念的原因问题，是什么产生了感觉观念呢？正是我们的心灵啊，这个心灵你可以说是我们的灵魂或者精神，总之感觉观念就是来自这里。而承载着这些感觉观念的背后的那个实体，便是这个精神实体。

当我们感知到一个观念的时候，自然而然地就已经承认了一个"我"的存在，这个承载着各种观念的精神实体"我"就是心灵。这是通过一种直觉而来的，不需要通过论证、推理得出。所谓的直觉是什么？说得通俗一点，就是一种直接的感受，不需要理由。当你产生"香蕉是黄色的"这么一个观念时，你就已经直觉地承认了，在观念背后的"我"这个精神实体的存在了，谁会产生"香蕉是黄色的"这个观念呢？当然是你自己了，这就是一种直觉性的体验，而这个观念正是从你的心灵而来的。你要说明香蕉这个物体存在，只有心灵层面有了关于这个香蕉的观念，并且被感知到时，这个香蕉才存在。这样下来，这一套逻辑就全部打通了。

贝克莱首先的出发点便是认为心灵是感觉观念的来源，心灵或精神的这个实体才是感觉观念的原因，而感觉观念是物的原因。

于是这几个词的顺序应该是：心灵精神实体—感觉观念—物质。那么最后决定物质的，其实就是心灵中的观念。否定了物质实体的独立存在，但不否定物，因为物是观念的集合，只要说到物就一定是和观念相联系。这是主观唯心主义，但同时确定知识又是通过心灵而来的感觉经验，并不需要逻辑推理和论证的过程，所以这就是主观唯心主义的经验论。

10 贝克莱：肯定精神实体——上帝

"存在就是被感知"这个观点，会导致一个严重的后果，那就是唯我论。什么是唯我论？用一个不太恰当的比喻，就是任性。我感知到的东西才是存在的，我没有感知到的东西那就不存在。物体存不存在，我说了算。

那么这个世界就变为"我说是什么就是什么"，这就违背了常识。比如，一棵树是否存在取决于是否被我感知到，如果我没有感知到，这棵树就不存在吗？显然这是不符合常理的。

这个时候怎么办呢？贝克莱搬出了上帝这个精神实体。

之前我们也说了贝克莱是承认精神实体的，而上帝是精神实体，因为在信仰范围内上帝肯定是精神层面的存在，这是毋庸置疑的。所以他搬出上帝来解决目前他遇到的问题——他的主观唯心主义和唯我论与常识之间的矛盾。

前面讲中世纪时期说到过上帝，那个时候基督教信仰根植于人们心中，人们都信仰上帝，大家都认为是有这么一个神存在的，同样这也是精神范畴的，把上帝当作是精神实体。在笛卡尔那里我们也说到了上帝，"我思故我在"陷入了一个"我"的境地，怎样跳出来？唯有借助上帝。在贝克莱这里也是一样，当他的理论和常识发生冲突时，他搬出上帝。

贝克莱认为，"存在就是被感知"的理论，并不是说事物一定只被我一个人感知到才能算作是存在的,而是说事物只要被你、我、他任何人感知到,事物就是存在的,或者就算所有人都没有感知到,还有一个东西——上帝——感知到,那么物体就是存在的。

贝克莱把上帝搬出来,充当这个被感知的主体。只要上帝感知到,那么事物就是存在的。在基督教信仰的大背景下,上帝就是一个绝对存在,你都说上帝感知到了,谁还能不信呢?贝克莱从上帝那里找到一种确定性,从上帝感知的角度保证世界万物的客观实在性。不过另一方面,贝克莱是一个主教,他本身是有着宗教信仰的,所以他把上帝搬出来论证自己的思想,也是为了维护他的宗教信仰。

但贝克莱的经验论和洛克一样,也有不彻底性。他承认了精神实体的存在,而精神实体隐含着一种神秘色彩和推理色彩。感觉经验来自心灵的直觉,但这个直觉是怎么回事呢?是一种神秘性的体现。再说到上帝,上帝本身是不能直接被感觉到的,同时也不是心灵中的直觉的结果,而是推理的结果。如何证明上帝存在?在基督教哲学那里讲过,通过推理的论证方式。那么贝克莱既然是信仰上帝的,他就已经承认了这种论证方式,从有限推导到无限,最后就推导出上帝了。

既然贝克莱肯定精神实体,而精神实体是带有神秘的直觉色彩的,同时也带有推理色彩,这里就是一个矛盾的地方。在此意义上说,贝克莱的经验论哲学有些不太彻底。

关于贝克莱的哲学,我们把握住三点:

第一,从"物是观念的集合"到"存在就是被感知",我们知道了贝克莱强调的是观念决定物的一种逻辑，这也是主观唯心主义的主张。

第二，对物质实体的否定。他承认物，但否定物质实体。

第三，对精神实体的肯定。即对心灵这个精神实体的肯定，对上帝这个精神实体的肯定。与此同时，这也是他顺应宗教信仰之理的一种体现。

这就是贝克莱的经验论的基本脉络，同时他的经验论也有不彻底的地方，就是精神实体的层面其实隐含着一种直觉的神秘和推理的成分。

可以说，洛克和贝克莱都是不彻底的经验论者，而接下来我们要讲到的哲学家——休谟，就是一位彻彻底底的经验论者。他把经验论的原则贯彻到底，不存在任何的妥协。

11 休谟：知觉是什么

休谟1711年出生于爱丁堡，早年受过良好的教育，他年轻的时候就写出了那本著名的著作《人性论》，但当时出版后并没有引起反响，以至于他后来在自传中写到"这本书在印刷机上就已经死掉了"，但休谟并没有灰心，他的性格也比较乐观和豁达，所以经历这样的打击，他其实不以为然。

后来在意大利的一个图书馆当馆长期间，休谟把《人性论》的几部分内容分别抽离出来，用通俗的语言又写了一遍，《人类理解研

休谟(1711—1776年)。苏格兰不可知论哲学家、经济学家、历史学家,被视为苏格兰启蒙运动以及西方哲学历史中最重要的人物之一,代表作有《人性论》《英格兰史》

究》这本书出版后引起了轰动,休谟也因此一炮而红。《人类理解研究》讲的便是他的认识论的问题。

什么是知觉

休谟认为,知觉就是经验的对象。

在洛克和贝克莱那里,经验的对象是观念。只不过在休谟这里,将其换了一种说法而已,叫知觉。这个知觉,其实就是呈现在心灵中的任何东西,比如对圆形、正方形、三角形的概念,或者一种开心喜悦的情绪,等等。

知觉有两个类型:一个叫印象,一个叫观念。

印象:感觉印象和反省印象

印象是什么?就是第一次出现于我们心中的一切感觉、情感和情绪。具体又分为两类:一类是感觉印象,一类是反省印象。

感觉印象,就是当下的最直接的感受,无论是对物还是对自己的心理活动。比如看到的、听到的,关于事物色香味的感觉,还有关于情绪的感觉,快乐和痛苦等。

反省印象呢？是建立在感觉印象的基础上，从感觉印象得出的各种情感、态度的印象。比如，"快乐和痛苦"属于感觉印象，基于此得出的"热爱和仇恨"就属于反省印象了。因为对一个事情的热爱或者对一个人的仇恨，这不是你第一次当下的体会，而是在你高兴或痛苦的感觉印象基础上，得出的一个结论。所以诸如热爱、仇恨、骄傲、嫉妒或者大方、希望、恐惧等这些印象，都属于反省印象。

无论是感觉印象还是反省印象，这两者都属于印象，是人们强烈生动的知觉。

观念

知觉的另一个类型就是观念。观念是对我们的感觉、情感和情绪在思维和推理中较为微弱模糊的意象，也就是说，当我们反省一个不在场的对象时出现于我们心灵中的东西就是观念，观念是对印象的忠实摹写。

怎么理解呢？印象是当下的一种直接的感觉，比如你看到了一个西瓜，西瓜是绿皮的、圆的、硬的，这是你当下的感觉，你形成了关于这个西瓜的感觉印象。这时，这个印象在心中留下了一个复本。当这个西瓜消失后，你眼前没有西瓜了，留下来的复本就起作用了，这个复本就是你曾经看到的那个西瓜的印象，你回忆的过程就是一个思维的过程，你头脑中那个复本又回来了，就形成了一个西瓜的观念。

刚刚说的"不在场"是什么意思，就是不在当下，当西瓜不在你眼前时，这个曾经的西瓜印象的复本，留在你心中的东西就是观念。

　　印象和观念相比，有什么区别呢？就是生动程度的差别。当一个实实在在的西瓜出现在你眼前的时候，你产生的感觉印象是非常强烈和生动的，这个印象是很刺激的；但当西瓜不在你眼前时，你要回想起西瓜是什么样，就需要一定的思维能力去回忆，这个时候的知觉就有些不太强烈和生动了，因为你只能回忆个大概的印象，心中留下那个复本就是关于西瓜的观念。

　　再举一个例子，大家都应该听过演唱会吧。在演唱会现场，你感受到的是一种震撼，无论是歌星的现场演唱还是粉丝们的呐喊，让你真的感受到了一种刺激。但是当演唱会结束你回家睡了一觉后，再回忆起昨晚的那场演唱会时，你有什么感觉？肯定就不那么强烈了，这种刺激的感觉就减弱了，你心中一定还能回忆起那种激动的感觉，但和现场的那种激动相比呢，肯定不如现场那么刺激了。总结一下，现场听演唱会让你产生的是感觉印象，但事后回忆当时的场景，你心中留下的就是观念。

　　通过这两个例子，应该可以理解印象和观念的差别了。说白了，就是知觉在心灵中的强烈程度的差别。一个是当下的直接的，一个是间接的。但要明确，两者都是知觉，印象和观念都是同一个东西，都是经验的对象。

　　我们再来梳理一下。在休谟这里，经验的对象叫知觉，这个知觉也就是洛克那里的观念。知觉又分为了印象和观念。印象分为了感觉印象和反省印象。反省印象的来源是感觉印象，感觉印象是一切知识的来源。在回忆一个不在场的对象时，印象在心中留下一个复本，复本的继续存在就形成观念。

但是，既然一切知识的来源是感觉印象，那么感觉印象又是从何而来呢？

如果是按照我们的常识去理解，这个感觉印象当然是从外物而来，就像我们之前在洛克那里讲到的，外物的刺激形成了感觉经验，或者说内心反省形成了反省经验。在休谟这里呢？他并不同意这种观点，休谟认为这是经验范围外的部分，这个来源是一个不能回答的问题，是不可知的。

那么，这究竟是怎么回事呢？

12 休谟：物质、精神和上帝都是不可知的

休谟对经验范围外的实体所持的是不可知的态度。

我们先抛开这个不可知的态度，大家先按照常识去理解，感觉印象从哪儿来？比如我们看到一棵树，这个印象从何而来？你会说，当然是从这棵树而来了，看到了这个实实在在的树。从常识来说是没有问题的，但休谟不这么认为。

对物质实体不可知

我们先回忆一下贝克莱的"物是观念的集合"观点。物质是什么，物质是一堆观念的集合，只要说到物质，就要跟观念相联系，存在就是被感知，物的存在就取决于这些观念的集合被感知到了。

在贝克莱这里,他否定了物质实体,也就是在观念以外,在经验以外的范围是不存在一个独立于观念外的物质实体的。

而休谟呢?他其实是继承了贝克莱的这个基本观点,休谟认为经验的对象是知觉,这个知觉其实也就是观念,我们对物的感觉也仅仅是关于物的可感性质的观念,而不是关于这个独立存在的物质实体的感觉经验。

休谟和贝克莱的不同在什么地方呢?贝克莱否定了物质实体,明确表示物质实体不存在。休谟并没有像贝克莱那样断然否定物质实体存在,而是对物质实体存不存在这件事持"不可知"的态度——不知道存在不存在,不去下那个判断,既不承认物质实体存在,也不肯定其不存在。因为物质实体并没有被感知到的经验,对于没有经验到的东西,你不能断然下判断,只能对它一无所知。

这就是休谟非常高明的地方,因为他把话说圆了。在贝克莱那里,没有经验到一个物质实体,就下判断说——物质实体是不存在的。但这个时候就要问,那为什么从没有经验到的东西就可以得出其不存在的结论呢?休谟这里就来圆场了,没有经验到的东西,我们不能武断地下判断是否存在,只能说不知道,不可知。

比如外星人这件事儿,到底有没有外星人呢?你看到过外星人吗?没有,既然没有感知到外星人,能说它不存在吗?不能,只能说我们对有没有外星人这件事儿是不知道的。也许在将来的某一天,外星人真的出现了呢。

这就是对没有感知到没有经验到的事物,持一种不可知的态度。

第三部分 近代理性主义哲学

对精神实体和上帝不可知

在洛克那里，既承认物质实体，也承认精神实体。在贝克莱那里，是否定了物质实体，但保留了精神实体的。而到了休谟这里，是对物质实体持怀疑态度，不可知，同样对精神实体也持怀疑态度，不可知。

先回忆一下之前说到的承认精神实体存在的逻辑。当我们感受到一系列观念的时候，这个观念的背后，有一个承载体"我"，这个"我"就是精神实体，是我们的心灵。因为当我们产生一个观念的时候，不自觉地就有一个主体来承载这些观念，谁来承载呢，当然是"我"这个主体，这个心灵的主体来承载了。好，那么这是之前的逻辑，洛克和贝克莱其实都是这么认为的。

而休谟在这里就提出了不同的意见。他认为，这个精神实体，我们都经验过吗？你经验到了一个叫心灵的东西吗？或者说你经验到了你的灵魂吗？你只是经验到了一个个具体的感觉和一个个具体的情绪而已，比如，"天空是蓝色的"这个感觉印象，你是经验到的；"高兴或悲伤"这样的情绪，你也是能经验到的。那么离开了这个具体的感觉和情绪时，你的这个"心灵"或者"灵魂"还存在吗？比如人去世了以后，心灵或灵魂还能独立存在吗？显然不能。

那么这个感觉背后的承载物，这个"我"或者说这个"心灵"是什么呢？休谟认为，这其实是一系列心理活动的集合罢了，是常识让我们认为在一系列心理活动背后要有这么一个承担者，有这么一个精神的实体。说白了，这只是人主观虚构出来的结果。

"心灵"或者"我"只是一个逻辑主体，而不是一个精神的实在主体。逻辑主体是什么意思，就是我们在表达、在说话时需要的一个主体，比如我们表达"苹果是红色的"这个观点时，那是谁在表达这个感受呢？得有一个主体"我"，逻辑上必须假设这么一个东西，这个表达才能成立。这个"我"成了"苹果是红色的"这个观点成立的逻辑根据。而实体是什么，就是有一个实实在在的独立出来的"我"，独立出来的"心灵"实体。

休谟对这个精神实体也是持怀疑态度的，不能真切地经验到这个精神实体，所以不能说这个精神实体就存在，也不能说这个精神实体不存在，只能说对它不可知。

到这里，我们说完了物质实体和精神实体，还有一个实体就是上帝了。其实上帝也应该算在精神实体内。休谟认为，上帝这个概念是我们根据有限的观念推导出来的一个无限的概念。那么上帝也不是我们真切地经验到的，所以上帝也不能说存在或不存在，只能说不可知。

由此看来，休谟对实体（物质实体、精神实体、上帝）这三者的态度，都持怀疑态度，到底存不存在呢？不下定论，只是说对它们不可知。

这就是从经验范围外的部分去讲休谟的怀疑论和不可知论。这也是彻底的经验论的一个体现，因为前面的洛克也好，贝克莱也好，多少都有些妥协的地方，或者是承认了物质实体，或者是承认了精神实体，总之是承认了一个独立于经验范围外的实体。

但休谟不同，他绝不妥协，对没有经验到的部分都存疑，不去说是否存在，而是持不可知的态度。剩下的是什么，就只有经验范围内的东西——由印象和观念构成的知觉。这就是休谟经验论的彻底性的体现。

但我们也要知道，休谟的怀疑论是温和的怀疑论，因为他只怀疑经验范围外的那部分领域，对经验范围内的领域，休谟是能说清楚的，所以才是温和的怀疑。而彻底的怀疑论就是对一切——无论是经验范围内还是范围外——都持怀疑态度。

总的来说，休谟的怀疑论和不可知论在哲学史上影响很大。康德说，"自从有形而上学以来，对于这一科学的命运来说，它所遭受的没有什么能比休谟所给予的打击更为致命"。这说的，就是休谟的不可知论对形而上学的影响。

柏拉图以来的传统形而上学探讨的是什么？就是经验领域以外的那部分内容，那个"道"的东西。而休谟一下子对这部分持不可知的态度了，所以康德才会说这是一种对形而上学的打击。

与此同时，康德也深受休谟的不可知论的启发，走上了一条批判哲学之路。

13 休谟：任何事物都有原因吗

休谟的另外一个伟大的理论贡献是因果关系的理论——对传统的因果关系认识的怀疑。当然这个理论可能很多人认为是个败笔，但我们可以学习一种不一样的思维方式，这便是对我们的启发。

休谟的因果关系的理论，究竟蕴含着什么意思呢？我们从几个方面去讲解：第一，传统意义上的因果关系是什么。第二，休谟对传统的因果关系的怀疑是怎样的，他从哪些方面对传统的思想进行颠覆。第三，休谟提出的因果关系的原理是什么，以及对后世哲学的影响。

我们首先去了解一下传统意义上的因果关系是怎样的。

传统的因果关系

原因和结果构成的因果关系，是生活中最为常见的一种关系，一件事情的结果总是有原因的，不同的原因会导致不同的结果。举个例子：太阳照射大地，大地变暖和。这里面就蕴含着一个因果关系了，太阳光的照射是原因，大地变暖是结果。

这样的因果关系是传统的符合论的体现。符合论，通俗理解就是一切思想都是对客观世界的反映，主观符合客观。太阳光是客观现象，大地变暖也是客观现象，所以太阳光照射大地导致了大地变暖，这是一个客观的因果联系。这个因果联系的观念是我们头脑中的观念，之所以能够产生这个观念，就是因为先有了客观的现象，我们头脑中才能产生这个因果关系的观念。而这样的因果关系是具有一种客观性的，所谓客观性就是不以主观意识为转移，不管你主观怎么认为，客观现象就实实在在地存在在那里。这是传统因果关系具有的客观性。

同时，传统的因果关系也具有必然性。必然性很好理解，比如第1天气温升高冰雪融化，第2天气温升高冰雪融化，一直到第100天无穷下去，只要气温不断升高，冰雪必然融化。这就是必然性，不可能出现气温不断升高后，冰雪仍然不融化的结果。

所以，传统的因果关系有什么特点？一个是客观性，一个是必然性。大家头脑中一定是非常认可这样的因果观的，传统的符合论也一直是我们的逻辑思维习惯。

但休谟这个时候就不同意了。他对传统的因果关系提出了质疑，并提出了自己的颠覆性的思想。

对因果关系认识的颠覆

休谟对"任何事物都有原因"这个公理就提出了质疑。大家一定会认为，任何事物肯定是有原因的，有些事情我们能探究其原因，有些我们无法探究，但至少承认，这是有原因的。

休谟就质疑了，这个"任何事物都有原因"的根据是什么？这条原则是从哪里来的？为什么一定要肯定任何事物都是有原因的呢？有没有一些事物是没有原因的呢？

要得出这个原则，无非是从这么几个途径，一个是从经验而来，另一个是从唯理论的演绎而来，第三个就是天赋的方式。

从经验而来，就是从经验判断的事物得出"任何事情都有原因"这个公理。但是我们知道，你还没有去体验世界的时候，你怎么去归纳出这个原则呢？而且就算你开始经验事物了，但你的经验是有限的，你不可能把所有事情都经验到了吧，那么从有限的经验中你怎么能归纳出一个具有普遍必然性的结论呢？这是休谟提出的一个质疑。

第二个是从唯理论的演绎来的。唯理论最喜欢的就是强调因果关系，但是"任何事物都有原因"这是从哪里演绎来的？没办法演绎了，这已经是最大的一个命题了。除非最后把它归诸上帝，上帝认为任何事物都有原因的,但如果涉及上帝,这就是信仰层面的维度了,就没有任何意义了。所以,这条原则也不是从理性演绎而来的。

还有第三种可能,那就是从天赋观念而来。但休谟是经验论者,所有的观念都超不出经验,没有经验哪里来的观念呢?所以,这条原则也不可能从天赋而来。

在休谟看来,"任何事情都有原因"这条原则本身就是站不住脚的,无论是从经验来说,从唯理论来说,还是从天赋观念来说好像都不能完全说通。但为什么还有因果关系的存在呢?

休谟认为,这更多的是来自一种经验,但是一种不完全的经验的结果,是一种错误的经验的结果。

正确的经验是什么?就是实实在在的经验到的东西,是客观性和必然性的统一。而错误的经验呢?就是没有遵循客观性和必然性。这里需要强调的是,没有遵循客观性和必然性所指的,是把原因和结果联系起来的那个过程,而非原因和结果这两个现象本身。

这句话我们仔细理解一下,原因和结果各自作为两种现象,是客观的和必然的,比如"太阳发光"和"大地变暖"这两种现象是客观的现象,但把这两种现象联系起来,使其成为一种关联——因果关系——"太阳发光"成为"大地变暖"的一种原因,这个过程就不是客观性和必然性的了。

说到这里,其实就已经不知不觉地涉及了第二点内容——休谟对传统因果关系的客观性和必然性的颠覆。

14 休谟：因果关系真的靠谱吗

休谟认为，这个因果联系的过程既不具有客观性，也不具有必然性。

对因果联系客观性的否定

先来说对客观性的否定，以"太阳光照射，大地变暖"为例，按照经验论的原则，我们能得出什么？经验到"太阳光照射"这是一个事件 A，经验到"大地变暖"，这是一个事件 B。在经验的范围内，我们就只能经验到"太阳光照射"和"大地变暖"，这是两个独立的经验事件。但是你有哪个器官经验到，是"太阳光照射"使得"大地变暖"这个过程呢？并没有啊。

你只能经验到的是两个先后发生的事件："太阳光照射"是先发生的一个经验事件，"大地变暖"是后发生的一个经验事件。你无法经验到"太阳光照射"是"大地变暖"的原因，"大地变暖"是"太阳光照射"后的结果。

所以并没有强有力的证据说明，这两个事件一定是具有因果关系的。因为经验论的原则是，你没有经验到，就不算数。

但为什么人们会认为这两个先后发生的事情，是存在着因果关系的呢？休谟认为，**这是人习惯性的一种联想，使两个客观发生的事情产生一种主观性的关联**。两个事件就存在一种因果关系了。

习惯，在这个过程中起到了非常大的作用。总是看到这两个事件——A 在先 B 在后，只要出现 A 就一定会出现 B。那么久而久之，人们形成了一种习惯的联想，自然而然就把 A 当作是 B 的原因，B 当作是 A 的结果了。

所以，休谟认为因果关系并不是客观性的，而是人主观性的一种联想，并把这种联想当作事物本身具有的客观联系。实际上，事物本身是否具有这样的联系呢？根本没有，是人主观地认为两者是有联系的而已。

对因果关系必然性的颠覆

前面说到，传统的因果联系是必然存在的。A 是 B 的原因，A 必然导致 B。但休谟不这么认为。

还是拿太阳的例子。第 1 天，你看到太阳光照射大地，然后大地变暖，在第 2 天、第 3 天一直到第 100 天都看到太阳光照射大地，然后大地变暖。我们总是看到太阳光照射和大地变暖这两种现象相随，但是你能保证你第 101 天看到的还是同样的结果吗？能保证第 101 天时，太阳照射大地后，大地就一定变暖吗？并不能完全保证。

所以人们认为的传统意义上的因果关系，其实并不是必然的关系，而只是一种或然的关系。所谓或然的关系，就是一种相对的关系，在这 100 次经验范围内是这种因果关系，但第 101 次就未必了。

休谟正是在遵循了经验论的基础上，对因果关系的必然性进行了质疑，因为经验到的才算数，N 次都经验了同样的结果，不代表 N+1 次还能得出同样的结论。所以，传统因果关系并不是必然性的，而只是事物先后汇合的一种现象。也就是事物 A 总是在先，B 总是在后，出现了 A 就出现了 B，这是 A 和 B 两种现象的一种恒常汇合，并不是必然的联系。

休谟颠覆了传统因果关系的客观性和必然性，同时，也提出了自己对因果关系的主张：因果关系是人们主观性联想的结果，事物之间的联系不是必然性的结果，而只是事物现象先后恒常汇合的一种现象罢了。与此同时，休谟也认为因果关系并不是任意和偶然的，而是遵循习惯的原则，但习惯本身就是人主观性的一种体现。

由此看来，休谟的因果关系的理论是对传统的符合论的一种颠覆。之前已经说到，传统符合论是主观要符合客观。但休谟呢？其实颠倒过来了，客观世界的规则是主观建构的结果。

不知道大家是否能够转变思维来理解。现在通过两句话加深理解：一句是"在自然界中寻找规则"，另一句是"向自然界颁布法则"。

"在自然界中寻找规则"，就是传统的符合论。自然界本身是有规则、有因果联系的，人只是在探究世界的过程中发现了这些原理，从而形成了一套知识。

"向自然界颁布法则"呢？自然界的这一套规则，是人们认识世界的过程中加之在自然界上的，就像休谟提出的这个因果关系理论，世界上本来不存在因果关系，只是存在两种先后发生的现象，人把这两种现象联系在一起，规定其为一种因果关系。

既然休谟否定了因果关系的客观性和必然性，那岂不是会对自然科学的根基产生影响吗？我们知道因果联系可是自然科学研究的一个最基本的法则了。比如天空中为什么会下雨？因为冷暖空气的交汇，这是有因果关系的。这么说来，休谟岂不是连科学研究的法则也否定了?

其实,并没有。

休谟否定的是什么?否定的是因果关系的客观性和必然性,但他并不否定因果关系。因为因果关系,是人习惯的结果,是人主观性联想的结果。所以,自然科学的研究,也是遵循因果律的,只不过这也是主观联想的结果罢了。习惯,同样也成了科学研究的指南。

科学研究要遵循的是因果关系,但并不去探究这个因果关系的原则到底是习惯使然还是客观存在。所以,即使因果关系是主观性的一种思维准则,科学的研究只要遵循这个因果律就好,只要能通过结果找到原因就好,即便这个过程是人把客观现象主观性地联系起来的。所以,这就又回到了上面我们说的"为自然界颁布法则"这个层面了。

休谟的因果关系理论,对后世的哲学影响也是很大的,比如休谟对康德哲学的影响,"人为自然界立法"就是康德认识论所进行的"哥白尼式的革命"。

休谟的因果关系理论,首先是传统的因果关系的客观性和必然性的问题,而后是休谟对传统观念的颠覆:从两个方面,一个是从一个大的公理性准则质疑为什么"所有事物一定要有原因";另一个,便是否定了传统因果关系的客观性和必然性,提出因果关系只不过是人习惯性的联想结果而已,把客观的规则变成一种主观思维的规则。

通过这样的论证,休谟对传统的符合论进行了颠覆,提出了一种全新的思维方式,同时对后世哲学产生了影响。

确实，休谟的因果关系论是具有颠覆性的，因为他跟我们固有的思维不太一样。所以大家接受起来确实有一些困难，但这也正是我们学习哲学的收获，打破我们固有的思维，去发现关于这个世界的一种新的思考方式。至于你是否接受，这要看个人的判断了。

可以说，休谟有这样的因果关系的论点，是由于他的出发点——彻底的经验论，那么他如此彻底地贯彻经验论，会不会出现什么问题呢？

15 经验论走向死胡同

休谟是一个彻底的经验论者，他提出的"知觉论"能很好地解释经验范围内的内容，但对经验范围外的部分他持有的是怀疑的态度，对三种实体都持有的是不可知的态度。

如此看来，休谟彻彻底底地贯彻了经验论，这个彻底性就在于决不妥协，不像洛克和贝克莱那样，承认经验范围外还有实体存在，休谟是持不可知的态度。那么，休谟如此彻底地贯彻经验论，经验论岂不是走向一个完美的境界了，应该皆大欢喜才对啊。

但其实并没有，这个时候经验论反而走向了一个死胡同。休谟好像挖了个坑，然后自己跳进去把自己埋了。

这究竟是怎么回事？我们先从对知识的分类开始讲起。

观念关系的知识和事实的知识

休谟把知识分为两类——观念关系的知识和事实的知识。

观念关系的知识是什么？就是观念和观念之间的关系形成的知识，比如我们知道的逻辑学、数学和几何学的知识。这一类的知识就是在两个以上的观念中进行逻辑推演而来的知识。在欧几里得几何学中，"三角形的内角和是 180 度"这样的知识就是观念关系的知识。"三角形"是一个观念，"内角和是 180 度"是一个观念，这两个观念是一种必然的逻辑关系，只要是三角形其内角和必然是 180 度。

休谟虽然是经验论者，但他并不否定逻辑学、几何学这样的学科知识。但这一类知识又不是严格意义上的知识，因为这一类知识虽然有普遍必然性，但并没有经验内容，只是一种纯粹的形式而已。这一类知识是必然知识。

第二类知识就是事实的知识。这个事实的知识，就是经验范围内的知识了。比如，"太阳照射大地，大地变暖"这是一个事实的知识，因为这是你经验到的。这一类知识包括了自然科学的知识，也包括我们前面说到的因果关系，因为因果关系是在经验范围内的领域人主观的一种联想。这一类知识最大的特点就是有经验内容，每一个知识都是能经验到的，但最大的问题是并不具有彻底的普遍必然性，所以是一种或然知识。

在休谟看来，这两类知识是泾渭分明的，第一类知识其实就是通过逻辑的演绎而来的知识，这就是唯理论的那个套路，通过推理，A 推导出 B，B 再推导出 C，然后形成一个知识的系统。这也就是莱布尼茨－沃尔夫体系的那套东西。

第二类知识才是真正意义上的知识。自然科学的知识,即经验世界范围内通过归纳总结而来的知识,这就是经验论的套路,也是休谟提倡的。

经验论走向死胡同

到这里,我们就逐渐找到经验论的问题了。

先明确一点,经验论也好,唯理论也好都是认识论,认识论最大的目标是什么?探寻人是如何认识知识的,知识是何以成为可能的,去找到真理性的知识。什么是真理性的知识?既具有普遍必然性,又具有经验的新内容的这一类知识。可以说,经验论和唯理论最终的目标都是为了寻找这类知识。但实际情况是什么呢?

休谟遵循严格意义上的经验论——除了经验领域以外,对一切都不妥协(对推理的东西不妥协,对经验范围外的实体不妥协),于是会怎样?得出的知识就是关于事实的知识——只具有经验内容,但并不具有普遍必然性。因为第 N 次看到太阳东升西落,不代表第 N+1 次还能看到太阳东升西落。这就违背了认识论的最高目标了,违背了要寻找普遍必然性知识的准则了。

休谟彻底贯彻经验论,初衷是好的,但最后恰恰违背了自己的初衷,走向了一个死胡同,就好比他自己挖了个坑,然后自己跳进去了。

而唯理论呢?道理也是一样的。唯理论坚持演绎的原则,到最后会怎样,就只剩下逻辑的演绎体系了,只剩下形式的部分了,虽然是具有普遍必然性的,但缺少新内容缺少经验的成分在里面,所以莱布尼茨-沃尔夫体系也走向了一个死胡同,违背了认识论的终极目标,违背了知识论的最高准则——追求既有普遍必然性,又有新内容的知识。

我们回过头来看看知识的分类问题。第一类观念关系的知识,就是唯理论的这一套知识,只有知识的形式,有普遍必然性,但缺少新内容;第二类知识,事实的知识,就是经验论的这一套知识,有经验的内容,但缺少普遍必然性。

到这里,经验论和唯理论都走向了一个死胡同,走不下去了,怎么办呢?有没有一种知识是完美的,既具有普遍必然性,又具有经验内容呢?

康德,就很好地来解答这个问题了,把经验论和唯理论的问题综合起来,提出了"先天综合判断",这一类知识就既有普遍必然性,又有经验内容。

小结:经验论哲学

英国经验论哲学家我们总共介绍了五位,培根和霍布斯是早期的经验论者,但经验论正式的发展时期是从洛克开始的,所以我们重点梳理后面的三位哲学家:洛克、贝克莱和休谟。

从整体上来说,经验论的内容主要就是探讨两个大的问题,一个是经验论的认识论内容,一个就是经验论是否彻底的问题。

我们把这两个方面贯穿到三位经验论哲学家的理论中。大家可以结合逻辑图来理解。

第三部分 近代理性主义哲学

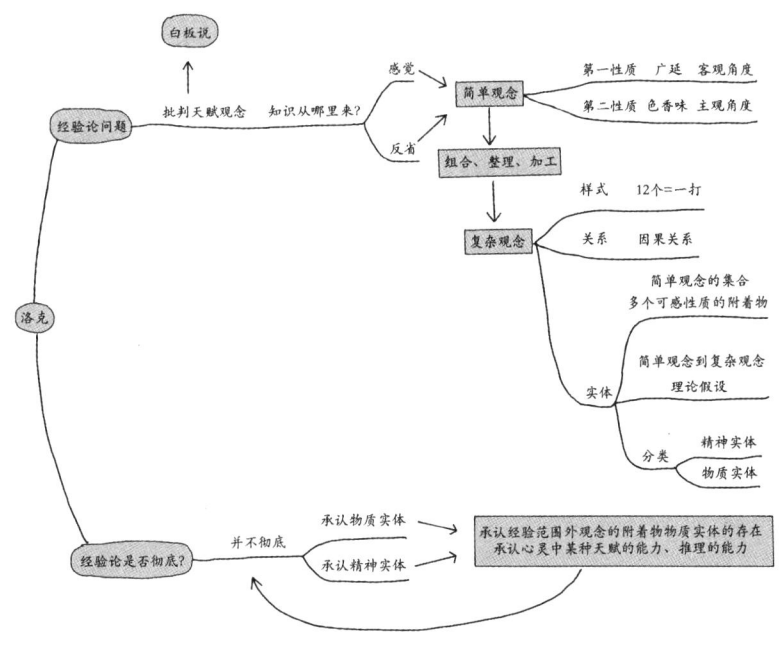

洛克的哲学脉络

我们先来看洛克。洛克的经验论可谓是比较系统了，他的经验论就是在探讨知识的来源问题和观念的分类问题。他首先从批判天赋观念出发，提出了"白板说"。心灵是一块白板，上面什么都没有。心灵上的印记来自外在的经验。

于是他提出了经验的双重来源，一个是感觉，一个是反省。感觉经验是外物刺激后产生的感觉，反省经验是内心活动产生的经验，感觉和反省构成了简单观念。简单观念又分为了两个性质的观念：第一性质的观念是事物的广延的观念，比如形状、大小、长宽高等等，这是客观的角度；第二性质的观念是事物的色香味的观念，这是一种主观的角度。

而后，一些简单观念经过组合、整理和加工就形成了复杂观念。复杂观念又分为了三种：样式、关系和实体的复杂观念。样式很好理解，"十二个为一打"，这是一个样式的复杂观念，也就是关于事物是什么样式，有着怎样的组合等这样的观念；第二种就是关系的观念，因果关系、夫妻关系等这样的观念；第三种就是实体的观念，精神实体和物质实体，这些都属于复杂观念。

洛克的经验论问题就是通过对这些问题的探讨，形成了他认识世界的方法，所有的知识都是从感觉和反省经验而来的，形成简单观念，然后再形成复杂观念，从而形成了一套知识体系。这期间运用的方法，就是从经验出发，通过归纳总结而得到知识。

这样的方法表面上看是没有问题的，但实际上呢？他的经验论原则并没有贯彻到底。什么叫贯彻到底？就是只相信经验，别的部分（推理的部分或者天赋的部分）一概不相信。但洛克并没有做到，这就表现在他对实体的承认。他承认了物质实体，观念的背后得有一个附着物，也承认了精神的实体，因为从简单观念到复杂观念的过程正是一个心灵中某种天赋的推理能力在起作用。所以洛克的经验论是不彻底的，甚至说是半途而废的。

而后，便是贝克莱。

贝克莱在洛克的基础上将经验论朝前发展了一步。他当然也是遵循经验论的基本原则，只不过他走了一条主观唯心主义的路线，这跟他的宗教信仰有关。反对无神论，也是为其宗教信仰辩护。

在认识论层面，贝克莱提出了"物是观念的集合"和"存在就是被感知"，这两个观点其实有着一前一后顺理成章的逻辑关系。

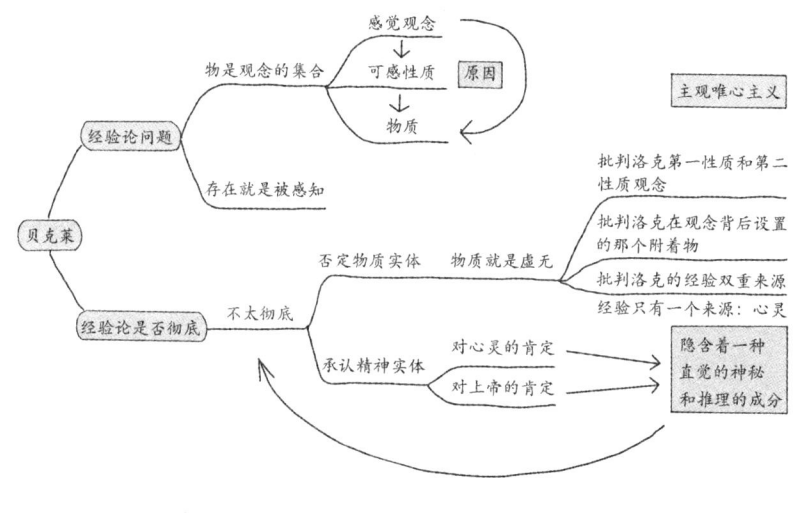

贝克莱的哲学脉络

"物是观念的集合",意思就是贝克莱把物看作是观念集合的产物。比如说苹果,"红色的、圆的、硬的"等这些感觉观念集合后,给它命个名叫苹果,这就是"物是观念的集合"。

那么,一切物质都是观念层面的,要说物是存在的,其实就等同于说观念是存在的,而观念要如何说明其存在?只有在心灵中被感知到后,才能说其存在,最后就推导出了"存在就是被感知"。物体是否存在,判断标准便是在心灵中这些观念是否被感知到。

可以看到,这个逻辑就是一个主观唯心主义的路线。

贝克莱仍然是强调从经验出发的,只不过他认为经验的来源不是外在的物,而是心灵。他否定了物质实体,否定了洛克的那一套关于第一性质和第二性质的理论,也不承认在观念背后有一个附着物,他否定了独立存在的物质实体,承认经验的来源只有一个——

心灵。一切的经验都是从心灵而来的。

贝克莱在经验论是否彻底方面比洛克稍微向前走了一步。因为他否定了物质实体的存在,而洛克并没有。

虽然他否定了物质实体,但他保留了精神实体,对心灵和上帝这两个精神实体,他仍然是持肯定态度的,不彻底性就在这里。因为心灵和上帝的实体,这其中隐含着一种直觉的神秘和推理的成分。

以上就是贝克莱的内容。

最后,走向彻底的经验论的哲学家便是休谟。

休谟的经验论问题从两个维度去理解。

首先是经验范围内的"知觉论"。这块儿探讨的就是经验范围内如何认识知识、知觉的分类等问题,这个其实和洛克那块的内容大同小异。休谟认为知觉是呈现在心灵中的任何东西,分为印象和观念两类。印象又分为感觉印象和反省印象,感觉印象是知识的最原始的来源。从感觉印象通过留在心中的复本到反省印象,而后印象又形成观念,这便是一个循序渐进的认识的过程。

既然知识是从感觉印象而来,那么感觉印象又从何而来呢?这就涉及经验范围外的领域了,也是休谟的第二个维度。

休谟认为,对感觉经验以外的内容是不可知的,持有的是怀疑论的观点——关于物质实体和精神实体,他既不承认其存在,也不承认其不存在。这就是休谟高明的地方,休谟不像洛克也不像贝克莱那样,要么承认要么不承认,他是既不承认存在,也不承认不存在,对其持不知道的态度。这个观点就是休谟的贡献,对后世哲学产生了很大的影响。

而后,我们讨论了休谟对因果关系认识的怀疑,他颠覆了传统的因果关系的客观性和必然性问题，他认为因果关系只不过是一种主观性的习惯联想罢了。

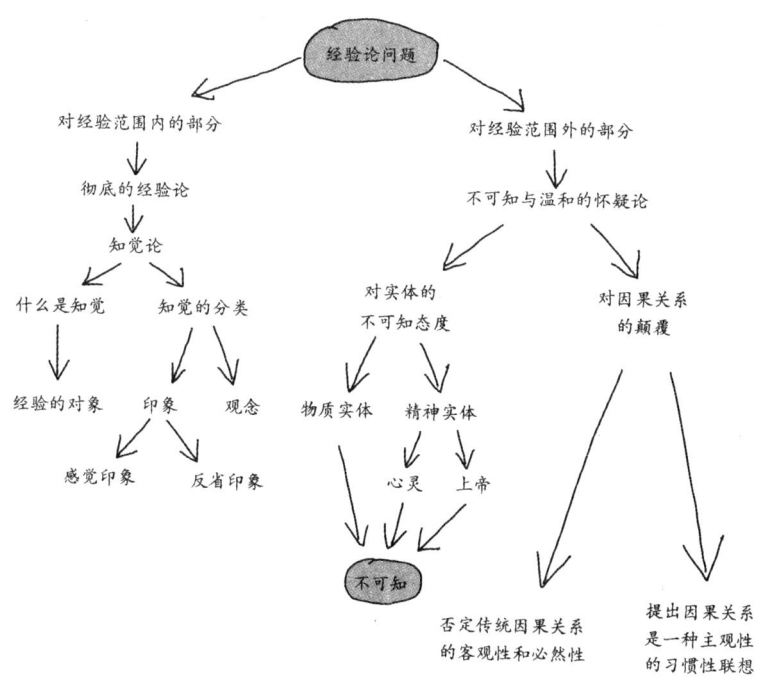

休谟的哲学脉络

休谟的经验论是否彻底呢？当然，休谟是最彻底的。因为他只承认经验范围内的内容，对经验范围外的领域决不妥协，持有不可知的态度。

通过对知识的分类问题，我们知道了经验论的知识是关于事实的知识，只有新内容而不具有普遍必然性，这必然使经验论走向一个死胡同,违背了认识论的原则,因为认识论的初衷是确立真理性知识,既要有普遍必然性,又要有经验内容。休谟彻底贯彻经验论后会怎样?必然推翻了这个原则,因为只注重经验内容,就不可能彻底保证普遍必然性。

以上,就是三位经验论哲学家洛克、贝克莱和休谟思想的大致脉络。我们可以看到经验论的一个发展轨迹,从不彻底到彻底的过程,极端贯彻经验论后又走向了一个死胡同。

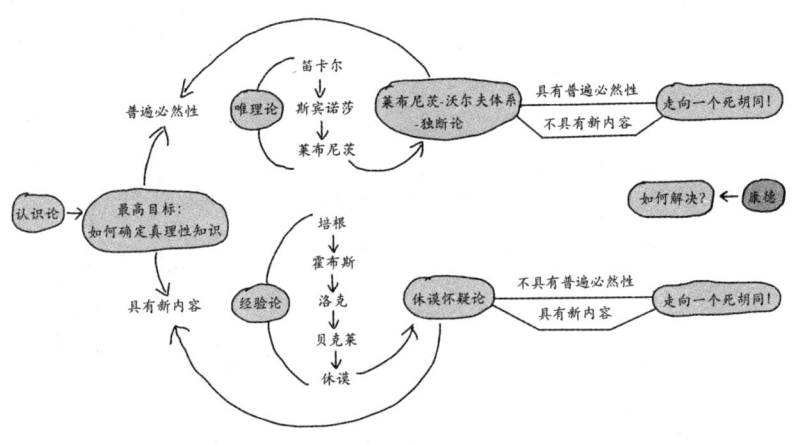

认识论走向死胡同

近代理性主义时期主要就是探讨认识论问题。认识论的一个核心点或者说其任务是什么,就是如何确定真理性的知识问题。那何为真理性的知识?满足两点,第一要具备普遍必然性;第二要具备新内容,能够不断地扩展。

为了达到这个目的,出现了两个理论派别:一个是唯理论,一个是经验论。

唯理论三位哲学家笛卡尔、斯宾诺莎、莱布尼茨，他们的方法是从天赋观念出发，运用理性演绎确定知识体系。最后的结果便走向了莱布尼茨－沃尔夫体系的独断论，知识只剩下逻辑的演绎体系，是纯形式的东西，虽然具有普遍必然性，但不具有新内容。

而经验论的五位哲学家：培根、霍布斯、洛克、贝克莱和休谟，他们的方法便是从经验出发，运用归纳法确定知识体系。最后的结果便走向了休谟的怀疑论，只注重经验范围内的领域，对经验范围外的领域一概不妥协，持怀疑和不可知的态度，于是彻底的经验论使得知识就只剩下经验内容了，不具有普遍必然性。

这就是唯理论和经验论各自的问题，也是各自发展到极限后走向的死胡同。初衷都是好的，但正因贯彻各自的理论反而违背了初衷。

面对这个问题，哲学该如何发展呢？有没有一种知识是既具有普遍必然性，也具有新内容的呢？这时，康德提出了一种全新的理论解决了这个问题。

第五篇 法国启蒙哲学

01 启蒙运动

"启蒙"这个词,顾名思义,就是让人明白事理,从蒙昧无知到知道的过程。

我们知道18世纪的法国,仍然是一个君主政体的封建国家。在路易十四的统治下,法国的封建专制达到顶峰,常年对外征战以及挥霍无度使得国库空虚、民不聊生,人民被封建专制制度和天主教会控制着、压迫着。当时的状况可谓衰败,人们如同生活在黑暗中一般。

由于生产力落后,科学欠发达,老百姓迷信上帝,统治阶级拉大旗作虎皮,为自己蒙上了一层神圣的光环,宣传他们的统治权力是上帝所赋予的,就是所谓的"君权神授",因此神圣不可侵犯,平民百姓的思想为神权的观念所禁锢,即使受压迫、受剥削也不反抗,世世代代俯首听命。

这样的情况当然要改变了。谁来改变?由有统治需求的资产阶级来改变。工业革命后,大量新兴工业急剧涌现,资产阶级迅速成为最有经济实力的阶级,他们要求冲破旧制度,冲破封建专制的束缚。想要从封建阶级中夺取政权,扫清资本主义的发展障碍,就要从舆论上造势,从思想上摧毁封建主义愚弄民众的信条。

于是,一场启蒙运动就这么应运而生了。用光明驱逐黑暗,用理性代替蒙昧,让平民百姓首先从思想层面解放出来,破除迷信。这一阶段就出现了一批启蒙思想家,他们先知先觉地走在了时代的前面,最为著名的几位哲学家是伏尔泰、孟德斯鸠和卢梭。这三位也被称为"法兰西启蒙运动三剑侠"。

他们提倡思想自由、平等博爱、个性解放,提倡理性和科学进步,反对专制、宗教迷信和愚昧落后。人们的思想得到了解放,统治阶级的面纱被逐渐揭开。

我们都知道1789年发生了法国大革命,而启蒙运动直接为法国大革命奠定了思想的基础。

02 伏尔泰:自然神论

伏尔泰于1694年出生在巴黎一个资产阶级家庭,是一位作家、诗人、史学家、哲学家和政治宣传家。他是18世纪法国资产阶级启蒙运动的旗手,被誉为法兰西思想之王、法兰西最优秀的诗人、欧洲的良心。

伏尔泰的作品和演说都以尖刻和激昂地反对封建制度和教会而著称。他坚持不懈地揭露和嘲讽教会的贪婪和教权主义的罪恶,因

伏尔泰（1694—1778 年）。法国启蒙思想家、文学家、哲学家，他是法国资产阶级启蒙运动的泰斗，被誉为"法兰西思想之王"

而触犯了教会和贵族，曾经两次被关进巴士底狱，而后被驱逐出国。关于伏尔泰哲学的理论，我们主要了解的是他的自然神论的思想。

自然神论是什么？承认上帝创世，但上帝创造世界之后就不管不问了，不再干预世界的发展，自然界发生的任何事情都是由自然规律主宰的。上帝就好像是一个发号施令者，一声令下创造世界，而后便不再干涉世界怎么发展，世界的运转全凭自然规律的法则。

如此一来，这个观点会产生什么影响？就是承认了宇宙是被严格的规律所决定的，可以被人的理性所把握。而当时启蒙运动提倡的，就是反对蒙昧的迷信色彩，要提倡理性，提倡思想的解放。

所以伏尔泰的自然神论的思想，从侧面否定了有神论的思想。有神论，就是在宗教信仰层面下认为神主宰一切。伏尔泰为了破除这层束缚，对天主教会和封建专制进行了激烈的批判。

但这个自然神论又带有着浓厚的机械论的色彩，他说：任何事物都有原因，人的意志也有原因，人的自由都是他最终接受的观念造成的结果。任何事情都有原因这个看法，就是机械论的一种体现。

什么是机械论？举个例子，在机器中当一个齿轮运转了，必定带动另一个齿轮运转，这种机器（齿轮）的运转带来一系列的连锁反应就是机械论的体现。那么在伏尔泰这里就是，任何事情的发生都有其原因，就好像是机器运转一样。

伏尔泰在社会政治方面提出的最核心的观点就是平等，主张在法律面前人人平等，平等地拥有自己天生的自由，自由也是天赋的人权。他主张君主立宪和开明的政治制度，反对君主专制。

03 孟德斯鸠：什么是法的精神

孟德斯鸠是法国启蒙思想家，古典自然法学的主要代表人物，也是一位历史学家和社会学家。他与伏尔泰、卢梭齐名，是法国资产阶级革命的思想先驱之一。

孟德斯鸠出生在一个贵族世家，历代服务于纳瓦尔朝廷。他很好学，又有雄厚的经济力量和充裕的时间去周游列国，吸收各种经验和知识。1748年，孟德斯鸠完成了他最重要也是影响重大的一本著作《论法的精神》，这部著作也被伏尔泰称为"理性和自由的法典"。

论法的精神

在《论法的精神》这部著作里，孟德斯鸠不是去探讨法律本身，而是法的精神。

孟德斯鸠（1689—1755年）。法国启蒙思想家、历史学家、社会学家，代表作有《论法的精神》

他认为："法律应该和国家的自然状态有关系；和寒、热、温的气候有关系；和土地的质量、形势和面积有关系；和农、猎、牧各种人民的生活方式有关系。法律应该和政治体制所能容忍的自由程度有关系；和居民的宗教、性格、财富、人口、贸易、风俗、习惯相适应。最后，法律和法律之间也有关系，法律和它们的渊源，和立法者的目的，以及和作为法律建立的基础的事物的秩序也有关系。应该从所有这些观点去考察法律。这些关系综合起来就构成所谓'法的精神'。"

也就是说，要从法律与其他事物的关系中去探求法律的精神实质，从一般的法和具体的情况相结合的角度去探讨。由此，法律和其他事物的关系综合起来便是"法的精神"。一切存在物都有它们的法，自然有自然法，上帝有上帝的法，人类也有人类的法。

这就是"法的精神"的基本内涵。

政体的划分

在政体的划分层面，孟德斯鸠认为有三种政体：共和政体、君主政体和专制政体。

共和政体是全体人民或一部分人民掌握最高权力的政体；君主政体就是最高权力掌握在一个人手中，也就是君主手中，但君主执政要在法律的框架下，不能随意按照自己意志执政，要受到法律约束；而专制政体就是独裁，一个人说了算，根据自己反复无常的自由意志来统治国家，不受法律的约束。

这三种政体中，孟德斯鸠是比较倾向君主政体的。因为如果是民主政体，每个人都会出于个人利益考虑，那么这个国家就无法发展了。而专制政体呢，独裁也不利于国家发展。唯有君主政体，按照法律去统治国家才更有可行性。

自由理论

自由这个词，我们从常识理解就是不受束缚，拥有自由的意志，想干什么就干什么，就像天空中的鸟儿可以自由翱翔。但孟德斯鸠认为，自由并不意味着人们可以为所欲为，而是在法律许可的范围内去做一切事情的权力。这就好比天空中的风筝，风筝要自由，但必须要有一根线牵引着，如果这根线断了，风筝自然就没有了自由。

在孟德斯鸠看来，法律就好比是这根风筝的线，是公民自由的界限，一旦公民越界触犯法律，那么他就不再自由了。在他看来，拥有了权力就意味着人都会无休止地滥用权力，所以必须对权力进行限制来捍卫自由。

于是，就有了他的第三个理论——三权分立。

三权分立

关于三权分立,我们前面已经有过介绍,在洛克那里已经提出了三权分立,孟德斯鸠是改进了"三权分立"的学说。立法权、行政权和司法权分开,三种权力实现制衡。

立法权是制定法律的权力,修改或者废止已有法律的权力;行政权,就是和谈或宣战,派遣或接受使节的权利,确保国家安全,预防侵略;司法权,就是惩治罪行,审理个人争端的权力。

如果两种或三种权力集中在同一个人或同一个机构手中,自由便不复存在了。

我们可以看到,孟德斯鸠的三权分立学说,最终都是为了保证自由这个目的的,同时权力分立与制衡也能较好地保障社会秩序的稳定。

04 卢梭:社会不平等的起源是什么

说起卢梭,我想大家都比较熟悉。他在文学史上也很有建树,创作出《爱弥儿》和《忏悔录》。在哲学上他主要有两本著作:《论社会不平等的起源和基础》和《社会契约论》。

卢梭 1712 年出生于日内瓦共和国,一生以"日内瓦公民"的头衔自豪,但是他接受的是地道的法国教育,并在法国的文学、思想和政治生活中发挥了巨大的作用。他童年时期就失去了父亲,10 岁时便离家开始了漂泊流浪的生活。他的经历非常丰富,当过学徒、仆从、儿童教师、剧作家、外交大使秘书,还有相当一段时间内靠情妇爱伦夫人的资助生活。这样丰富的经历加深了卢梭对生活的理解。

卢梭和同时代的启蒙哲学家有些不太一样。我们知道在启蒙运动中,少数知识分子自觉承担起教化大众的历史使命,他们是带着一种贵族气质的,这些人都是知识分子中的精英。但卢梭的背景是什么?他其实就是来自底层的老百姓,所以他提出的一些观点和当时的启蒙思想家的观点,是不同的。

卢梭(1712—1778年)。法国启蒙思想家、哲学家、作家,代表作有《社会契约论》《忏悔录》《爱弥儿》

论人类不平等的起源和基础

卢梭在《论人类不平等的起源和基础》这部作品中探究了一个大问题——社会不平等的起源是什么。

卢梭发问:"谁听说过一个自由的野蛮人抱怨生活想要自杀?"仔细想想,是啊!一个自由的野蛮人,没有思考,没有社会意识,没有周遭的人际关系,没有社会关系的干扰,还会有烦恼吗?还会有抱怨呢?卢梭也正是从这一点开始他的思考。

首先弄清楚人类社会存在着不平等的现象是什么。

卢梭认为有两种,一种是自然的或生理上的不平等,比如人们之间的年龄、健康、体力或者心理素质。有些人是年轻人,有些人是老人,当年轻人比老人有力量,这是一种不平等。有些人心理素质好,乐观向上,有些人消极悲观,自然这两类人也是不平等的。这些都是自然或生理上的不平等。

另一种,是伦理或者政治上的不平等。比如有些人出生在富裕家庭,他们的物质条件比其他人具有先天优越性。有些人为官从政,那他们肯定比普通百姓更有权力。这都是不平等现象。

卢梭认为第二种不平等才是真正意义上的不公平。所以我们就重点探讨一下第二种不平等的根源是什么。

卢梭首先回溯到人的自然状态,所谓自然状态就是抽离人的社会性(人回到原始的野蛮人的状态)。在这种状态下,野蛮人在森林中漂泊游荡,没有语言、技艺、栖所,不会与人交际,更不会争吵,不需要别人的帮助,也不会有害人之心。人和人之间是没有关系的,人和人的相遇也只是一种偶然的现象。如果是这种状态,人也就一代一代这么生存下去,没有教育没有进步,人和人之间的差异也是很少的,自然也不会有什么不平等的现象出现,因为大家都一样。但回到现实世界,人类的不平等现象依然存在,这究竟是为什么?

卢梭提出,这是人类的进步导致的。人类的进步史同时也是人类的堕落史,并且还加剧了人类的不公平。

人类原始的自然状态在持续了很长时间后,才发生变化。人类为了生存需要打猎,用石头或者树枝作为武器与动物搏斗,然后渐渐地产生了强弱大小的意识,而且学会了偶然和同类一起合作捕捉猎物的能力。逐渐，人类的进步越来越快，栖息地也不再是山林和山洞了，开始学会搭建茅棚，遮风挡雨保护自己。于是，渐渐地就形成了家庭这个概念，产生了私有财产。比如，打了猎物带到自己的住所，这个猎物就是自己的私有财产了，别人不能侵犯。如果有人来侵犯怎么办？就要进行搏斗。

也正因为此，人们的生活方式发生了改变，人和人的交流也密切了很多，一系列的感情，比如信任、尊重等都产生了。再加上农业的出现，人们学会自己耕种粮食，于是强壮的人、技术熟练的人自然耕种的粮食就多，这样人和人之间就出现不平等现象了，粮食是个人的劳动所得，所以粮食就是每个人的私有财产。有些人的私有财产多，有些人的财产少，必然会引起相互竞争，发生利益的冲突。

这不就是我们现在的社会吗？社会就是这样逐渐发展起来的。个人财富的不平等导致人们之间嫉妒、竞争等情况出现。那么拥有私人财产的这部分人，就逐渐成了统治者。尤其是私有土地出现后，这个统治者就是地主，其他人都是奴隶。都已经出现这种阶级对立了，你说人和人之间怎么能平等呢？

所以卢梭认为，正是社会文明的进步，生产力的发展，私有制的确立，造成人类不平等的现象。社会越发展，人与人之间就越不平等。

在书中，卢梭也提出了人类社会不平等的三个阶段。

第一个阶段便是法律和财产所有权确立。因为富人和穷人的差别出现，人类就落入一种可怕的战争和对立状态。于是，富人哄骗穷人订立社会契约，因为订立社会契约后会保障每个人都拥有的东西，特别是对穷人来说，他们看到这个社会契约至少可以保障自己的私有财产不受侵害。

订立了契约就需要有保障其实施的强力机构，权力的设立是不平等发展的第二阶段，比如设立了行政官职。

第三阶段便是暴君政治的出现，集权主义导致人们变成了奴隶，统治者变成主人。这就是最大程度的不平等。

我们可以看到，卢梭在这本书中描述了一个美好的自然状态和一个邪恶的文明社会。原始社会是人类最初的乐园，没有管制，没有等级，人是自由和随意的。但正是生产力的发展和科技的进步，现代人的生活开始复杂起来，人们之间会因为琐事而争吵、嫉妒、欺骗。

这本书的最后，卢梭提到："造成所有这些差别的真正原因就在于，野蛮人为自己活着，而社会中的人永远是身不由己，只会按别人的意见生活，也就是说，只是从别人对他的评价中，他才意识到自己的存在。"

是的，这也是我们学习哲学的目的所在，培养自己的思维能力，不要活在别人的评价中，为了那个真正的自己而活，虽然这个过程很难，但至少要朝这个方向努力。

第四部分

德国古典哲学

导 言 Introduction 一座不朽的丰碑

公元18世纪的德国，是一个贫穷落后的国家，经济上基本就是一个农业国，长期的战乱和封建割据让德国四分五裂，整体状况远远落后于欧洲其他国家，但文化上却呈现出绚烂多彩的繁荣景象。

音乐家贝多芬，以其优雅的古典音乐闻名世界；文学家席勒和歌德以古典主义的浪漫为那个时代披上了梦幻的色彩；哲学家康德和黑格尔则开创了一个崭新的哲学时代，德国古典哲学成了工业革命时期欧洲哲学舞台上的主角，也成了哲学史上一座不朽的丰碑。

在我们的印象里，德国人不像法国人那般浪漫迷幻，不像西班牙人那般热情奔放，也不像英国人那般矜持克制，德国人有其特有的性格特点——极度严谨，甚至有些古板。可以说，德国人的性格特点也是由这个国家的历史文化造就的。

正是在这样的背景下，德国的哲学才显得异常晦涩。不同于大陆唯理论的笛卡尔、斯宾诺莎，也不同于英国经验论的洛克和贝克莱，德国的莱布尼茨已经开始呈现出晦涩的哲学特点。而到了康德，则更加晦涩难懂，哪怕是专业的哲学系的学生或者是哲学研究者甚至是历史上伟大的哲学家，在读康德的著作时也是觉得异常费神和烧脑的。

18—19世纪的德国，还处在一个四分五裂的封建城邦状态，直到19世纪中叶以后，随着普鲁士王国统一德国，德国人的民族意识才开始觉醒。由于工业革命和生产力的大发展，有统治需求的资产阶级逐渐登上历史的舞台。哲学家也从精神上开始形成自己的哲学体系，这时康德出现了，他开创了一个全新的哲学时代——德国古典哲学。

一方面，康德面对的是经验论和唯理论发展到一个死胡同的境地，另一方面，康德也在反思理性启蒙对人的影响。于是，康德把之前的哲学脉络做了整理和调和，把经验论和唯理论各自的优点和各自的问题做了重新审视，并提出了自己的解决办法；面对理性启蒙带来的个人自由缺失，康德也提出了关于理性与信仰、科学与宗教的重要哲学议题。

其实，康德哲学从某种意义上来说是对传统形而上学的一种否定。从古希腊早期到柏拉图，到中世纪，到近代理性主义时期，这一整套的哲学脉络都是在探讨一个传统的形而上学话题——本体论和认识论。即世界是什么，以及我们该怎样认识世界。所有的脉络都遵循着一个套路，主体对客体的符合，先有客观实在，而后人们便去寻找客观实在背后的本质规律，去寻找那个终极的"道"的问题。传统的形而上学，就是去寻找经验层面以外的那个本质，那个大写的"实在"，那个"一"，绝对性，包括上帝。而康德呢？他一反这样的思路，不再认为认识的过程是主体对客体的符合，而是反过来了，认为客体是符合主体的。这就是最为著名的"哥白尼式的革命"。

康德的思路是反传统的，他颠覆了固有的思维模式，包括我们每个人认为的常识性的思维方式,在康德看来都是要重新审视的。

我们知道,康德之后的现代哲学有一个什么特点?反传统!尼采说:"上帝死了。"在当时,上帝可是人们思想中一个根深蒂固的概念,上帝意味着绝对真理,但尼采说"上帝死了",这是为什么?是对传统的那一套嗤之以鼻。

可以说,康德是近代哲学和现代哲学的一个重要枢纽,甚至可以说康德是现代哲学的一个开端。因为他打开了一个全新的哲学世界,打开了哲学家的视野,颠覆了人类思考的方式。所以,康德很伟大!

黑格尔呢?

黑格尔是德国古典哲学的集大成者,黑格尔的体系也是异常丰富和缜密的。黑格尔哲学建立的是世界的逻辑结构,他的"绝对精神"就是要包罗万象,这是一种客观的唯心主义,有一种要一统天下的感觉,世界上任何现象事物都可以通过"绝对精神"演绎出来,将古典哲学推向了顶峰,实现的是全部哲学的最高理想。所以说黑格尔也非常伟大。

黑格尔是传统哲学或者说是传统形而上学的终结者。因为"绝对精神"就是我们一直探讨的传统形而上学层面的那个"道",所有的事情都可以归结到绝对精神的层面,所有的现象背后都有这么一个绝对的精神在起作用。所以我们说,黑格尔是传统哲学的终结者。

第一篇 Passage 1 >> 康 德

01 康德：人类闪耀之星

康德（1724—1804 年）。德国哲学家，德国古典哲学创始人，其学说深深影响了近代西方哲学，并开启了德国古典哲学和康德主义等诸多流派。代表作有《纯粹理性批判》《实践理性批判》《判断力批判》

康德，1724 年出生在东普鲁士一个小城市哥尼斯堡。他一生活到了 80 岁，在当时已经算是很长寿了。康德的身高只有 1 米 57，一点也不像那些人高马大的欧美人，但正是这么一个矮小瘦弱的德国男子，开创了一个伟大的哲学时代。

康德出身比较贫寒，没有雍容富贵的家庭背景，父亲是一个马鞍匠，家里兄弟姐妹很多，童年时便失去了母亲。他 16 岁时考入哥尼斯堡大学，而后父亲也去世了。经济的拮据状况让康德走上了家庭教师之路，他 32 岁时重回大学校园当起大学老师。那时，康德为了挣到更多的课时费以补贴家用，接了很多的课程，上到天文下到地理，什么课都讲。这期间康德博览群书，拓宽了知识面，也为他后面的哲学思想奠定了基础。

直到1770年康德46岁时，终于从编外讲师晋升为教授，提交的教授就职论文的题目是《论感性世界和知性世界的形式和原则》，这成为他后面批判哲学的萌芽。

也正是以此为界限，康德的哲学分为了**前批判时期**和**批判时期**。

在康德就职教授之前，是他的前批判时期。那时康德在自然科学层面进行了研究，提出"星云假说"，这个星云假说主要是解释宇宙最初的起源问题。我们知道牛顿当时提出了机械论，承认物质之间的力学运动，但运动最初是怎么发生的？牛顿并没有解释清楚，只是把上帝搬了出来，认为上帝是第一个推动者，给了世界一个力，于是世界就运动起来了。

这时，康德提出了"星云假说"，认为宇宙最初是一个混沌的星云状态，在后续发展过程中由于物质本身具有的重力作用，不同的物质聚集在一起形成一个个星体，进而形成各种星球和星系。

这是康德在天体物理方面的观点，当然那个时候是康德年轻的时期，哲学上也小有建树，但更多的是理论基础的建构。真正让康德名声大噪的是他在1770年以后的批判时期提出的哲学理论，这也是康德哲学真正成熟的阶段。

康德的一生是极其平淡的，甚至是有些乏味的。除了一次短暂的旅行外，他没有离开过自己的家乡，没有结婚生子。他给自己制定了一套严格的生活作息表，生活极其有规律，每天什么时候起床、学习、授课、吃午餐、散步、读书、写作、睡觉,这些都在康德的这张作息表中体现并严格执行。他每天的生活按部就班,邻居甚至会把康德当成一个活的时钟来对表,只要到了下午3点半,康德会准时在街道上散步。据说康德唯一一次没有准时出来散步,是因为他前一天晚上通宵读了卢梭的书——《爱弥儿》。或许正是这种清淡的生活方式,让这个身体瘦弱的德国男人活到了80岁的高龄。

古板、克制,一切都井井有条,再加上身体瘦弱,这些因素加在一起,让康德迸发出了一股强大的内心力量——对未知的探索,对真理的渴望。他的内心世界是极其丰富的,他的著作里有着对世界的终极关怀、对人的终极关怀:人的认识能力、人的道德和信仰、人的自由、人的审美,这些在康德的学说里一一呈现出来。他关注的是这个时代的前沿,启迪的是人类的全新思维。

在康德的一生中,对他影响最大的两个人,一个是休谟,另一个是卢梭。休谟打破了他对理性主义独断论的迷梦,而卢梭启迪了康德对自由的向往。

1781年,康德大器晚成。他用了10年时间写成了《纯粹理性批判》。这部著作一鸣惊人,给当时的哲学思想带来了一场革命。那一年,康德57岁。

从此,康德引领了一个批判的哲学时代。康德哲学也成为当时的热点,大街小巷的每一个人好像都要来读一读这本《纯粹理性批判》,虽然不见得能读懂,但至少也要瞻仰这位伟大的哲学家的思想。仅凭这一部著作,足以奠定他在哲学史上的不朽地位。

在随后的十几年内,康德相继发表了《实践理性批判》和《判断力批判》,这就是著名的三大批判,因而康德哲学也叫批判哲学。

02 康德的终极关怀：人是什么

人是什么？

这是一个多么难回答的问题。每一个人都有自己的答案，都有自己的理解。如果这个问题摆在你面前，你会怎么回答？

人是世界的主体，人要吃喝拉撒睡，人有欲望，人是道德与自由、理智与情感的承担者，人也是矛盾体……每个人的理解都不一样，答案是丰富多彩的，因为人类世界本身就是一个多样的世界。而这个问题也是康德，作为一个哲学家一直在追问的。你会发现，康德其实是一个很温暖的人，他的哲学包含对人性的关怀，处处闪现着人性的光芒。

人是什么？在康德看来，这个问题被划分为三个小问题：人能够知道什么？人应该做什么？人可以期望什么？

正是这三个问题，最终解答一个总的问题——**人是什么**？

大家第一次听到这三个问题，或许觉得这并没有什么，这三个问题不正是涵盖了我们人生的方方面面吗？你要怎样认识这个世界？你要做出什么样的行为？你对未来的愿景是什么？这就是人生啊！

而康德的伟大，正是用哲学精妙的论证，来解答这三个问题。他最为著名的三大批判也正是一一解答了这些问题。

人能够知道什么

《纯粹理性批判》解决的是人能够知道什么的问题,这是认识论层面的哲学。人能够认识什么?去考察理性在认识过程中的作用,理性本身的运用范围是什么,哪些我们可以认识,哪些我们不能认识,知识是如何成为可能的。

人应该做什么

第二本著作《实践理性批判》要解决的正是人应该做什么的问题,这便走向了实践的领域。在我们日常行为中,能不能够形成一种实践的准则,一种普遍的法则,一以贯之呢?如果有,这就涉及道德层面的讨论了,这些法则就是道德律。

人可以期望什么

第三个问题是人可以期望什么,这是《判断力批判》要解决的。人类精神活动的目的、意义和作用方式是什么,以及人的美学鉴赏能力和幻想能力究竟是怎样的?通过对人的审美和情感的探讨,去找寻人类未来的期望和愿景。

这就是康德三大批判,讲的就是知、情、意的问题,《纯粹理性批判》是"知",《实践理性批判》是"意",而《判断力批判》便是"情"。综合起来,便归结到一个终极的问题——人是什么,人要知道什么,该怎么做,人的审美和情感有哪些。

这就是康德的非凡之处!他不同于以往的哲学家。以往的哲学家是在搞思辨的、技术性的学术,是在玩儿一种复杂的智力游戏,通过缜密的论证得出一个观点，并深深享受着逻辑和文字游戏带来的快感。

但康德不是！康德站在了一个更高的维度，他超越了以往哲学家的境界，哲学不仅仅是在进行逻辑的推理和论证，更重要的是通过哲学进行生活的追问，他把哲学当成一种追求自由的生活方式，当成一项道德事业，这个境界就不一般了。虽然康德哲学晦涩难懂，但最后确是柳暗花明的，指向的是一个终极的关怀——人的问题。

这就是为什么康德逝世这么多年，还有这么多人喜欢研究康德的原因。因为康德研究的是每一个人都特别想探究的，但又因为自身的局限性而无法探究清楚的一个问题——人是什么。每一个爱智慧的人面对这个话题时，敬畏之心油然而生，心向往之。

康德有一句名言，大家耳熟能详："**有两种东西，我对它们的思考越是深沉和持久，它们在我心灵中唤起的惊奇和敬畏就会日新月异，不断增长，这就是：我头上的星空和心中的道德定律。**"

抬头仰望星空，低头俯视自己的心灵。这就是康德！

他关注头顶上的星空，这是从自然的维度来说的，这里的自然不仅仅指大自然，而是包括人在内的一切——人和世界的关系，人对世界的认识等。康德关注自然的规律，讨论自然的法则问题。

低头俯视自己的心灵，这是从一个自由的维度来说的。这个自由不是随心所欲、为所欲为，而是指人应该怎样生活的法则：人应该诚实，不应该说谎，人应该尊老爱幼，应该多做善事，等等。从"应该"层面去讨论的，就是人内心的道德法则。

"人是什么"是康德一生关注的终极问题。

03 康德：三大批判讲了什么

第一批判《纯粹理性批判》

《纯粹理性批判》属于康德的理论哲学的内容，也是认识论哲学。认识论，大家已经非常清楚了，人怎样认识世界，知识是如何成为可能的，这些就是认识论要探讨的话题。在第一批判里，康德通过对纯粹理性的批判展开了他的哲学论述。

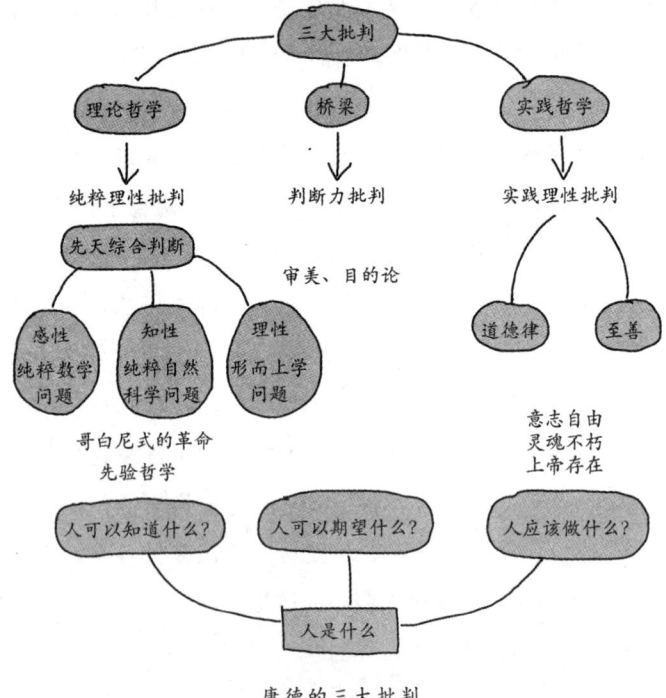

康德的三大批判

"批判"在这里不是完全否定的意思,而是带有一种审视和考察的意味,用一种反思的精神去考察人类的纯粹理性问题。人类的理性能力是什么,适用的范围是什么,理性在纯粹的形式下如何建立起知识,什么是可以认识的,什么是不可以认识的?康德提出了他的先验哲学,这也正是一种"哥白尼式的革命",通过对认识的三个环节——感性、知性和理性进行考察(与之相对应的就是康德提出的先验感性论、先验知性论和先验理性论),最后要寻找到一个答案——先天综合知识何以成为可能,从而建立起作为自然倾向的形而上学体系。《纯粹理性批判》通过对人的认识能力的考察、理性的考察,从而努力去探究人可以知道什么的问题。

可以说,康德在第一批判考察的是人对现象界的认识,现象界是可以被认识的,同时康德还划了一个界限,设置了一个"自在之物","自在之物"是不能够被认识的,这是实践的领域,是信仰的领域了。

第二批判《实践理性批判》

《实践理性批判》探讨的是实践哲学的问题。实践领域是什么?就是我们实实在在的行为领域,康德要去寻找的是人应该做什么的问题。当然这里的"批判"仍然是考察的意思,去考察人在实践活动中的种种表现,以纯粹的实践理性作为标准去衡量各种行为,从而努力构建一种道德的形而上学,遵循着道德律,去找到那个至善的生活方式——心中保持自由,对神灵有所敬畏。

有些东西不是科学知识能够规定的,不是通过推理论证就能得到的。实践准则、道德准则是什么?是人的发心动念,这个领域是自由的，纯属个人意愿的。比如，"己所不欲，勿施于人"，这是一个道德的准则，有道德的人会自觉遵守，因为遵守后能获得一种内心的快乐，达到至善的状态。但不是每个人都能遵守"己所不欲，勿施于人"，有些人自己不快乐也要让别人不快乐。但对这样的人，你能怎么办？你无能为力，因为这是每个人的自由选择，你可以遵守这样的准则，也可以不遵守。遵守与否都不会对生活的本质产生影响，唯一影响的是你内心的感受，你内心对至善的向往。

所以，当有人违背了道德，也只能进行道德的谴责。而遵守了道德律，便可以让自己达到一种至善的状态，获得幸福、快乐的心灵境界。于是康德要做的，便是去找寻可以一以贯之的实践准则，去找到道德准则背后隐藏着的更为根本的原理。"你应该如此"——你应该珍惜生命，你应该遵纪守法，你应该尊老爱幼等，"你应该做什么"，这就是在道德的领域要探讨的。这背后有一个什么样的原理在支撑着这普遍的准则呢？这就是道德律的原则——普遍性原则、人性原则和自由原则，所有的道德准则都要遵循这三条才能称之为道德。

但是不是只要有了道德准则就能完全建立起道德的形而上学体系呢？不一定，因为人的局限性，人没办法完全认识到一个整体的全貌的实践法则体系，那怎么办呢？要诉诸信仰的领域，灵魂不朽和上帝存在。在《实践理性批判》里，康德为信仰留下了一块地盘。

其实，康德的《实践理性批判》更贴近生活，因为这关乎每个人的生活，关乎至善和幸福的状态。就像康德自己所说，"与此相比，理论的关注是非常微不足道的"。

第一批判可能有些烧脑,理论论证也很晦涩,但这为第二批判打下了一个基础,我们学到的也是一种思维方式,第二批判实践哲学才是对生活真正重要的意义所在。

第三批判《判断力批判》

《判断力批判》是康德在前两大批判发表后出版的一部关于美学的著作,主要讲了两部分内容——审美判断力批判和目的判断力批判。

可以说,《纯粹理性批判》里认识的是现象界,《实践理性批判》探讨的是自在之物,这两个世界是井水不犯河水的。如何让这两个领域联结起来呢?需要一个媒介,这个媒介就是判断力。康德对审美判断力的分析,目的就是为了在知性和理性之间架起一座桥,填补两者之间的鸿沟。因而这部著作可以看作是康德解释理论哲学和实践哲学的一座桥梁。

在《判断力批判》中讲到审美的问题,比如美感是有共通性的,也是有普遍必然性的。拿一朵花来说,你看到一朵花会产生美的感觉,我也产生了美的感觉,他也产生了美的感觉,这说明什么?美感是有共通性的,这朵花让每个人都产生了一种美的感觉,那么这其中的原理是什么?这就是《判断力批判》里要讲到的。人在审美的过程中获得了喜悦,但这并不是因为对象的特质,而是人本身就具有一种先天的判断能力。在审美活动中,人获得了一种自由与超越之感,人充分享受其中的快乐,这也正是人的情感维度的展开。

《判断力批判》在美学意义上通过对人的审美与情感维度的论

述，表达出人对未来的希望与愿景。

这就是康德的三大批判，分别解决了三个问题：人能够知道什么，人应该做什么，人可以有什么期望，从而归结到一个终极话题——人是什么。

04 为什么要批判"理性"

理性与自由

18世纪，近代理性主义发展到一个死胡同的境地。

唯理论只注重逻辑演绎，忽略经验内容，发展到极端便是莱布尼茨－沃尔夫体系的独断论，知识只剩下空泛的形式，没有新的内容；而经验论只注重经验的归纳，不注重逻辑形式，发展到极端便是休谟的怀疑主义，只认可经验到的内容，对那个经验背后的东西持不可知态度。

两派哲学家各执一词，知识要么是具有普遍必然性不具有新内容，要么是具有新内容不具有普遍必然性。唯理论和经验论的初衷是一样的，都是为了寻找知识可靠的基础。但现在两个派别最后得出的结论都违背了自己的初衷。各自的理想都破灭了，哲学到这个阶段就出现了问题——认识论上的死胡同。

当时，科学已经兴起，科学知识就是一定要具有普遍必然性，又要有经验内容的真理性知识。那认识论上的死胡同，岂不是让科学知识的基础发生了动摇吗？

哲学发展到这个阶段，就真的有问题了。这是理性的危机。因为科学知识也是理性的产物，但问题是科学知识的根基开始受到动摇，而且启蒙运动在当时兴起了，启蒙运动是理性启蒙，崇尚理性，崇尚科学，告别愚昧落后的封建状态。但唯理论和经验论的争论，最后的结果是导致理性能力受到动摇，科学知识的普遍必然性的根基受到了怀疑。在那个时代，大家是相信自然科学知识存在的，只是哲学没办法证明科学知识的确定性和可靠性。那怎么办？这个局面该如何打破？

这是康德面临的第一个问题——人类理性的危机。康德在思索着，努力找寻着解决的办法。

除了理性问题外，康德还面临着另外一个问题——人自由的可能性。

当时启蒙运动风生水起，提倡理性和自由。针对愚昧落后和封建专制，启蒙思想家自觉承担起了教化大众的历史使命。当然我们要承认启蒙运动对人类思想文化的积极影响，但消极的负面影响我们也要反思。启蒙运动，最主要的理论就是强调理性和自由。这个理性更多的是强调科学理性，是一种科学主义和科学精神的体现。

当理性被普遍化，被推到极端后会怎么样？科学理性就会拓展到科学知识以外的领域，拓展到人类知识的所有领域（自然、社会、人性等领域），但一切都被科学理性规定成一套法则时就会出现问题。比如，人的实践领域或人性的领域，如果被科学理性规定成一套法则，那么人这个鲜活的个体就会被条条框框框住了，一切都会受到束缚，人反而失去自由了。而启蒙运动的初衷是什么，就是用理性去告别愚昧落后，去解放思想，这是一个通向自由的过程。但最终启蒙本身也违背了初衷，过度的理性反而让自由无处生存了。自由到底还有没有可能性呢？如果一切都被科学的法则规定，那人还能拥有自由吗？人本身的价值和尊严去哪里寻找？

这是康德面临的第二个问题——自由的可能性的危机。甚至第二个问题会比第一个问题更为严重。

理性不是万能的，科学的理性只能在科学的领域奏效，在其他领域似乎失去了作用，反而成为障碍。我们也可以看出，理性自身也是有局限性的，理性并不是无限的。

在自然法则面前，人究竟有没有自由，有没有独立的价值和尊严？是不是人的实践法则也可以被科学理性所规定？这些问题，康德也一直在默默思考着。

按照常识去理解，人是有自由的，而且一定是有自由的。哪怕我们没有学过哲学也可以得出这样的结论。日常生活中，我们做出的各种决定就是我们自由选择的体现。

当启蒙运动导致理性被极端化以后，理性取代了自由的空间，人的自由便逐渐失落。康德看到了这个问题。

但康德绝不是反对"启蒙"。恰恰相反，康德从一开始就是"启蒙"坚定的拥护者，但他也发现了启蒙的问题，因而他成为严厉的批判者。他批判"启蒙"不是为了埋葬"启蒙"，而是为了拯救"启蒙"。理性，只有在被重新审视时才有可能重建权威。

所以，理性的危机也好，自由的失落也罢，其实有一个更为根本的问题：我们一直探讨的理性主义（唯理论和经验论）是不是因为没有对理性本身进行审视,才导致理性出现了这样或那样的问题?

康德思索着,他看到了这些问题并深深地体会到这些问题带来的影响。这其实也是传统的形而上学面临的困境。

传统形而上学的困境

传统的形而上学,自柏拉图以来探究的都是现象世界背后的本质问题,这期间运用的方法就是理性的方法,试图把形而上学当作一种科学来实践,历代的哲学家也都是这么去做的。但实际上呢?形而上学无法成为科学,以往的哲学家们争论不休、众说纷纭,有争论的余地就说明这并不是科学,科学的答案是唯一的,怎么会争辩不休还得不出一个确切的答案呢?所以传统的形而上学,只是人类的一种理想罢了。

这些问题,康德都看到了。

他试图批判传统的形而上学,同时也要为形而上学寻找出路。因为康德并不否定形而上学的意义,对形而上学的追求是人试图超越自身有限性达到对无限性的向往的体现,这甚至比形而上学追求科学更有意义,因为这关乎的是人自身的问题。

那么,康德该怎么办呢?

一方面对旧有的形而上学进行批判,另一方面也要努力建立起新的形而上学体系。于是,这就成了康德哲学的出发点。面临着理性的危机和自由可能性的危机,审视着传统形而上学的困境,康德终于爆发了!

他要做的第一步就是对理性进行批判。因为之前的哲学家都在运用理性，无论是唯理论还是经验论，都是用理性的方式去探讨哲学，但这个理性是否运用对了，是不是有些地方超出了理性运用的范围呢？康德意识到了，只有先对理性本身有一个全方位的审视和考察，才能得出后面的结论。先来看看理性自身的原理是什么，人认识世界时哪些是可以用到理性的，哪些不是理性的运用范围，搞清楚这个之后，才有后面更为宏大的形而上学体系的构建。

康德用了10年时间思索这个问题，答案就在他的那本《纯粹理性批判》之中。

康德面临的问题，一个是理性的危机和自由的失落，一个是传统形而上学的困境。康德开始寻找出路，第一步就是要对"理性"本身进行考察。这也是一个漫长的晦涩的过程，那么康德采用的是什么方法？或者说康德解决这些问题的根本原则是什么？

"哥白尼式的革命"，这是理解康德哲学的一个总入口。

05 一场伟大的"哥白尼式的革命"

什么是"哥白尼式的革命"呢？

哥白尼在历史上最大的贡献是提出了"日心说"。我们知道，当时"地心说"是占据着统治地位的，每个人都认为地球是宇宙的中心，太阳是围绕着地球转的。但哥白尼一反常态，提出了"日心说"，地球围绕着太阳转，这是一个具有颠覆性的观点。

哲学史上，也有这么一场颠覆传统认识方式的认识论的革命，康德正是这场革命的发动者。

从17世纪开始,理性主义登上历史的舞台,相继出现了经验论和唯理论,这两大派别的哲学家都以探寻真理性的知识为目的,只是各自的方法不同。双方各执一词,最后走向了死胡同,两者都没有获得最终的真理性的知识。我们知道,真理性的知识是既具有普遍必然性,也具有经验内容的知识,这两个派别都无法达到。

问题到底出在哪里?这背后是不是有一个更为根本的问题没有找到?康德思索着,他逐渐发现,所有的探讨都是在传统的认识模式下进行的,什么模式?知识要符合对象,也就是说主体要符合客体。无论是经验论还是唯理论,都是先承认了一个客观的实在,在这个基础上再去探究客观实在背后的规律、本质等这些知识问题。客体是客观存在的,所有的知识都要去符合客观存在,主体努力找寻客观存在背后的真理。

比如唯物主义,承认先有物质再有意识,思想的意识是对物质的一种反映。这种反映论,就是传统的思维方式。但康德觉得,按照传统的思维方式不行,解决不了问题,不然为什么唯理论和经验论都走向死胡同了?这是无解的难题。

康德突发奇想,他觉得以往都是主体对客体的符合,知识对对象的符合,那为什么不能颠倒过来?主体可以在先,客体符合主体,但不是简单的颠倒,而是说客体要符合主体的认识形式,这样是不是就可以解决科学知识的普遍性和必然性的问题?于是,康德提出了这么一个假说。

这里我们再好好理解一下客体符合主体的认识形式的问题。

人这个主体，是不是有一些先天的认识形式呢？这个认识形式是不依赖于客观经验内容的，也就是先天存在的一种形式。而知识，就是客体符合了人的主体的认识形式后形成的。就好比说，人的思维里先天就有一个模子，这个模子只是一个空壳，就像模具一般，里面有凹陷的各种形状，但没有东西。而关于客观物体的知识，就是按照人思维里的这些模子填补出来的结果。

再举一个例子，可以把人的认识形式看作是我们头脑中的一面认识之网。我们用认识之网去捕捉对象提供给我们的经验材料。这个网有一个过滤的作用，最后通过这面认识之网，留在这面网上面的东西才是知识。经过这面网，要经过人的认识形式后才能形成知识。

换句话说，知识的形成必须要借助人的认识形式才能完成。这就不同于以往传统的知识符合对象的观点了，以往都是人被动地去接受知识，或者知识是客观存在的，人只需要去发现就好。但康德就颠倒过来了，人是有着一些先天的认识形式的，客观对象符合人的认识形式后才能形成知识。这样就强调了人的认识形式的能动性。

那么人这个主体，有哪些先天的认识形式？这是我们后面要详细介绍的，比如人的感性的纯形式是时间和空间，人的知性的纯形式是范畴。人的这些先天的认识形式是逻辑上在先的，只有在这些形式的基础上，才能认识到客观的事物。比如人认识世界无论如何都逃脱不了时间和空间的约束，你能说游离于时间和空间外去认识这个世界吗？当然，不能。

为什么康德如此伟大呢？正是因为他颠覆了前人的思考模式，

提出了一种崭新的思维方式，并且能很好地自圆其说论证出来。正如哥白尼完成从"地心说"到"日心说"的转变一样，康德完成的是哲学上的革命，这是认识方法的转变，同时也是世界观的转变。

那么，康德通过"哥白尼式的革命"告诉我们一个什么道理？就是知识要通过人的认识形式才能被认识到，知识的形成是客体对人的先天认识形式的符合过程。

有一部分知识我们是可以通过认识形式认识到的，那是不是还有一部分知识没办法通过主体的认识形式被认识到？也就是说还有一部分领域是未经认识形式限制而形成的？

还是借助认识之网来理解。有一部分知识，我们可以通过这面认识之网捕捉到，经过这面网的时候，通过过滤的作用，这个过滤其实就是对知识的一种限制，留在这面网上面的东西才是知识。那是不是还有一部分知识，是通过这面网的缝隙溜走了，没有留在这面网上面？这部分内容是不受认识形式限制的，有没有这部分领域呢？

康德认为，是有的！

于是，从人的主体性这个角度来说，世界被划分为两个世界。当然这个前提是从人的主体性来说，从人的认识角度来说的，因为本来就是一个世界，只不过从人自身来说，是有两个世界的。

被认识之网过滤后留在网面上的是现象界，而被认识之网过滤后飘走的那部分就是自在之物了。

现象界，是我们能直接感知到的，是一个可以被认识的领域；自在之物，是我们无法感知到的，是一个不可知的领域。经过我们认识的形式认识到的事物是现象界，但现象背后是什么，这个领域是存在的，但我们无法认识，不可知。

所以，康德在知识的范围上划了一个界，有一部分知识是可以认识的，有一部分领域是无法认识的。

06 一个是现象界，一个是自在之物

通过"哥白尼式的革命"衍生出了康德为知识划界——现象界和自在之物。

现象界

现象，就是我们看到的感性表象。我们看到的这个实实在在的大千世界，我们看到的花草树木，看到的星空，看到的大地，看到的人等，所有能看到的东西组成的这个世界就是现象世界。而这个现象界，是我们可以认识的领域。

这里强调一点，康德所说的现象是通过人的感性形式获得的一种感性杂多，这是表象层面的。在这个表象背后是不是有一个本质的东西呢？现象的背后究竟是什么样子？康德认为，这个领域是不可知的，这就是"自在之物"，或者说叫"物自体"。

自在之物

花的背后，是不是有一个花的模型存在，所有的花都是照着这

个样子来的？康德认为，一定是有这么一个领域存在，但这个领域具体是什么样子不得而知。花的背后，也可能就是我们看到一个花的样子的东西，也可能不是，或者一个其他的什么东西。这些我们都不得而知，这个领域不能被认识。

但这个"自在之物"起到一个作用，刺激了我们的感官，使我们在感性层面形成各种表象。我们看到的花，其实是花的背后有一个不可知的东西在刺激着我们的眼睛，而后呈现在我们面前的一个表象，这朵花是一个显现。我们能看到的，能认识的只是花的现象，而花的背后的那个"自在之物"是什么，不可知。

前面讲到，受到人的认识形式限制的这部分领域是现象界，人的认识形式就好比是一面认识之网，被这面网捕捉到的，受到限制的才是现象界，而没有被人的认识形式限制到的，不在这面网上的是"自在之物"，是无法认识的领域，你看不到，也不知道长什么样。康德就是在逻辑上假设"自在之物"存在，但不知道长什么样。

柏拉图也把世界划分了两个世界：一个是现象界，一个是理念的世界。你看到的万事万物是现象界，这背后有一个理念的型相，这是一个精神的实体世界。比如各种各样的苹果背后，一定有一个苹果的原型，你看到的各种各样的苹果是对原型的模仿。所以理念论里的理念是什么，是万千事物背后的那个终极存在，这是一个理念的实体。

在柏拉图这里，现象界是千变万化的，是不确定的，唯有理念世界中那个理念的实体是唯一不变的，是具有可确定性的，是终极的存在，这个理念的世界是可以被认识的，因为你知道他长什么样。所以柏拉图这里的理念世界，是一个可知而不可感的世界。

但在康德这里，"自在之物"是一个可感但不可知的世界。你能确定的是这个"自在之物"是存在的，但你不知道它究竟长什么样，这是你无法认识到的，或者说这个领域已经超出了你认识的范围了。你唯一能认识的，就是现象界看到的千万个长成各式各样的花朵，这花朵的背后有一个不知道是什么的东西在刺激着你的感官，让你产生了一种关于花朵的表象。

可是，我们不禁要问，康德为什么要这样去划界？是不是多此一举？我们只要认识到现象就够了，为什么还要划出一块名为"自在之物"的领地，而且还不可知？

这跟康德整体的逻辑体系有关。

康德的初衷是什么？是为了解决理性的危机和自由的失落问题，为了解决传统形而上学面临的困境，为未来的形而上学找到出路。

在当时，休谟的怀疑论已经动摇了传统形而上学的基础，休谟只认经验领域的内容，经验背后的那个东西是什么，他不承认，而形而上学探究的是什么，就是经验外的那部分，超验的领域。

所以康德的初衷是为了解决形而上学的危机，但这个论证的步骤却需要脚踏实地地进行。

"哥白尼式的革命"仅仅是一种思维方式的转变，是一个假说，要如何一步一步论证呢？先对理性的认识范围进行考察，哪些东西是可以认识的，哪些是不能认识的。康德发现如果"哥白尼式的革命"是正确的，也就是说"对象要符合主体的认识形式"是成立的，那么就要去研究主体的认识形式是什么，客体是怎样符合主体的认识形式的，如果这条路走通了，就证明"哥白尼式的革命"这个思维方式是行得通的。于是，就要先划清界限，在哪些领域，我们是可以通过人的认识形式认识知识的，哪些领域是不能的。划清界限后，在各自的领域再进行探讨。

在现象界的边缘，康德立了一块碑，知识到此为止，人的认识范围到此为止，超过这个界限，就是"自在之物"的不可知的领域。

可以说，两个世界的划分是个二元论的问题，也是康德哲学的一个前提。这并不是康德误入或不得已而陷入的二元论境地，康德本身采取的就是这么一个二元世界的设置，在这个基础上才有其他各自领域的论证。

当划分了这两个世界后，康德哲学脉络也就清晰可见了。

在现象界，"纯粹理性批判"主要探讨认识论的问题，拯救的是康德面临的理性的危机问题，解决的是经验论和唯理论各执一词走向死胡同的问题，哲学威胁到科学知识根基的问题。

而在不可知的自在之物领域，康德探讨的是不被科学理性规定的那部分内容——自由、道德和宗教信仰。这是一个本体界的领域，是一个有着无限性的领域，拯救的是康德面临的自由可能性的危机问题，最后达到康德的理想——建立一个道德的形而上学的世界。

07 限制知识，为道德和信仰留下地盘

康德为知识划界，一个是现象界，一个是"自在之物"，之后出现了一个严重的问题。

"自在之物"是不可以被认识的，人只能认识事物的现象，这就与当时的自然科学的原则发生了冲突，自然科学就是要认识自然的本来面目，就是去认识那个现象背后的本质性的问题，那么设置这个"自在之物"岂不是动摇了自然科学的原则吗？这是其一。

还有一个更为严重的问题，那就是对形而上学的动摇。传统形而上学的目标就是去找寻现象背后的本质规定性的问题，要超越认识的有限性去找到那个无限的宇宙本质和规律问题。但这时出现了一个"自在之物"，为人的认识界限立了一块碑，人的认识到此为止，不能去逾越这个界限去探究背后是什么，人不能去认识这个现象背后的本质问题了。这样看来，形而上学的追求就是不可能的了，"自在之物"断了形而上学的路。

如此一来，两个世界的划分导致一个后果，让哲学陷入了一个消极的境地，陷入了一个困境。本来康德是为了解决形而上学的问题的，现在可好了，"自在之物"的设立恰恰违背了当时的初衷。

但很快，康德很好地扭转了局面。这个消极的限制完全可以转化为积极的成果。

为知识划界，恰恰说明一个道理：现象界是受到了人的认识形式的限制后才被认识到的领域，那就说明还有另外一个领域，这个领域是不受人的认识形式限制的，是可以自由发展的，是一个无限的领域，这就是"自在之物"。也正是因为对理性的这种限制，才导致可以开辟出一个新的领域，而且是一个更为广阔的天地。人这个主体不可掌控它，只能奢望着努力去探寻它，但永远不能完全触到它的真面目。

人的认识能力是有限的，人自身也是有限的。人试图超越自身的有限性去探寻一个无限的东西，这是什么，就是对形而上学的追求，这个领域是"自在之物"的领域，是道德领域，是信仰的领域，是自由的领域。

所以，为知识划界看似消极，实际上是为理性的另一种能力——实践理性留下了空间，能认识的领域就在现象界讨论，不能认识的，那个有着神秘性的，但又无时无刻牵引着人的无限向往的领域，就是不可知的"自在之物"了。

所以，康德说：**我们有必要限制知识，以便为道德信仰留下地盘**。而这个地盘恰恰就是形而上学的领域——道德的形而上学领域。

康德哲学整体上是为了解决一个核心问题——传统形而上学面临的困境，只不过他用到的方法是把主客体的关系颠倒过来，发动了一场"哥白尼式的革命"。因为要探究客体符合主体的认识形式问题，就要先对理性的范围进行考察，对认识的范围进行划界，于是衍生出了两个世界的问题。但到这里，我们仅仅只是开了一个头，因为康德发动"哥白尼式的革命"是为了解决他面临的问题所做的准备，这仅仅是一个方法，是一个假说：客体围绕着主体转。如果能证明这个假说是正确的，那么也就证明了康德这套理论是正确的，最终也就解决了他面临的传统的形而上学的问题——理性和自由的危机问题。

之前再三说到，传统的形而上学出现困境，因为唯理论和经验论哲学家都是按照传统的主体符合客体的模式进行思考的，因而各自都出现问题，发展不下去了，两者都无法找到真理性的知识，要么只有经验内容没有普遍必然性，要么具有普遍必然性没有经验的新内容。

那么，有没有一种知识，既具有普遍必然性又具有经验内容呢？

通过这个"哥白尼式的革命"，康德找到了。

正是对主客关系的颠覆后，康德认为有一种知识既具有普遍必然性，又具有经验的新内容的。这种普遍必然性是主体的先天的认识形式，而经验内容正是后天杂多的经验结果，这种知识就是——先天综合判断。

人的先天认识形式和后天的经验内容相结合后，形成知识。这正是客体对主体的认识形式符合后的结果。于是，这就能说通了"哥白尼式的革命"蕴含的主客体关系的颠倒问题。当然，这里面的论证相当复杂。

08 什么是先天综合判断

"先天综合判断"的问题,也是《纯粹理性批判》里的一个总问题,那什么是"先天综合判断"?

先天综合判断

我们把它划分为三个词:"先天"、"综合"、"判断"。从字面上来看,最后的落脚点在"判断"上。是一种什么样的判断?先天的、综合的判断。

判断

什么是"判断"?

先用常识去理解,当你在说一个判断的时候,其实你是在说"什么是什么"。比如,"李明是好人",这就是一个判断。"花是红色的","小草是绿的",这些都是判断。这里有一个普遍的句式:A 是 B。凡是具备了这样特征的句子就是判断。

当然,这是我们从常识去理解的。实际上,还有一类命题虽然不是用"A 是 B"的形式,但也叫判断,比如,"李明很善良","北京在南京的北边"。也就是说,具有真假性的句子也叫判断。

我们的考察以"A 是 B"这个句式展开。

在康德看来,一切知识都具有判断的形式。你只说概念 A 或者概念 B 的时候，这是不是知识？这不是知识。判断一定是连接了两个概念的，只有当 A 和 B 这两个概念连接在一起的时候，这才是判断，才能叫知识。

于是，康德把判断分为两大类：分析判断和综合判断。其实这是两类知识。在休谟那里说到了对知识的分类问题，关于观念的知识和关于事实的知识。观念的知识是几何学、逻辑学的知识，而关于事实的知识就是具有经验内容的知识、自然科学的知识。其实早在休谟这里已经做了一个区分。而康德明确提出了这两类知识的特点。一个是分析判断的知识，一个是综合判断的知识。

分析判断

分析判断的知识是什么？举一个例子：物体是有广延的。在这个判断中，"物体"这个概念本身已经包含了"广延"这个概念了，"广延"就是长宽高三向量，那么一个"物体"它本身就已经具备了"长宽高"这三向量，不可能有无广延的物体。于是，在这个判断中，"物体"包含了"广延"，从"物体"就可以分析出"广延"来。

在"A 是 B"这个句式中，A 这个概念里已经包含了 B 的概念了，从这个判断中并没有说出什么新的东西出来，并没有拓展出什么新内容。还有很多这样的判断，比如，"水是液体"，"地球是圆的"等，以及我们知道的形式逻辑，这些都是必然的真理，属于分析判断。

那么，分析判断有什么特点呢？具有普遍的必然性，但不具有经验的内容，不能扩充新的内容。唯理论就是这个路数。从天赋观念出发进行逻辑的推理，得出一些逻辑的形式。所以唯理论最后得出的命题就是一些分析判断，只有逻辑形式没有新的经验内容。

而这些逻辑形式是先天的一种形式，是不证自明的，是先于经验就有的一些形式，是逻辑上在先的。因而分析判断也叫先天的判断。这样的判断一定是具有普遍必然性的，但是没有经验的新内容，不能扩展知识。

这就是分析判断或者说先天判断的内涵，大家只需要记住一点，**这类判断具有普遍必然性，不具备经验的新内容**。这也是唯理论最后得出的知识。

综合判断

综合判断就是有了后天的经验内容的知识，因而也叫后天判断。比如，"玫瑰花是红色的"，"水是热的"，这些都是需要后天经验到之后才能得出的判断。你看到了玫瑰花的颜色，然后判断它是红色的。你的手触摸到了水，感受到水是热的，这些是在你经验后得出的结论。

A 和 B 这两个概念之间，不存在必然性的关系。比如"玫瑰花"和"红色"这两个概念，玫瑰花不一定是红色的，还有白色的玫瑰花，只是你看到的这朵玫瑰花是红色的。再说水，水一定是热的吗？不是，水也有凉水，只是这壶水烧热了，你触碰到后，才感觉到水是热的。

这些判断就是综合的判断，是后天的经验所得。

"物体是有广延的"，这是一个分析判断，那如果同样还是说"物体"，怎样表达才能够称其为一个综合判断呢？"物体是有重量的",这就是一个综合判断了。"物体"这个概念本身是不包含"重量"这个概念的。为什么?重量的前提是万有引力,之后人才能判断出物体是有重量的,这是有经验的新内容。如果在某个特定的情境中,比如宇航员在太空中处在失重状态,没有万有引力时,还能得出"物体是有重量的"这个判断吗?不能了。因此,这只是一个偶然的经验的结果,是偶然的真理,不具有普遍必然性。

经验论就是这个路数。只注重经验的层面,没有逻辑的形式,最后得出的知识就是一个个具有经验内容的综合命题,每一个命题都能说出新的东西,但并不具有普遍必然性。"天鹅是白色的",但并不是所有的天鹅都是白色的,还有黑天鹅呢。

因而综合判断是什么?是后天的判断,是偶然的真理,具备经验的新内容,能扩展知识,但不具有普遍必然性。

我们对分析判断和综合判断各自的特点和各自的问题做了分析,其实这也是唯理论和经验论各自的问题,为什么理性遇到了危机,为什么唯理论和经验论各自都发展不下去了?因为各自得出的结论,都不是真理性的知识(既具有普遍必然性,又具有新内容)。唯理论和经验论都只占其一,不能两全其美。所以康德出来解决这个问题了,有没有一种知识是既具有普遍必然性,又具备新的经验内容的呢?

康德把先天判断和综合判断进行了一次整合,提出了"先天综合判断"——既具有先天的形式,具有普遍必然性,又具有后天的经验内容,可扩展新的内容。

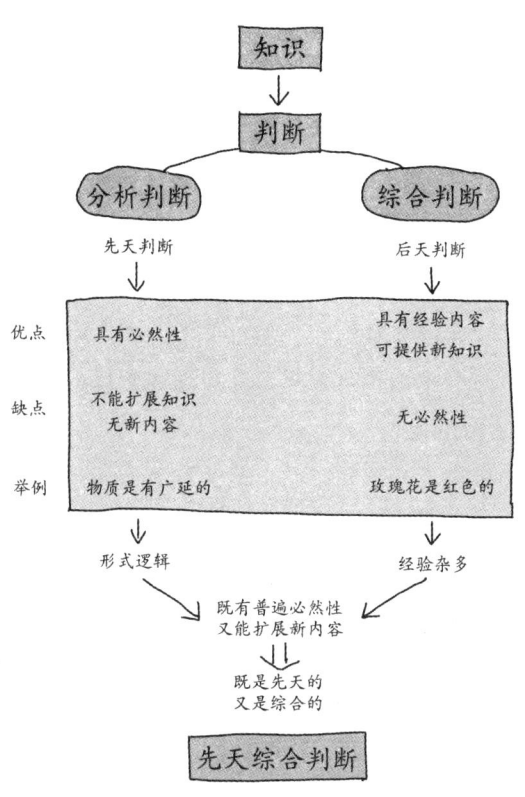

什么是先天综合判断

康德的先验哲学脉络

以上内容还是要回到康德哲学整体的脉络里去理解。

提出"先天综合判断"是因为要解决唯理论和经验论的困境问题,而这个"先天综合判断"正是"哥白尼式的革命"的一种体现,因为把主客体之间的关系颠倒过来了,去探讨客体是如何符合主体的先天认识形式的。

这个客体是什么,就是经验的内容,是经验的质料。主体的认识形式是什么,就是一种先天的思维形式、一个框架。那么只要能证明出客体符合主体的认识形式这条路是走得通的,只要能证明出先天的认识形式和后天的经验能够有效结合在一起,就说明了"先天综合判断"是可行的。

只要证明了"先天综合判断"是可能的,唯理论和经验论的难题就解决了。最后会怎么样,<u>重新建立起理性的权威</u>,从而构建起一个未来的形而上学的世界。

这所有的逻辑论证就落脚于一个最为核心的问题:先天综合判断何以可能。这是破解整个逻辑的重中之重。

所以,康德在《纯粹理性批判》这一整本书里讲的就是这么一个核心的问题:先天综合判断何以可能。要论证"先天综合判断"何以可能,我们就要先知道"先天综合判断"有哪些,再去看看他们是如何可能的。

先天综合判断有三类:数学问题、自然科学问题和形而上学问题。形而上学这里又分为作为自然倾向的形而上学何以可能,以及作为未来的一种科学的形而上学何以可能。

于是在《纯粹理性批判》里,康德分为了四部分进行了论证:

①**先验感性论**:解决数学问题何以可能;

②**先验逻辑的先验分析论**:解决自然科学问题何以可能;

③**先验逻辑的先验辩证论**:解决形而上学作为自然倾向何以可能;

④先验方法论：解决未来形而上学作为未来的一种科学何以成为可能。

只要能说明这些领域的命题是可能的，也就说明了一个总命题：先天综合判断是可能的，从而就完成了"哥白尼式的革命"，客体符合主体的先天形式问题这个路是走得通的。

那么如何证明这几类问题的可能性呢？

我们知道"先天综合判断"由两部分组成，一部分是后天的综合经验，一部分是先天的知识。后天的经验内容，这不是康德要去探讨的，康德要去探讨的是先天的那部分知识。

什么是先天的知识呢？就是在经验之前的知识，比如形式逻辑的知识、数学的公理知识。但康德不是去探讨形式逻辑是什么，数学公理是什么，而是要去探究这些先天的知识是如何运用于经验之上的，也就是说这两者是怎样融合在一起的，产生了一种既具有先天的普遍必然性、又具有经验新内容的知识。

这个过程，就是康德的先验哲学的内容。先验的含义就是探讨先天的知识和后天的经验内容结合在一起如何可能的问题。先验哲学就是探讨这些先天的知识产生的原理。比如$1+1=2$，这是一个数学问题，那么是什么导致$1+1=2$就一定成立呢？有什么条件让$1+1=2$就一定成为一个正确的命题？这就是康德要去探究的，这几类问题的纯形式是什么，这些问题成立的可能性的条件是什么，这些都是对先天知识本身的一种探究。

康德又把认识的层次划分为三个——感性、知性和理性，因而就有了先验感性论、先验知性论和先验理性论的内容。

第二篇
Passage 2 >> **康德的先验哲学**

01 先验感性论

我们从两个维度来了解先验感性论：什么是先验，什么是感性。从感性的纯形式——时间和空间的角度进行探索。

（1）什么是先验，什么是感性

先验

"先验"是什么意思？我们通过先验的知识和先天的知识进行比较来理解。

先天的知识，这个很好理解，就是相对于后天的经验知识而言，在经验之前的知识就是先天的知识，比如形式逻辑、数学的公理、自然科学的基本原理等。"两点之间直线最短"就是一个公理，不需要你后天经验到而是先天就存在的知识，是具有普遍必然性的。还有"万有引力定律"，这是自然科学的基本原理，也是先天的知识，无论你是否经验到，这个定律都是存在的。

而先验的知识呢？首先它也是先天的，也是在经验之前的。但先验知识是讨论先天知识如何可能，是讨论先天知识的先天性的知识。比如在形式逻辑中,形式逻辑成立的可能性的条件是什么?在什么情况下这些形式逻辑才说得通?回答这些问题,就是先验的知识。再比如,数学的公理问题"1+1=2","1+1=2"在什么情况下或者说满足了一个什么样的条件后,这个命题才成立呢?这就是先验的知识要去讨论的。

先验的知识,探讨的是先天知识成为可能性的那个形式是什么。在数学里面,那个先天的东西是什么,让数学成为可能;自然科学里,那个先天的东西或者先天的形式是什么,让自然科学成为可能;形而上学里,那个先天的东西是什么,让形而上学成为可能。于是,相应就有了先验感性论、先验知性论和先验理性论。

这个"先验"就是去探讨感性、知性和理性中那个先天的形式是什么,这些先天的形式可以很好地应用到经验对象,这些对象符合先天的形式,从而形成先天综合判断。

先验感性论

可以从两个方面理解:对感性概念的理解和对感性的先验性的理解。

先来说感性的概念。

什么是感性认识?大家用常识去理解,感性认识就是你直接感受到的一种体验,你眼睛看到什么,耳朵听到了什么,鼻子闻到了什么,这些都是感性认识,是你在经验后产生的一种认识。当然,这是我们传统意义上对感性的认识。

但康德认为,**感性是通过我们被对象所刺激的方式来获得表象的能力**。

这句话最终的落脚点是什么?是能力。是什么样的能力?是一种接受的能力——接受刺激的能力。

对象是什么？是外部对象。但这个外部对象不是实实在在看到的那个对象，而是在不可知领域的那个自在之物。也就是说，感性认识的过程：首先外部对象，不可知的自在之物刺激了我们的感官，然后我们的感官产生了对这个自在之物的反映，这个反映就是我们感官所获得的表象。这就是感性的认识过程。

举个例子，你看到的一朵花，其实是在花背后的自在之物刺激了我们的眼睛后，我们的眼睛里呈现出来的对这个自在之物的一种表象。

我们能从这个过程中获得什么？获得一朵花的现象，获得对事物现象的认识。这是一种经验性的质料，是现象的质料。质料很好理解，就是实实在在的东西。

那是不是说，关于这朵花的现象仅仅只有经验的质料成分呢？如果我们用常识理解，你会认为没错！看到的这朵花，就是一朵实实在在的花，就是实实在在的质料。因此感性认识就只有质料的层面了，这是经验到的内容，除此之外没有别的东西了。这是我们常识的思维，或者说是传统的知识论的思维。

但康德就不认同了，他有一个重要的发现，这也是他独特的地方。康德认为，在我们感性直观里的这一个个现象，不仅仅包含了后天的经验内容（质料的部分），也包含了某一种先天的形式，这种先天的形式使得这些现象的杂多能够在某种关系中得到整理，从而表现为一个综合的东西出来——一朵花的现象。当然，这朵花的现象不再是这朵花实实在在本身，也不是单纯的仅仅是指这朵花的自在之物，而是被一种先天的形式掌控着，后天的经验被统摄在这些先天的形式之下，而后形成的一个综合的物体，既具有先天的形式，也具有经验的新内容。

这就是康德的不同之处，把先天的知识拿出来说事儿了，所以他要去探讨的就是这个先天的知识为什么能够与后天的经验内容相结合，这种可能性是什么？

这就涉及了感性的先验性的探讨。

感性也是具有先天的认识形式，感性中的这些形式是不依赖于后天的经验杂多的，是具有独立性的，但这些先天的形式又构成了后天经验内容的一部分。在知识形成过程中，先天的形式起了作用，如果没有这个先天的形式，就无法获得感性的知识，这些先天的形式构成了后天经验的先决条件。

那么，感性的先天的纯形式是什么？时间和空间。

(2) 感性的纯形式：时间和空间

康德认为，这个纯形式就是时间和空间。

一个是对外感官而言，就是我们对外部事物的感觉，排除了一系列经验内容后，最后剩下来那个纯粹的形式就是——空间；另一个是对内感官而言，就是我们对自身内部的感觉，排除经验内容后，剩下的纯粹的形式——时间。

这是康德的理解。我们先不去探究康德的时空观，我们先来用常识判断，看看大多数人是怎样认识时间和空间的。

可以说，大部分人都是受到牛顿的时空观影响的。当时牛顿已经提出了时间和空间的概念了。牛顿的立场是绝对时间和绝对空间。空间是什么，是任何事物存在的一个绝对背景。就好像一个大的容器,所有的东西都往里填,就算这里面的东西都搬走了,还有一个大的空间是存在的。当然每个事物也有自己的相对空间,长、宽、高占据的那个空间。但所有的事物都在统一的背景下,就是在绝对的空间里的。

而时间呢?时间就是一条长河,我们看不到源头也看不到尽头,不知时间从哪里来、去向何方,我们经历到的事物只是在这个时间的长河中慢慢流逝着。

所以,牛顿的时空观是一种客观的时空观,是事物存在的形式。想想看这或许也是我们每个人对时间和空间的理解。我们闭上眼睛去想象一下什么是时间,什么是空间。你或许会想到不停转动的钟表,每一个当下,时间就在流逝着,每一分一秒流淌而走。因此有了过去、现在和将来。时间就是一条长河,永无止境。而空间呢?你或许认为,就是我们眼前看到的可以被填补的空白的地方。当我们仰望星空,我们被天空包围着,天空就是一个巨大的空间了。

这是我们常识的理解,或者是受到了牛顿时空观影响而形成的一种看法:时间和空间是客观的,无论你是否意识到,时间和空间都是客观存在在那里。

但,康德提出的时空观就不同于我们的常识了。

康德认为时间和空间是一种主观形式,不是客观事物具有的属性。客观事物是否具有空间和时间,我们不知道。我们知道的时间和空间,是我们感受到的,是我们主观认识的一种形式,是我们的感性认识得以发生的先天条件。一切感性材料都必须符合这个形式后,才能够被经验到并形成知识。

所以康德这里的时间和空间是一种条件、一种形式，而且是先天的形式，是我们能够通过感性认识把经验杂多统摄在一起的一个先决条件。换言之，如果杂多的感性材料没有经过时间和空间纯形式的整理，就不可能构成经验的知识，凡是你经验到一个现象，它必然先天地在时间和空间的纯形式下，不可能脱离这个纯形式。

这块儿稍微有点难以理解，我们把握住一点：康德提出的时间和空间是感性认识的纯形式，这是一种主观的认识形式，也是一种先天的形式，客观的事物只有符合了这个先天形式后，才能够被我们的感性能力抓取到，从而形成我们对事物的认识。或者说感性的材料被放到了时间和空间的纯形式中，才能形成感性认识。

想想看，你经验到的所有外部事物，你的任何感觉和印象，是不是都要在时间和空间里才能经验到？没有时间和空间就不能被我们感受到。比如一张桌子，当你看到这张桌子产生了这张桌子的印象，这说明什么？这张桌子要先在空间中，而当你有了"看"这个动作的时候，这一切都已经发生，空间的形式和桌子的感性材料很好地融合在一起了。康德找到了这么一个空间的纯形式，一种先天的形式是可以应用到感性材料里的。而空间是几何学研究的对象，点、线、面、体这些都是在空间之中，所以空间的纯形式被找到了，使得几何学的先天综合判断成为一种可能。

再比如欧几里得几何学里的各种公理，都是建立在一种直观基础上，不需要进行推理和论证的，这可以说是一种感性的认识。比如"两点之间直线最短"，如何证明这个观点？"两点""直线""最短"，这几个概念我们如何把它们归在一起，也就是单独说这几个概念也都是说得通的，但如何把它们综合在一起使其成为一个命题？

通过空间的纯形式，怎么做到呢？画个图一切都解决了。两点之间再也找不出别的更短的线了，必然是直线最短。而图形是什么？是空间的形式，几何学研究的领域了。所以，空间的纯形式说明了几何学里的先天综合判断是可能的。

而时间呢？时间是我们的感官形式，是我们内心状态的一种先天形式。比如代数问题，我们算"5＋7＝12"的时候，5个加上7个，这个过程是什么？是一个数的过程，是一个前后相继的过程，如果没有时间这个形式，你仅仅是分析5和分析7，这两个数放在一起能得出12这个结论吗？不能的。所以，5＋7这个过程是一个数的过程，这里面离不开时间的前后相继问题。一旦时间这个纯形式找到了，就说明了代数里的先天综合判断是可能的。

这样一来，康德通过对感性里的纯形式的探讨，认为时间和空间是感性的纯形式，而这样的纯形式又是先天的一种认识形式，先天要作用于无数经验杂多，这些经验的杂多又被自觉地统摄到这些形式下，被这些形式整理后就形成了感性认识。

纯数学里的先天综合判断就是这样的认识，所以就说明了纯数学问题里的先天综合判断是成立的，纯数学问题得以可能。

这就完成了第一个论证——先验感性论。

这里，我们再重新梳理一下。

先验感性论，我们通过两个层面来理解：一个是对感性的理解；一个是对感性的先验性的理解。

感性就是自在之物刺激我们的感官后，我们获得表象的一种接受能力。感性的认识得以发生，有一个先天的条件就是感性的纯形式——时间和空间。康德论证了时间和空间的先验性，也就说明了代数和几何问题是成立的，从而说明了纯数学问题的可能性。

这就是整个先验感性论的逻辑。

可以说，感性认识还是一个比较低级的认识，只是接受了感性的材料，这是一堆杂多的感性经验。但人对这个世界的认识是有秩序性的，人的知识也是成体系的，那么如何把这些感性的杂多经验整理成一系列的知识内容呢？这就到了知性的认识层次，因而也就有了对知性的纯形式的探讨。

02 先验知性论

关于先验知性论，我们去看看知性是一个怎样的认识方式，知性的先验性是如何被证明的。

（1）什么是知性

知性

说到知性，先抛开康德的说法，我们用常识去理解知性，或许你会认为知性一般都是用来形容有知识有内涵的女性，知性在现代人看来往往是一个形容词。

但在康德这里，知性是一种比感性认识更高级的认识形式，是把感性杂多的经验材料整合起来、综合起来的那个认识能力。也就是说通过感性认识我们获得了许多感性表象，这是感性的直观能力导致我们具有了一种接受经验杂多的能力。而知性呢？就是把接收到的感性杂多综合起来,按照一定的规则使得这些感性材料都被统摄其中,从而构造出知识的一种能力。

知性是对直观的经验杂多进行一种加工和整理,这些经验杂多符合知性的规则,加工整理的过程就是知性的认识过程。

可能大家会认为,这不就是我们说的理性认识吗?从感性认识上升到理性认识,从看到的现象去挖掘现象背后的本质和规律问题,达到一种理性的认识阶段。乍一听上去,没错,从便于理解的角度,大家可以这么去理解,但其实不然。我们常识里的理性认识是怎么来的呢?是先有感性认识,在感性认识的基础上去总结其中蕴含的道理、规律等,而后这些规律规则才成为一种理性的认识。

但康德这里不是这样的,不是说先有了感性认识后才有知性的认识,不是从感性杂多中去总结出其中蕴含的一套规律。而是这些规律和规则先天地就存在了,知性的这套规则先天地就构成了经验内容的条件,经验的杂多符合知性的先天的认识形式,而后才形成经验的知识。

不同的概念间如何联结起来,都遵循着一个规则,这个规则就是知性认识要去探讨的。那么这个先天的规则问题不就是逻辑的问题吗?

这里,我们来讲讲两种逻辑——形式逻辑和先验逻辑,便于大家理解。

形式逻辑和先验逻辑

形式逻辑是什么?形式逻辑是一种判断,这个判断只关注判断的两个概念在形式上是否是正确的,而不关乎内容。

比如,"飞马会飞",这就是一个判断,在形式逻辑上这是成立的。"飞马"是一个概念,那么飞马怎么样——会飞。没错,你挑不出任何毛病，因为这个句式没有问题。"会飞"只不过是对"飞马"这个概念的一个解释罢了，不会产生什么新的知识。

但实际上呢？如果你去探究这个判断所说的内容呢？"飞马会飞"就有问题了，这并不符合实际情况。所以，能不能有一种逻辑是关乎内容层面的呢？从内容层面去判断其中蕴含的逻辑是否正确的问题，这就是先验的逻辑，这也正是知性的层面要去探讨的思维和对象的关系问题了。

先验逻辑是真理性的逻辑，是要去探究真理的知识的；而形式逻辑是探究形式上的正确性，不一定是真知识。

通过这两种逻辑的比较，我们要得出一个结论，对知性的探讨其实是对先验的逻辑形式的探讨，不仅要探讨形式上，还要探讨内容上的逻辑是否正确的问题。一旦涉及内容层面的逻辑，这就需要有一个承载者或者说要有一个形式来承担关乎内容逻辑的论证。感性的经验杂多肯定无法承担这个作用，因为感性的杂多仅仅只是一种表象罢了，顶多感性的纯形式时间和空间起到的作用是使感性直观成为一种可能，到此结束。真正让所有感性杂多综合整理统一起来的正是知性的作用，是知性的纯形式在起着作用。所有对感性杂多的综合整理都要遵循一个统一的规则，在这个规则下进行综合整理。那么这个起到规则作用的东西是什么呢？

康德提出，这就是知性的纯形式——范畴。

(2) 知性的纯形式：范畴

范畴，我们对这个词其实并不陌生，但康德说的"范畴"是一种思维的形式，是不掺杂任何经验内容的纯粹形式，是一种最为普遍的概念。用我们通俗的话来理解，就是现象背后的那个本质属性的问题。

早在亚里士多德时，就已经提出"范畴"的概念了，但亚里士多德的"范畴"仅仅是一种对经验的概括，是从经验中总结出来的概念。但康德这里，这个顺序就颠倒过来了，"范畴"不是从经验中得来的，而是一种先天的纯粹的形式。康德从亚里士多德的范畴中吸收了各种命名，提出了十二个范畴，共分为四大类——**量、质、关系和样式**。

量的范畴：统一、多样、整体；
质的范畴：实在、否定、限制；
关系的范畴：实体与属性，原因与结果，作用与反作用；
样式的范畴：可能或不可能，存在或非存在，必然或偶然。
这就是康德提出的范畴表。

康德提出的范畴表

量的范畴	质的范畴	关系的范畴	样式的范畴
统一	实在	实体与属性	可能或不可能
多样	否定	原因与结果	存在或非存在
整体	限制	作用与反作用	必然或偶然

仔细研究会发现，每一类里的三个范畴都呈现正、反、合的关系。这个范畴表可以运用到一切方面。但有一点需要注意：这个范畴并不是我们直观经验到的。你能直观看到原因和结果的关系吗？不能。这个范畴是一种思维的形式，是一种纯粹的知性概念，

而且是先验的，范畴是先天就存在并成了构成经验知识的先决条件。

感性得到的一堆经验杂多，是需要范畴这种先天的形式进行统摄和整理的。换言之，范畴需要借助经验的杂多内容，没有经验的杂多，范畴也无从谈起。只不过知性范畴是一个先验的逻辑形式，不是从经验杂多中总结而来的，而是先验地存在于经验的杂多之中。经验知识，正是经验的杂多自身符合了这种先验的范畴的结果。这也就是客体符合主体的形式的过程。

我们都玩过拼图，每一个小块都是图的一部分。我们的感性认识是什么，就是当无数杂多的小图块打乱后形成的一种认识，我们对经验的杂多现象的一种认识。而知性的过程是什么，就是这些无数杂多的小图块按照一定的纹路拼在一起了，形成了一套完整的图，这个拼图的过程就是知性作用的过程，图和图之间凹槽衔接的规则就可以看作是范畴的作用，所有的小图块只有符合了这个凹槽衔接的规则后，也即所有的客观事物只有符合了范畴的规则后，才能形成完整的一幅画，形成一个完整的知识。

归结到一点，知性的纯形式——范畴，是一种先天的形式，这种纯形式是独立于经验的，但又构成了经验的条件。没有范畴这种形式，我们就不可能形成经验的认识，没有范畴在其中的作用，就不可能形成经验知识。

这时，你或许会陷入一种更深的思考中，有了一个更大的疑问。感性的纯形式这里还能理解，时间和空间这种纯形式是形成经验认识的先决条件，因为感性是直观层面的，任何感性材料都要在时间和空间中，脱离这个条件，你就不可能看到、听到、触摸到，就不能有感性的杂多表象。但到了知性范畴这里呢？知性范畴的先天性不难理解，这种纯形式是先天就存在的。我们能理解这种纯概念是在经验之前就先天存在，但如何证明知性范畴这种纯形式是构成经验的直接条件？也就是说，范畴这种形式和时间空间一样，都是我们形成经验知识的一种先决条件，既然是一个条件，那么如果没有范畴，我们就不能形成经验知识了。

这个地方不太好理解，也是非常难的一部分。因为我们通常会认为，通过感性方式我们已经看到了实实在在的物体了，通过感性认识我们已经形成了经验认识了，这些物体已经活生生地展现在我们面前了，那为什么还要说有一个知性的范畴存在，而且还说正是因为这个范畴使得我们形成经验知识成为可能呢？

这是《纯粹理性批判》里最核心、最难的部分了。康德也是花了大量的篇幅去论证的。

如果这个知性的纯形式——范畴能够作用于感性的杂多，这是成立的，就能够得出结论——知性的范畴确确实实是一种先天的形式，而且构成了经验知识的先决条件，任何经验材料都要统摄其中，最后形成一种既满足了先验逻辑又具有经验内容的知识，这就是自然科学的先天综合判断。

那么如何证明这个知性的纯形式范畴，是构成经验知识的先决条件呢？或者说知性范畴要如何演绎，才能把经验的杂多和经验知识联系在一起？

知性是如何把感性杂多归摄到纯形式的范畴之下的？这些先验的范畴如何能够应用到感性杂多的材料上面？

这些问题就涉及知性的先验演绎的过程。

（3）逻辑破解：想象力和时间图式

我们知道，知性的认识过程就是把感性杂多加工整理综合的一个过程，这个过程正是范畴应用到感性杂多的过程。只要我们能证明出，知性范畴和感性材料能很好地契合在一起，就能得出先天的思维形式和后天的感性杂多能够相结合的结论，从而完成先天综合判断的证明。

那么，范畴是如何应用于感性杂多的？按理说，这两个是完全不同质的。知性范畴是概念，感性直观是杂多的质料。一个概念怎么能运用到质料上呢？而且这两个完全不同质的东西能很好结合，怎样使其具有合法性呢？

康德认为，必须要有一个第三者，这个第三者可以让知性和感性得以良好沟通。这个第三者就是**想象力**。

人要借助想象力的作用，使得知性范畴能运用到感性杂多上面。想象力是知性和感性沟通的一个中介，起到桥梁的作用。

想象力是什么？可能大多数人认为，想象力是一种天马行空的想象能力吧。但康德这里所说的不同于我们常识理解，想象力是把知性的范畴概念和感性的杂多经验联结在一起的能力。

这时就又要问了，为什么这个中介是想象力？为什么想象力能沟通感性和知性？

康德提出，这跟想象力的特点有关：想象力一方面具有一些感性的特点，一方面具有一些知性的特征。想象力本身兼具两者的特性，所以能够把两者沟通起来。

这样想象力还是很抽象，想象力总得有一个承载者，或者说想象力到底是通过一个什么表象来表现这种特征呢？

康德提出，是通过想象力产生的图式。想象力是图式的承载者，图式是想象力的产物。正是因为想象力的图式，使得知性的先验范畴可以用于直观杂多的材料，使得知性范畴可以合理合法地运用到感性材料当中。

图式

图式是什么？就是产生规则的图像或者程序。

就好比我们平时画的逻辑思维导图一样，图式本身就是一个具有规则和程序的图像。规则和程序是什么，是一种逻辑的形式。而图像呢，是一种经验的形式。

所以，一方面，图式具有知性范畴的一些特征：因为范畴就是一种概念的规定性，一种规则，其中蕴含着普遍性和逻辑的形式，而图式也具有这种规则和程序性的特点，也是具有普遍性的。另一方面，图示又具有了感性的特点：感性直观就是具体的经验材料，一个个鲜活的事物的表象，而图式最后的落脚点也在图像上面，无论你的程序和规则怎么制定，最后都要落脚于一个图像上面，而一旦落脚于图像上面，这就是具体的感性材料层面了。

为什么图式能承担这个作用？因为想象力的图式既具有感性的特点，又具有知性的特征。

比如建筑的图式，其实就是具有了建筑的各种特征和规定性的图像。这个图式具有一定的概念的规定性，具有一定的普遍性，但又不是纯抽象的概念，还带有一点点感性的色彩，图像表现出来的是一个具体的画在纸上的建筑，但又跟真实的建筑差那么一点点，因为真实的建筑是感性的直观，你是可以看到并走进这个建筑里的，你的手也可以实实在在触摸到建筑的墙面。

所以，图式的特点是什么？相比知性范畴而言，它不是纯范畴，只是具有了范畴的一些特征；相比于感性直观而言，又不是纯的感性材料，只是具有了一些感性的特征。

康德认为，正是因为想象力的图式的这些特点，使得想象力能够成为沟通知性和感性的一个桥梁。

这时，问题又来了，康德已经找出了想象力的图式这个中介，但是这个图式具体是什么？范畴在什么样的条件下应用于感性杂多才是有效的？或者一个什么样的图式才能够起到中介作用？有没有一种先验的图式？

康德的回答是明确的：**在一定的时间性的条件下，范畴用于现象是有效的**。

那么这个图式就是一种时间的规定而已。所有的范畴要符合现象，要满足这个时间性的要求。没有时间性的规定，范畴就不可能应用于经验杂多现象，时间才是这个中介的最终的形式。

我们知道，所有的感性现象都是在时间和空间中的，无论是外感官还是内感官，都要在时间之中。当然，外感官是既要在时间中又要在空间中的，内感官是在时间中。因此，时间是一切现象共同的特征。也就是说，所有的现象都要在时间中，没有时间这个形式，一切都无从谈起。

那么，在康德看来，这个想象力的图式，这个起到中介作用的图式，无非是按照规则的先天时间规定而已。

图式最终的特点和落脚点就在时间层面。时间的规定性，既有感性的特点，又有知性的特点。时间和感性表象有一些相似性，因为时间包含在一切经验杂多的表象之中，无论是内感官的表象还是外感官的表象；时间也与范畴有一定的相似性，因为时间是具有普遍性的，而范畴也是具有普遍性的。

所以，最后得出的结论是什么？知性范畴之所以能够应用到感性杂多，正是想象力的图式起到中介的作用，而这个图式正是一种先天时间的规定。最终的落脚点就在时间性上面。

换句话说，这十二个范畴如果想运用到感性杂多上，就要符合时间性这个规定。

我们举两个例子：一个是实体范畴的图式，一个是原因和结果范畴的图式。

实体范畴的图式

实体范畴的图式是什么？实在之物在时间中的持存性。

这个时间是一种先验的时间规定，不是我们经验到的时间（过去、现在和将来）。先验的时间就是经验性时间的基底，在这个基底的层面上有一样东西是保持不变的。无论其他东西怎么变化，唯有这个东西保持不变，持续存在，这个东西就是实体。

实体就是在时间中持续存在的那个东西。换言之，如果时间持续存在消失了，那个东西还是实体吗？不是了。

这就是实体范畴的图式。用这个图式去联结的是范畴和经验杂多。经验杂多只有符合了这个规则——时间的持存性，才能叫实体。所以图式最终的规定性在什么地方？在时间层面。

原因和结果范畴的图式

因果性的图式是什么？是那种实在之物，只要愿意设定它，就总是有另外的东西接踵而来，所以这个图式就在于杂多之物的相继状态。

相继状态讲的就是时间的先后顺序。凡是某一种现象发生后，另外的一个现象紧跟而来，这两种现象在时间上前后相继，这是一种规则，符合了这样规则的状态就是因果性的范畴。

比如，"太阳照射大地，大地变暖"。我们寻找到一个最根本的先验形式问题，排除所有的经验内容后，不去考虑大地变暖是因为太阳光的热能等因素，只去考虑一个纯形式的问题，那就会落到什么层面——时间的层面，正是在时间的规定性下，有这么一个前后相继的时间先后状态，才符合因果性的范畴。

所以因果性范畴的图式最终的规定性在什么地方？时间性。

我们再来整体梳理一下：康德在知性领域要解决的一个总问题是探讨知性认识形式的先验性的问题，为什么知性的纯形式范畴能够应用于感性的杂多，是什么使两者的结合具有合法性？只要证明出这个问题，就能得出客体对主体的形式的一种符合。客体对象，我们形成的经验知识本身就是客体对主体认识形式符合后的综合产物。

所以，康德找到了一个中介，那就是想象力，通过想象力的图式的作用，将这种既具有感性特征又具有知性特征的图式做沟通的桥梁。怎样沟通？通过一种时间的先验规定性，范畴符合感性杂多，就要符合时间的先验规定这条原则。时间图式便是先验知性论的一个落脚点。

最后，康德论证出来了，时间的先验规定性的问题使得范畴应用于对象是合法的。于是，我们得到的经验知识是什么？具有先天的范畴形式又具有后天经验杂多的内容。这不就是先天综合判断的知识吗？既具有普遍必然性，又具有新知识新内容。

（4）知性为自然界立法

知性的纯形式范畴是经验之所以能够成为知识的一个直接条件，范畴是一种先验的逻辑形式，感性材料之间彼此形成统一所遵循的那个规则，便是范畴体系。

康德在《纯粹理性批判》中说：**范畴就是这样的概念，它们先天地把法则加诸现象和作为现象全体的自然界之上。**

仔细琢磨这句话，范畴是一种先天的法则，而这些法则运用到感性的杂多现象和作为现象全体的自然界之上。这说明了什么？感性的杂多或者全体自然界要遵循一个法则，这个法则就是知性的范畴。换一种表达就是——**知性为自然界立法**。这也是康德得出的一个重要的结论。还有一种说法是"人为自然界立法"，但确切地说，应该是人的知性能力，"知性为自然界立法"更为准确一些。

这个自然界是什么呢？是指我们常识理解的大自然（花草树木）吗？当然不是。在康德看来，这个自然界是一切可能经验的总和。不仅仅是花草树木了，你所有经验到的现象，所有的经验世界就是自然。我们可以把其看作是一切现象统一的综合体。

那么在经验的杂多的层面，要遵循一个什么规则，能够让经验的杂多联结在一起形成知识呢？知性的范畴。这个前面已经讲到，现象界、自然界要遵循知性的范畴，而范畴就是一种规则，因而当自然界遵循这个先天的规则的时候，就得出了这个结论：知性为自然界立法。

也就是说，自然界的法则，是经验杂多先天地去遵循，同时也是自然界被统摄到这个先天的范畴后的结果。自然界各种经验杂多的联结，不是事物固有的而是范畴所具有的。现象界、自然界只要去遵循这个先天的法则就好，这就是"哥白尼式的革命"，颠倒了主、客关系，这是一个客体要符合主体的认识形式的过程。而知性形式是范畴，范畴的形式又是主观的形式，于是自然界的经验杂多去符合这个先验的范畴形式，从而得到一种既是先天的又是综合的判断。

"知性为自然界立法"就是康德"哥白尼式的革命"得到的一个重要结论。

再回到最初的那个问题，康德要论证先天综合判断何以可能，通过三个领域——纯数学领域、自然科学领域和形而上学领域。

纯数学领域我们已经论证过了，感性的纯形式时间和空间使得纯数学领域的先天综合判断得以可能。

那么在自然科学领域呢？这正是知性要去解决的。"知性为自然界立法"就是一种经验杂多彼此联结的法则，这就是范畴形式和经验杂多的结合，也是自然本身的规律。那么要证明自然科学领域的先天综合判断是可能的，只需要说明这个自然科学的规律问题是先天的，也是综合的。

"知性为自然界立法"已经足以说明这个法则是范畴的形式，范畴是先验性的，是一种先天的存在，范畴规定的法则就是一种先天综合命题，这种命题不依赖经验，但又能够反过来运用于经验，产生新的知识和内容。

所以，这解决了康德最初的那个"纯自然科学何以可能"的问题。在知性纯形式范畴的先验性的条件下，纯自然科学命题是可能的，纯自然科学的先天综合判断是可能的。

知性的先验性问题，把握住几点：

第一，知性不可直观。知性是看不见、摸不着的，知性不像感性杂多那样，因为知性的作用是对感性杂多的综合整理，是一种抽象的逻辑能力，但这种逻辑又是先验的，不依赖于经验，但又构成了经验知识的先决条件。

第二，知性范畴的演绎，我们讲到的是康德《纯粹理性批判》里的客观演绎，重点是强调知性范畴本身是如何运用到现象界的，这需要一个中介——人的想象力，落脚点便是时间的图式，时间图式也可以看作是知性范畴演绎的先决条件。知性范畴能够运用感性杂多，正是遵循了这个时间性的原则，这是康德最大的理论贡献。康德挖掘出了那个基底的问题，不同于我们的常识思维仅仅是去看现象背后的本质是什么，康德要去找的是使得这个本质成为可能性的条件是什么，使得范畴的演绎能够成为可能性的条件是什么。最后，康德找到了——时间的图式——这是一个中介，具有知性和感性各自的特征，从而能完成两者的沟通。

第三，知性只能运用于现象界，也就是经验的世界，可认识的世界。唯有如此，才能得到有效的知识。知性不能运用于不可知的自在之物，如果知性的运用越界，会产生什么后果呢？产生理性的幻相。

03 先验理性论

（1）一种更为高级的认识能力：理性

感性和知性我们已经了解，感性认识的是经验杂多，获得的是一堆杂多的表象；而知性就是对这一堆杂多表象进行加工整理，知性的范畴运用到这些杂多表象之中，使得杂多的表象之间按照一定的规则进行联结形成知识，这样的知识是概念和概念间形成的判断。

知识的来源是感性和知性，两者都是在现象界领域的运用，也只有在可认识的经验领域运用才能产生有效的知识，如果超出这个经验的范围，是不是还有一个领域，一个经验外的领域？这个领域是哪种认识的能力在起作用？这便是理性的认识。

之前讲到康德为知识划界的问题，在可以认识的现象界，感性和知性可以加以运用，感性接受感性杂多，知性对感性杂多加工整理形成判断的知识。在现象界的边界，康德立了一块碑——知识到此为止，再往前走就是一个不可知的"自在之物"世界，这是理性本身具有的自然倾向可以去探讨的。

理性的能力，就是把感性和知性形成的判断的知识进行更高级的统一的能力。知性形成的知识是判断，而理性则是把判断和判断联结在一起，给经验世界提供一个整体的秩序的能力，理性能力也是一种推理的能力。

理性的对象不是经验世界，理性也不跟经验世界直接发生关系，理性要发生关系的是已经得出的知识，把不同知识、不同判断做一个整体的联结。用专业的话来说，理性的能力就是把知性得到的各种知识、规则和定律再进一步综合统一，把它们概括为最高、最完善的系统，以把握无条件的绝对知识的能力。

理性的能力要探究的是一个世界的终极问题，知性的范畴仅仅是针对现象界而言的，那知性范畴本身的根据是什么？或者说这个根据的根据是什么？那个绝对的东西是什么？那个无条件的东西是什么？这就是理性要去探讨的。

理性的作用便是从一个宏观的角度对世界进行统一，给经验世界一个秩序。秩序是什么？用我们最常见的交通来举例，大家都见过十字路口的红绿灯，这个红绿灯起到什么作用？调节的作用，红灯停，绿灯行，行人和车都遵循这个法则，因而交通才能井然有序。这个红绿灯的作用可以比作是理性的作用。

理性不参与到具体的经验知识的建构中，因为知识的建构是在感性和知性层面，而理性对经验知识起到了整体的系统性的调节作用，就好像一盏明灯，一直在指引着前方的路。有这盏灯和没有这盏灯，会有差别。没有这盏灯，你就失去了前进的方向，失去了一个可以给你照亮前进道路的向导。有了这盏灯，你才能够知道前方该去往何处，并朝着这个方向走。

人类的知识体系也是在这盏明灯的指引下不断进步、不断完善的。理性起到了调节和范导的作用，就像是理想一样。理想是看不见、摸不着的，理想不是现实，理想是你要去追寻的。这些就是理性对于现象界的积极作用。

我们再来整体回顾一下这部分内容：

第一，"感性、知性和理性"里的"理性"是狭隘的理性，特指不同于感性和知性的那个"理性"。而广义的理性呢？这三种认识形式都是广义的理性。

第二，狭隘的理性和感性、知性的不同点在什么地方？感性和知性是在现象界的运用，在经验领域内的运用，感性获得的是经验杂多，知性整理杂多获得的是判断的知识，而理性则是在经验范围外的运用，把知性获得的判断知识进行更高级的统一和整理。感性和知性与现象界发生关系，理性不与现象界发生关系，只与知识发生关系，最后起到提供秩序的作用。

第三，知性是建构性的认识方式，而理性的知识不是建构性的，是起到调节性作用的，就如一盏明灯指引着人类认识的方向。人们的理性有一种自然的秉性，就是要去探讨那个存在之为存在的根基，有追寻绝对性的倾向。

这是对理性概念的理解。

那么理性的理念有哪些呢？当知性范畴运用到这些理性的理念层面后，会产生什么严重的后果呢？

（2）先验理念：灵魂、宇宙和上帝

关于理性的纯粹理念，康德认为有三种：灵魂、宇宙和上帝。

这三个概念对经验世界，对人的认识，对知识起到范导式的作用。你可以这样去理解，既然理性是去探寻那个世界的本质问题，追寻存在的根基问题，对这个无条件的问题的追寻，最后就会落脚于什么上面？是灵魂的问题、宇宙的问题和上帝问题。

第一个先验理念——灵魂

这是从心理学角度的一种追溯,从主观角度的追溯。"你为什么会产生这样的想法?""你为什么要做善事?"对这些问题的追溯,最后到一个终极的层面就追溯到灵魂这里了。"为什么要做善事",因为这是高贵的灵魂的体现。当然,这里举的例子是为了让大家更好地理解。

第二个先验理念——宇宙

宇宙是从客观的角度的一个追溯,对物理现象的知识的追溯都归摄到"宇宙"这个理念中。比如,苹果从树上掉落,这是为什么?追溯到最后就落脚在"宇宙"这个理念中了,自由落体定律是宇宙的法则,不可违背,再也找不出别的原因了。

第三个先验理念——上帝

上帝便是主观和客观加在一起的统一,是内外部的一个统一,是那个绝对的存在。

康德认为,这三个理念"灵魂"、"宇宙"和"上帝"是一种先验的理性的理念。这三个理念就如同明灯一样,一直在指引着现象界。从这个角度来说,当理性的理念成为一种导向的时候,成为一个理性的指引的时候,这便是理性的能力所起到的积极意义。

但随之而来的,便是理性的消极意义,下面我们就来说说这个消极的层面是什么意思。

(3) 先验幻相

首先要强调一点,理性本身的这三个理念是不能被认识的,康德把它们划分在了自在之物的领域。你无法探究清楚"灵魂是什么,宇宙是什么，上帝是什么"。这是一个你无法用知识、用规则、用条条框框的论证得出的结论。

你能用一套完整的知识体系去说清楚灵魂是什么东西吗？不能。

你能说得清宇宙的规则到底是什么吗？不能。

你能说明白上帝究竟是个什么样的存在吗？不能。

这时问题就来了。自古以来，人们有一种倾向，有一种秉性，就是特别乐意去探究"灵魂"、"宇宙"和"上帝"到底是什么，而且还把这些理念当作一个客观的对象去加以认识，这就出现问题了。

在康德看来，"灵魂"、"宇宙"、"上帝"不是现象界的领域，不是经验的领域的对象，这些理念只是一种理想，是可望而不可即的。当你把理想当作了现实，把理想的统一性当作了现实的统一性后，并试图把对理念的认识当成一种科学研究时就出现了问题，就产生了**理性的先验幻相**。幻相是什么？就是有点不真实的意味，蒙上了一层什么，若隐若现的，并不是本来的面目。

传统的形而上学一直以来就是要去探寻宇宙背后的那个本质规律是什么，去探讨存在之为存在是什么。这正是把不可认识的理念当作了一个可以去认识、去探索的对象，把理想的理念当作现象界的研究对象去研究，理想的理念变为了理性的幻相，然后去探寻这个幻相的真相是什么。康德认为，这就是理性带来的消极意义。产生先验幻相，这也揭示出了传统的形而上学的问题。

为什么说去探究这个理性的理念问题就会出问题？我们知道，人们在思考这些理念时，除了范畴这样的判断工具外没有别的工具了，所以人们很自然地把知性范畴运用到理念上面，去探究理念的范畴问题——是否存在，有什么因果关系，等等。而知性范畴的运用又只能在现象界，一旦越界，一旦超越经验的范围，当知性范畴运用到理性的理念时，这就违背了康德的认识论原则。**范畴运用在经验范围外的领域，是一种非法的运用，就会导致错误——先验幻相的出现。**

理念是根本不能被当作认识对象加以认识的，但理性有一种自然的倾向，这种倾向是情不自禁的、身不由己的，就是要去超越经验的范围，人不自觉地想要去认识那个神秘的领域，这个领域是什么？就是形而上学的领域。

换句话来说，先验理念本身是没有问题的，这三个理念本身就像是远处的灯塔，若隐若现地在指引着你前进的方向，但你非要攀登上这个灯塔去一看究竟，去看看这个灯塔的材质是什么，发光的原理是什么，这时就出现问题了。先验的理念——灵魂、宇宙和上帝——变为了先验的幻相。你又把这种幻相当作一种可以追求的现实对象。传统形而上学的套路就是这样，康德是持严厉的批判态度的。

那么知性的范畴运用到理性的理念（灵魂、宇宙和上帝）后，会造成哪些具体的错误呢？这就涉及理性心理学、理性宇宙论和理性神学的幻相问题。

①理性心理学的幻相：谬误推理

当范畴运用到灵魂这个理念后，或者说把灵魂当作一个现实对象去认识后，会产生**四个谬误推理：灵魂的实体性、不朽性、人格性和观念性。这是理性心理学的角度。**

我们重点去讲第一个谬误推理——实体性。

根据前面讲到的知性范畴表，实体是知性的范畴，那么当实体这个范畴运用到灵魂这一理念时，就会得出一个结论——灵魂是实体，这就会产生一个逻辑的错误。

"灵魂是实体"到底错在哪里呢？

我们先来看看是怎么得出"灵魂是实体"这个结论的，理性的论证方式我们前面也提到过，就是进行推理，通过一种三段式的推理而来。

大前提：实体是只能作为主体而被理解的东西。

小前提：灵魂（思维存在者）是一种只能作为主体而被理解的东西。

结论：灵魂是实体。

从这个三段式的推理得出结论：灵魂是实体。

梳理一下三段论的逻辑：大前提首先说实体是什么，是只能做主体的那么一个东西，最后的落脚点在"主体"这个词上面。在大前提里的"主体"是事物的独立存在，也就是说实体是一种独立存在物。只有满足了这个条件，才能叫实体。

那么灵魂满不满足这个条件？在小前提里说到了，"灵魂是一种只能作为主体而被理解的东西"。对啊，既然小前提这么说，就得出结论：灵魂就是实体了。

但康德找出问题了，这个小前提里说到的"灵魂是主体"的这个"主体"和大前提里的"实体是主体"的这个"主体"是不同的。

小前提里的"主体"是一个认识的主体，是一个逻辑的主体。当你在说"灵魂是主体"时，已经假设了一个逻辑主体存在了。谁在说？你在说，或者我在说，或者他在说。因为"灵魂是主体"这个判断一定是被述说出来的,那么灵魂又是谁的灵魂呢?你的灵魂,我的灵魂或他的灵魂。而大前提里说的"实体是主体"的"主体"是一个实际的主体,是一个实际的存在物。

那么一个实际的主体怎么能跟一个逻辑的主体、一个下判断的主体画等号呢?

理性的心理学混淆了这两个概念,把灵魂当作了实体。灵魂是思维的主体,思维的主体怎么能当作实际的客观的主体呢?这就是理性心理学的谬论,这也是灵魂理念出现的幻相。

总的来说,当知性范畴"实体"运用到理性的理念"灵魂"时,就会出现客观主体和下判断的主体相混淆的结果,从而导致逻辑的错误,这就是一种理性的幻相。"灵魂"这个理性的理念,按理说是不能当作被认识的对象的,但你偏偏要用一套规则去规定"灵魂",去说其所以然,康德认为这就不行了,不能这么做。

②理性宇宙论的幻相:二律背反

当知性范畴运用到"宇宙"的理念时就会出现错误,这就是理性宇宙论的幻相——二律背反。

什么是二律背反?我们可以这样去理解,针对同一个对象,两个论题正反相对,但各自都成立,各自都符合逻辑,都能自圆其说。

当范畴的质、量、关系和模态这四组范畴运用到"宇宙"这个理念时,就会导致四组二律背反的出现。康德要做的就是揭示其中发生错误的原因,这也是康德批判传统形而上学最重要的部分。

四组二律背反

第一组

正题：世界在时间和空间上是有限的。

反题：世界在时间和空间上是无限的。

第二组

正题：世界上的一切都是由单纯的部分复合而成的。

反题：世界上的一切都是复合的，没有单纯的东西。

第三组

正题：世界中除了自然因果律以外，还有自由，或者还有自由的因果律。

反题：世界上没有自由，只有自然的因果性。

第四组

正题：世界上有绝对必然的存在者作为世界的一部分或者世界的原因。

反题：世界之中或世界之外都没有绝对必然的存在者。

我们这里主要讲第一组和第三组二律背反。

第一组

正题：世界在时间和空间上是有限的。

反题：世界在时间和空间上是无限的。

这两个命题放在一起是矛盾的，但在各自的范围内又都是说得通的。

但问题来了，为什么两个命题能同时存在呢？按理说，两个命题不能同时为"真"，如果同时为"真"就不符合理性的要求了。理性的要求是要找到那个绝对性，找到最后的"真"的东西。但现在可好了，两个命题是正反相对，但各自又能自圆其说。

康德认为，错误不在于正反题哪一方，而在于问题的本身——

"有限""无限"这些概念只能运用到现象界之中，只能是说时空中的现象是有限还是无限的，但当你把这些概念运用到世界，运用到宇宙这个理性的理念时就会出问题，因为宇宙这个理念是自在之物的领域。范畴运用到自在之物领域，就必然会导致错误。

第三组

正题：世界中除了自然因果律以外，还有自由，或者还有自由的因果律。

反题：世界上没有自由，只有自然的因果性。

这一组二律背反是非常重要的，也是康德非常看重的，这是关于自由和必然的关系问题，是对因果性的讨论。前面说到，休谟提出了对因果关系认识的颠覆，这也是对自然科学的挑战，对传统的形而上学的摧毁。所以康德在这里讨论这个自由和必然的问题就很重要。必然是什么，就是因果的必然性，是自然的规律。而自由呢，就是心中的道德定律。

对必然和自由的讨论，也可以看作是康德整个哲学的入口。现象界讨论的都是必然的问题，自在之物讨论的都是自由的问题。

回到这组二律背反，康德在讨论什么？

正题中说到了，世界中除了自然因果律以外还有自由，或者还有自由的因果律。什么意思？世界中的一切首先是要遵循自然因果律的，自然因果律就是说一个事物的存在总有其存在的原因，宇宙就在这个因果系列中。在一切事物中，你总是能找出一个原因，当你无限制找下去找到最后，总有一个使一切发生的最原始的原因，这个是什么？就是自由因，最后的落脚点是在自由层面，追溯到最后要找到那个推动世界发展的第一个力是什么，是自由因，所以这是正题强调的。

但反题呢？世界上没有自由，只有自然的因果性。意思是说，如果世界上有自由因的话，就违背了自然的因果性，有自由因就会破坏因果律，因为自由是没有原因的。如果你说有自由的话，那么每个人都可以随心所欲地创造规律，而不遵守因果律了，那么这个世界就乱套了。但实际情况是什么？你必须要遵守自然律，太阳东升西落、自由落体，这些都是亘古不变的，你说有自由，你能改变这些吗？不能。所以，反题强调这个世界、这个宇宙是没有自由因的，只有因果必然性。

可以看到，这个正反题都在用因果律说事儿。正题说，要遵循因果律，无穷地追溯原因，一定有一个最初的原因，那就是自由；反题说，没有自由，因为如果有自由因，就违背了自然因果律。

于是，这两个论题各自都说得通，但是放在一起又都是矛盾的，这个矛盾其实就是自由和必然的矛盾。一个说有自由没有必然，一个说有必然没有自由。

这一切错误出在哪儿？就是把理性的理念——宇宙当作一个可以认识的对象，将知性的范畴运用到这个理念层面导致的。把理想的统一性当作了现实的统一性，而陷入自由和必然的矛盾中去了。

但这个自由和必然的矛盾，康德认为是可以解决的，关键在于变换切入的角度。前面我们已经说过，康德把这个世界划分为现象界和不可知的自在之物。我们看到的这个现象界，看到的是事物的表象，这个领域遵循的是自然规律，遵循的是自然的因果律。但还有一个不可知的自在之物是引起这些表象的原因。比如我们看到一个苹果，其实看到的只是苹果的表象，那么还有一个不可知的自在之物是引起表象的原因，苹果的物自体便是自由因。于是就可以得出，自然因果律和自由因在各自的领域存在是互不干扰的。这样，必然和自由的问题就解决了。

在现象界是"知性为自然界立法"，一切表象都要符合这套知性的范畴规则，这就是自然的规律，在现象界没有自由因；而在自在之物领域，"理性为自身立法"，这个物自体是有自由因的。这个领域也是康德认为的实践领域要去探讨的、"人应该"的问题，自由因就是那个最原始的原因，人正是因为有了"应该"这个能动性，才使其有了自由因。

康德为什么如此看重第三组二律背反？因为对这个矛盾的解决也是康德哲学的总体脉络的体现，关于必然和自由的讨论也是他两个世界各自遵循的原则。

③理性神学的幻相：理想

当知性的范畴运用到"上帝"这个先验理念时，就产生了理性神学的幻相——理想。

也就是说，把"上帝"当作一个可以认识的对象时，就会出现错误。康德一一批判了史上关于上帝存在的理论证明，最后得出一个结论：上帝只是从外部事物和人的思维概念中概括出来的理想而已，是人性自我完善的产物。

以往的哲学家试图证明上帝是存在的，而康德认为上帝并不具有客观现实性，这个上帝的存在其实仅仅是人的一个理想罢了。通过对理性神学的幻相的批判，也表达了康德对以往形而上学的批判态度。

第四部分　德国古典哲学

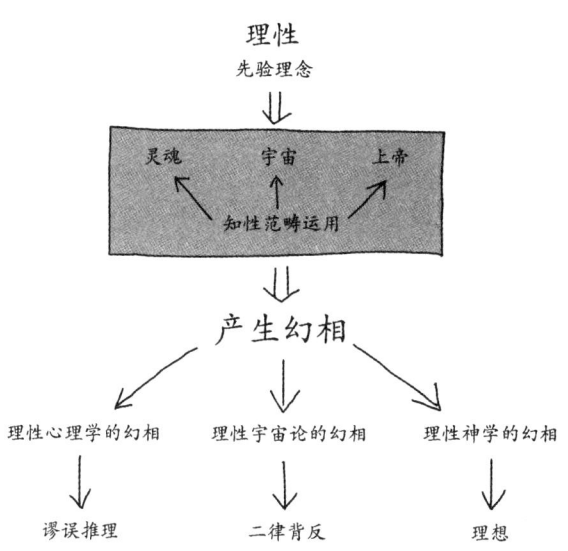

知性的范畴运用到理性的理念，会造成哪些错误

总结一下，知性范畴运用到理性的理念后就会产生错误，产生幻相。在理性心理学领域，产生的幻相叫谬误推理；在理性宇宙论领域产生的幻相叫二律背反；在理性神学领域产生的幻相叫理想。

康德用了大量的篇幅去揭示幻相中存在的错误。但是我们需要强调一点，先验幻相的产生是人们误用了理性而造成的结果，误用是什么意思？就是知性越界使用了，知性本来只能在经验范围内运用，现在运用到超验的领域，这就是误用。这也是理性本身的自然秉性的体现，最后导致先验幻相和传统形而上学的问题。

理性的理念本身有没有问题？没有问题。理性的理念本来就是可以静静地待在那里，像一盏明灯一样指引着方向。不能因为理性的误用而破坏了理念本身的美好存在。

这些理念本身就是形而上学的存在。尽管前面康德用了大量篇幅去说幻相问题，是对传统的形而上学的批判，因为幻相是理性的一种误用导致的，但不能因为理性的误用而扼杀形而上学的存在。只要理性还要对经验知识进行更高的综合，就会有反映理性的自然倾向的形而上学存在。

到这里就解决了一个问题，也是我们最初提到的——作为一种自然倾向的形而上学是可能的，这也是传统的形而上学可能性的问题。

既然说到了作为传统的形而上学是误用了理性的结果，那么能否正确地使用理性？就是说形而上学作为科学何以可能，该怎么回答？这是康德提出的一个议题。这个答案留在了实践的领域，理性在其中便可以发挥作用了。这个领域也是我们之前说到的"自在之物"的领域、自由的领域。

第三篇 Passage 3 　康德的实践哲学

康德的第一批判《纯粹理性批判》研究人类如何认识外部世界的问题，而第二批判《实践理性批判》则是理论哲学的归宿和目的。康德始终认为，人的理性只有一个，但运用在了不同的方面，一个运用在知识的层面，一个运用在道德的层面，因而这也是康德二元论的体现。

相对于纯粹理性批判，其实康德更看重实践的领域，正如我们前面说到的那样，康德是一个温暖的哲学家，他关注的是人的问题：人可以认识什么，人可以做什么，人可以期望什么。在探讨完人可以认识什么之后便要落在实践的层面：人可以做什么。

西方哲学里的"实践"不同于我们常识的理解。我们常识会认为实践是一种人类实际的活动，比如劳动是一种实践，或者说我们参加了一个什么活动，这是实践。在西方哲学里的"实践"其实指的就是人的道德行为。实践的哲学也就是道德的哲学。

康德在实践哲学的部分，到底要解决什么问题——什么是道德法则？道德法则的前提是什么？道德律为什么能够成为一种可能？道德形而上学的条件是什么？根据是什么？判断一个行为是否道德的标准是什么？这也是一个伦理学的问题：人应该怎么去做。

什么是道德？大家或许会想到道德就是一种正义感的体现，是

"己所不欲勿施于人",是一种大公无私的精神,是一种先人后己的品质。但这些行为背后的原因是什么?人们做出这样的决定的前提是什么?举个"见义勇为"的例子,有人落水,有些人会毫不犹豫跳下河去救人。我们要追问:为什么会出现这样的情况?人的这个道德的行为该怎么去解释?或者说这些行为的背后的根据是什么?

这是康德首先要去思考的,他提出这一切的原因首先是:**人是自由的**。这也是康德在实践哲学里设立的第一条原则,首先要承认自由,没有自由,这些道德行为就无法解释了。正是因为人在实践上的自由性,才有可能使道德发生。

当然,这仅仅是第一步,先要设定人是自由的之后,在自由的这个前提下,才能有后面的论证。

01 人是自由的吗

自由是什么?你可能会认为:自由就是自己可以去选择自己想做的事情,不受到束缚的状态;或者说自由是在法律允许的范围内,保护自己利益不受侵犯的权力。前面讲到斯宾诺莎,说"自由是对必然的认识",对必然性认识得越清晰,就越自由。但康德所说的自由,远远不止于此。

自由,是在"你应该"的层面去探讨的。

人是具有两面性的。首先,自然的领域在现象界,人作为现象界的一员,人是要遵循自然的法则的,生老病死你要遵循,吃喝拉撒睡,这些你要遵循,而且是你不得不遵循,因为这是一个自然的规律和法则。比如,"万有引力定律",你能摆脱这个定律吗?不能。人在现象界要遵循一个外在的必然性的问题,这就是人的一种本能。

但在现象界以外的自在之物的领域,或者说在伦理和道德的领域就不是按照自然规律和法则来运行了,在这个领域,人是按照某种内在的规范和准则(比如道德原则、信仰原子等)去实践、去行动的,人会有一些自发性的行为。而这,正是理性在其中起到的作用。

这种自发性意味着什么?就是你可以有选择的权力,你可以自己给自己制定一套行为的准则。这个准则的制定者不是自然界的规律,而是你自己。于是,这个行为的准则就是各式各样的了,你有你的准则,我有我的准则。

人有了主动权,这也是人区别于其他自然物的原因。动物和植物只在现象界,因为它们只需要遵守自然法则,遵循自然规律就可以。但人不同,人有了另外一个世界,这个世界充斥着价值观、充斥着人的各种准则,这就是人理性的一种自发性的体现。

举一个我们现实中的例子,很多大学生毕业后面临着找工作的问题,有些人想去当公务员,有些人想去外企,有些人想出国留学……这就是人各自的选择问题,而每个人在做选择时其实都遵循了各自的准则,比如有些人想过一种安定的生活,有些人喜欢挑战、喜欢多赚点钱。那么"喜欢安稳"和"喜欢多赚钱"就是每个人不同的准则,这是一种主观的准则。你之所以选择不同的工作,一定是有你的一个准则在起作用的,或者说这也是你的价值观使然。"喜欢安稳"和"喜欢多赚钱"便蕴含着你不同的目的,你是遵照着这个价值观去做出选择的。这便是一种自由的体现,这些准则是自己给自己设定的,并遵照自己的准则去实践,你完全按照自己的意愿行事。

当你有了可以选择的机会时,这恰恰说明了什么?人是有自由的。你不用被外在的一些东西束缚,你不是被动的状态,选择权在于自己,你是一个主动的人。人自己给自己制定准则,然后自己按照规定去实践。

通过这个例子,大家对自由有了一个初步的认识。自由是什么?就是自己为自己设定规则的这么一个权力,人有选择的权力,这是人的一种自发性的体现。

这时你也许会问,人为什么是有自由的?"人有自由"这个观点,难道不是一种假象吗?或许人是不自由的,只是我们营造出了"人是有自由的"这么一个幻相出来?

康德认为,在自在之物的领域,自由是一切证明的绝对前提,是一种先验的设定。

自由不是一个论证的问题,而是人之所以为人,人作为自发的存在者的一个必要条件。人不仅仅是自然的物理存在,也是一个精神存在。那么,自由,毋庸置疑就是人之所以为人的一个先验存在。不承认自由,人就没有自主性,就等同于花草和动物了。

需要强调的是,自由只是道德的一个前提。也就是说,人的自由只是为人的道德提供了一个先决条件。人自己给自己制定规则和准则,但这些主观的准则还不是道德。那什么样的准则才能算得上是道德?人究竟做出怎样的行为时,才能算得上是道德的行为?

02 道德律是一种绝对命令

自由的先验设定，让人们可以自主地设定准则并进行实践，这是一种主观的准则，当然这个主观的准则是多维度的，是非常私人化的。既然如此，这样的准则就有好有坏。如何从这么多主观准则中去做选择呢？这时需要有一个客观的法则来起作用。

客观的法则也是一个普遍的法则，就是不仅仅对个别人有效，而且是对所有有理性的人都有效的法则。这个法则便成了一种判断的标准，一个实践的法则——评判准则的普遍原则。我们不能随意评判哪种准则好或不好，得找一个合理的准则去评判，评判后人到底应该采取哪一种准则。

这种客观的实践法则叫命令。命令是什么？就是"你应该如此"的准则。

到这里其实仍然没有说到道德的法则。我们回顾一下思路，从自由的问题说到了人具有的各种主观准则，那么如何去做选择，需要一个客观的实践法则，这种客观的实践法则就是命令——"你应该怎样怎样"这样的命令。

那是不是只要符合了命令的口吻，在众多主观的选择中就可以选定那个道德的法则呢？就可以选择不仅对自己有效，也对所有人有效的那个法则？不一定。

假言命令和直言命令

康德把命令分为了两种：一种是有条件的命令——假言命令，就是"如果怎样，就会怎样"这样的命令，比如，"如果你想获得尊敬，你就应该诚实守信"。你之所以要诚实守信，是因为想要获得什么，有什么企图，你要获得人们的尊敬。这是有条件的命令。

还有一种命令，就是无条件的命令——直言命令。这是无条件命令，就是"你应该怎样怎样"，比如，你应该诚实守信，你之所以诚实守信，没有别的目的，只因为你要诚实守信而已。

康德认为，这样的无条件的命令才是一种道德的准则，才是道德律。这种无条件的命令，也就是一种绝对命令。而有条件的命令不能算是一种道德律，充其量只是一种合法的表达而已。

到这里，我们便从客观法则中找到了道德法则。再来回顾一下思路，人的自由，使人的行为产生了两种判断准则：主观的准则和客观的法则。客观的法则中，只有那些无条件的命令才能成为一种道德准则。也就是说，道德准则是没有功利色彩的，一种纯粹地为了道德而道德的行为才能算作是真正的道德。这样的法则，不仅仅对个人有效，而且对所有有理性的人都有效。

比如，一个人想要得到财富，那么怎么去获得财富？这时，人的自由使得自己可以产生多种做出判断的准则出来：可以凭借自己的劳动获得，也可以通过偷盗来获得。这两种准则都是人的主观准则，都会指导着你的行为。

但这两种准则就天差地别了，我们用常识便可以判断，一种是不好的准则，比如去偷盗去抢，这是一种非道德的准则；一种便是好的准则，是大家可以普遍去遵守的准则，那就是通过劳动获得财富。

这两种准则是不是首先是人的主观准则？是的，因为这是人的自由导致的，人可以做出不同的选择。那么，这两种准则哪一种可以推广到大众，成为所有人都可以遵守的准则呢？能够成为一条普遍的法则加以推广的那条准则就是道德法则。也就是说当主观的准则上升为一种客观的普遍法则时，就可以成为一种道德法则。在这个例子中，"通过偷盗的行为获得财富"能不能成为一条普遍的准则加以推广？不行，如果这样的话，你可以去偷，我也可以去偷，别人也可以去偷，最后的结果是什么，这个世界乱作一团，无法达到一种至善的状态。而"通过劳动去获得财富"这条准则便可以成为一条普遍的法则加以推广，每个人都可以去实践这条法则，这就是一种道德的准则。因为这条法则采取的是一个绝对命令的形式——"你应该通过劳动获得财富"，没有条件，没有其他的功利色彩，没有目的，就是为了遵守道德本身才叫真正的道德。

到这里，你会发现康德的道德律，其实讲的是一个动机的问题。是否道德，主要看你的动机是什么，这个动机是不是真正对道德本身的一种热爱？如果是的，这才叫道德。

我们又朝前走了一步，我们从自由的先验设定，去区分了主观准则和客观法则。在客观法则中，只有绝对的命令、无条件的命令才是道德律，只有主观的准则可以当作客观的法则加以推广的时候，对每个人都有效的时候，才是道德的法则。同时，道德律又带有动机论的色彩，只有你出于对道德的热爱，仅仅是为了道德本身而做出的行为,这才叫道德。掺杂了其他的功利的目的和条件的,就不叫道德。

那么这时又来了一个新问题:既然道德法则的标准就是个人的准则能够对一切人都有效,那么怎么去判断这个准则对一切人有效呢?拿上面的例子来说,怎么去判断"通过劳动获得财富"这条准则就是对所有有理性的人有效的法则呢?这其中的根据是什么呢?

这就涉及道德法则要满足的条件问题。

03 人是目的,而不是手段

康德认为,道德法则要满足三个条件才能称为道德法则。

普遍性原则

普遍性原则,这是第一个条件。

康德说:"要只按照你同时认为也能成为普遍规律的准则去行动。你的行动要使你的准则通过你的意志上升到普遍的法则。"

这段话意思是,你的准则要成为对一切人都有效的准则才能成为道德,这是一个普遍性的原理,道德法则要对所有人有效。这也是道德法则之所以成为道德法则的一个根本条件,必须具有普遍性。这个行为是否道德的,就要看这个行为准则是否可以推而广之,让所有理性者都可以去遵守。

这是第一个讲到的根本条件,但这一点并没有说出为什么道德法则能够成为道德法则的根据,也就是说,怎么去判断这条准则对一切理性者都有效?

这就是第二点提出的问题,非常关键。

人是目的,而不是手段

康德说:"你的行动,要把你自己人身中的人性,和其他人身中的人性,在任何时候都同样看作是目的,永远不能只看作是手段。"

翻译过来,就是我们非常熟悉的那个观点"**人是目的,而不是手段**"。

前面已经说到,康德的道德律其实讲的是一种动机论。你有着什么样的动机,就会采取什么样的行为。人最初的动机是什么呢?是为了得到利益。为了不受惩罚而去采取的道德行为呢?这并不是真正的道德。

真正的道德行为是什么?是你把道德本身当作了目的。为了诚实而诚实,为了尊老爱幼而尊老爱幼,把道德当目的,而不是把道德当作你实现某种其他目的的手段。

我们延伸一下,想想实际生活,我们活着是为了什么?或者说我们现代人如此争权夺利,想方设法赚更多的钱,是为了什么?赚钱是为了获得更好的生活,很多人把手段当作了目的,把赚钱本身当作了要追求的目的,而遗忘了人本身的目的是什么,人是要更好地生活的,财富只是实现人自身目的的一个手段而已,人要把实现自身的目的当目的。

很多大学生选专业的时候,都会面临着选择,这个时候有些人就会以这个专业未来的就业是否乐观为衡量标准,看看学这个专业后找工作能否赚到钱,而不是追问内心自己最喜欢最擅长哪个专业,自己追求的人生理想是怎样的。这就是将目的和手段颠倒了。

康德的这个道理用在我们当今仍然具有深刻的现实意义。我们一直都在问自己想要什么,想要过一种什么样的生活,但现实是,人们往往在追求目的过程中,把手段目的化了,把外在的那些条条框框当作了目的,而没有真正追问自己的内心。

回到康德这句话上,"人是目的,而不是手段"。我们的动机要放在人本身上面,这个动机要纯粹,没有任何其他的外在的干扰,把各种利益的诱惑排除在外,只有当我们把人自身当作目的后,所有的行为才能成为一种道德的行为,这样的行为才能推而广之,这样的法则才能称为道德法则,对所有理性者都有效。

那这时要问了,人的目的是什么?

人的目的,就是理性自身的目的。人要把自己当作目的,就是人要去遵循理性自身的目的。只有这样,人的主观准则才可以上升为一种道德法则推而广之,对所有人有效。这就是道德律背后的那个根据。符合了这个条件,康德认为道德法则才能够得以实现,才能够成为一种普遍的法则得以推广。

其实,"人是目的,而不是手段"这个观点强调的是一种纯粹性,人的动机要纯粹,为了道德而道德。这一点也可以来解释道德律的绝对命令这个形式,这是无条件的命令——你应该怎样。

前面说到的是第二个条件,出于理性自身的目的准则才能够成为一种普遍的道德法则。那么,出于理性自身目的而行动,这说明什么？当我们这样去做的时候，人不是服从外在的法则，而是服从一种内在的必然性，服从的是理性自身的目的。这就说到了道德法则中第三个要遵循的原则——自律性原则。

自律性原则

人把理性自身遵循的法则当作目的，同时人因为有自由使得自己可以为自己制定法则，并加以实践。人的行为是出于自身对理性法则目的的遵循，人是服从自己内在制定的标准的，而非外在的准则和规律。因为自然界、现象界的规律和准则是什么，是一种他律。而服从人自身理性的要求的准则是什么，是一种自律。人自己立法，自己遵守。这就是"理性为自身立法"的内涵。

这正是人自由的一种体现。前面已经说过，人的自由可以让人有各种主观的准则，但想要成为一种客观法则的道德准则，就需要有自律的原则，自由不是随心所欲的自由，而是对某种必然性的遵循，这种必然性就是理性自身的必然性，理性自身立法的道德律。人只有以人自身为目的，去纯粹地为遵循道德而进行道德实践，有了一个这样的动机后，才能真正地实现道德。

实践哲学总体思路

康德为传统形而上学的困境寻找一个出路，传统的形而上学试图去挖掘现象背后的本质，但康德看来这个领域是不可知的，是自在之物的领域，是实践的领域，因此为道德和信仰留下了地盘。

于是，康德转而进入实践的领域，去看看道德的问题是一个什么样的问题，去探寻道德的形而上学能否可能，道德现象得以可能的条件是什么，什么样的准则可以称为道德原则。

现象界遵循的是因果必然性，而实践领域是有一个自由因的。因此，康德首先把自由当作是人的一个先验设定，在自由的基础上才有道德的产生。当然，康德不是直接从自由推出了道德问题，而是先从人的自由会带来哪些问题切入。人有了自由，便有了做出准则的可能，那么在人的各种主观准则中，有一部分准则是可以上升到客观的普遍准则的，这样的准则就是道德准则。于是，就要去探讨客观的道德法则需要具备的条件——普遍性原则、"把人当作目的"以及自律性原则，便得出了"理性为自身立法"的结论，道德的问题是可能的，因为这是自由的结果，也是理性自身的目的。

最后，康德也提出了实践理性的最终目的或者说道德的最高理想——至善。要到达至善的状态，仅仅通过绝对命令是不够的，还需要三个辅助的手段——意志自由、灵魂不朽和上帝存在。这三条道德公设的目的便是帮助人们培养道德的情感和习惯，从而达到最终的那个至善目的。

小结：康德哲学

关于康德哲学，我们可抓住两个背景去理解：康德面临的问题和康德是如何解决这些问题的。

这是两个大的方向,也是理解康德哲学的一个整体思路,先去看看他究竟遇到了什么问题,这个问题一定要结合着当时的历史背景去理解,当时的哲学史上发生了什么让康德开始陷入沉思?他后续的哲学著作又是如何解决他遇到的问题的?

理性和自由

康德面临的时代问题有两个:一个是理性的危机,一个是自由的失落。

理性和自由,这是贯穿康德哲学整个脉络的两个关键词。从一开始康德面临的问题到康德解决问题的方向,都是沿着这两个关键词而展开的。

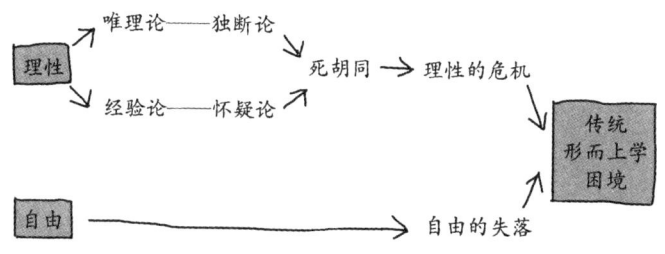

康德面临的问题

理性的危机,表现为当时的经验论和唯理论各自走向死胡同的境地。在当时看来,理性主义似乎走到了尽头,当两派认识论哲学家各执一词走向极端后,唯理论的独断主义和经验论的怀疑主义都各自违背了初衷，理性的根基受到了动摇，自然科学的根基受到了动摇，如何解开这个困局？这是康德面临的第一个问题——理性的危机。

第二个问题，便是自由的问题。理性的启蒙运动过分夸大了理性的作用，除了自然科学领域，理性甚至要对所有领域，包括人的道德和实践领域予以规定性。当一切本来可以发挥人的自由可能性的领域，都被理性蒙上一层挥之不去的面纱时，就会出现一个严重的后果：人将不再有主观能动性，人只是在按照一套客观的准则、一套客观的法则进行实践，那么人的价值和尊严将何去何从？人之所以为人，不仅仅是因为人是一个有血有肉的自然存在体，也是一个有着七情六欲的精神存在体。在精神的领域，人是自由的，有着各种能动性。但当理性的能力过于强大，是否会压抑住人的自由精神呢？这是一个亟待解决的难题。

理性和自由，就是康德要直接面对的两个大的哲学主题。这也可以表现为传统的形而上学遇到的困境，探寻事物背后的本质规律并试图将其上升为一种科学准则，推而广之。这些问题康德看到了，那么他又是如何解决的呢？

现象界和自在之物

康德把理性和自由的问题融入他的三大批判之中。与此同时，他把这个世界划分为两个不同的世界，一个是可以认识的现象的世界，一个是不可知的自在之物的世界。

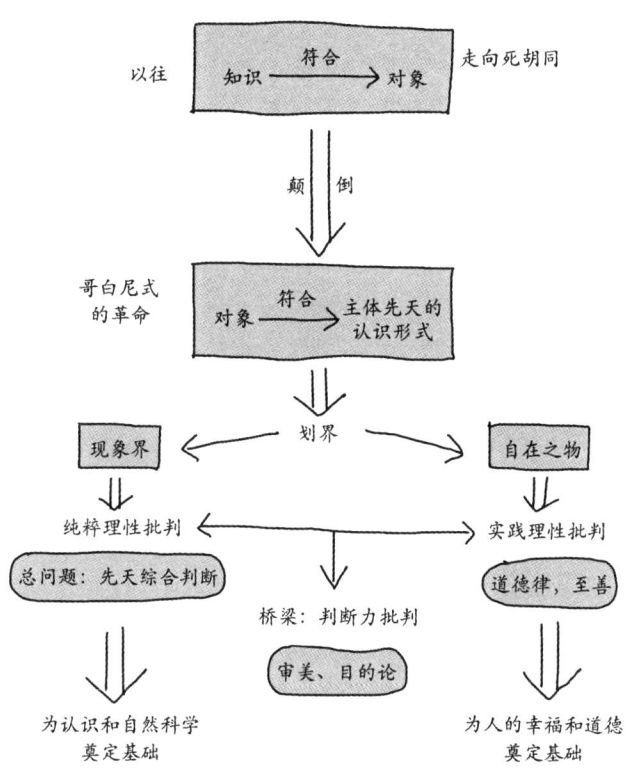

康德对问题的解决

在现象界中,探讨的就是理性(广义的"理性")的问题。《纯粹理性批判》通过对纯粹理性的考察,对经验论和唯理论的问题进行了一个调和。康德发起的那场"哥白尼式的革命"颠覆了人们对主客关系的理解,他提出了"先天综合判断"便很有力地解决了当时的矛盾。既有普遍必然性，又具有经验新内容的命题，便是先天综合判断。这吸收了经验论和唯理论各自的优点，同时也终结了两派一直的争论。

紧接着，康德要去探讨有哪些先天综合判断，这些判断是如何成为可能的？于是，后面的论证就开始晦涩起来，这也是康德哲学最为经典的地方。

面对着纯数学问题、纯自然科学问题以及纯形而上学问题，康德分别从感性、知性和理性进行了论证，要去探究的是这些认识形式的条件是什么，有哪些纯粹的认识形式问题可以让这些认识得以成立。

感性层面的纯形式是时间和空间；知性的纯形式是范畴；而在理性层面，则是分为两点，一个是传统的形而上学问题，理性的秉性会产生先验理性的幻相，另一个是作为科学的形而上学问题，那是理性在实践领域的运用，关于自由、道德和信仰。这个层面，已经涉及实践和自由领域的内容了。

通过这一系列的论证，最后康德得出结论：因为感性的纯形式时间和空间是可能的，所以纯粹数学问题的先天综合判断是可能的；知性的纯形式范畴是可能的，所以纯自然科学问题的先天综合判断是可能；而理性层面，传统的形而上学作为一种自然倾向是可能的，只是理性的误用导致了幻相而已，而未来的形而上学作为科学的形而上学正是康德要在实践领域去探讨的。

在现象界，康德通过《纯粹理性批判》的论证将理性在现象界的运用做了一个深入的剖析，不是批判理性，而是去考察理性的使用范围、条件等等，从而才能更好地运用人类的理性。

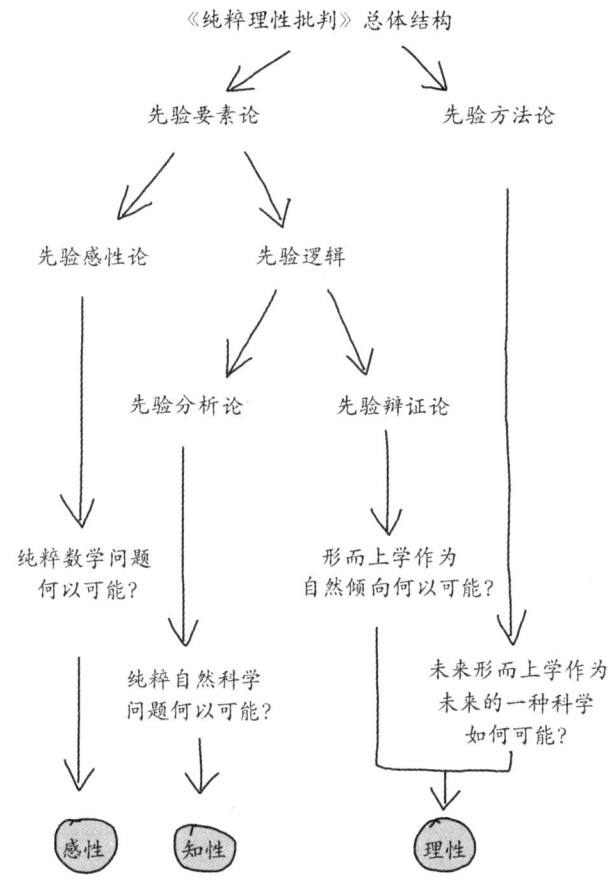

纯粹理性批判的逻辑脉络

康德哲学的一个巨大贡献，就在于他对世界的二元划分：知识的问题是现象界讨论的，这个领域是可以认识的，但到此为止，康德立了一块碑，为知识划界，超越经验的边界，便到了一个不可认识的自在之物的世界。在这个领域，康德去解决的是他遇到的第二大问题——自由的问题。

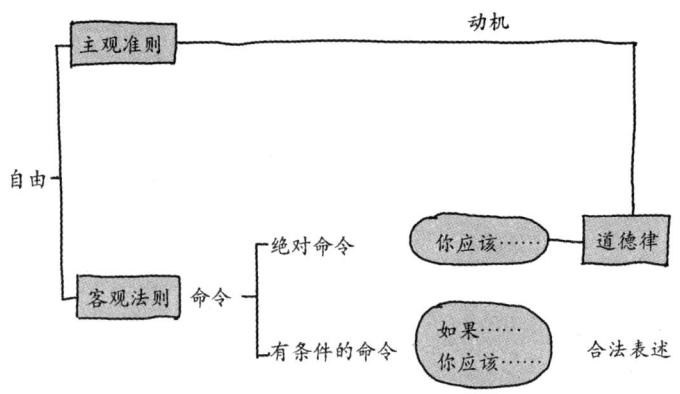

自由与道德的关系

这是一个实践的领域，人有没有自由？有没有一套实践的法则去评判我们的普遍的实践行为？在第二本批判作品《实践理性批判》中，康德要去探讨的就是这些问题，关于自由的问题，关于道德、信仰的问题。

康德认为，人是有自由的，而且自由是人的一种先验设定，这是人不同于动物、植物这些自然存在物的地方。在自由的基础上，人的主观能动性使得人们按着各种主观的准则去行事，这些主观的准则都是私人的，如何将其上升为一种客观的法则呢？一旦到了客观法则可以推而广之的地步，这就是一个道德法则了。康德探究了其中的奥秘。

绝对的命令，把人自身当作目的而非手段，自己立法自己遵守。通过这些，我们可以挖掘出康德一个至深的信念基础：把道德本身当作一种信条，为了道德而道德，对道德有一种纯粹的热爱，并将之实践。康德并没有告诉我们什么是道德,并没有说道德的内容包括哪些,康德只告诉我们道德的一种形式上的体现——"你应该"怎么样。所以康德的道德哲学也是一种动机论,去看看这个人的动机是什么,动机不纯就不是道德的体现。

在《实践理性批判》里除了自由和道德话题,康德还讲到了几条道德公设——意志自由、灵魂不朽和上帝存在。这三条公设也恢复了关于上帝存在的伦理学证明,所以我们说康德为知识划界,在不可知的领域为道德和信仰留下了地盘,这个领域是人主动的、能动的一种体现,人的道德行为和人的信仰都是一种自由的体现。

我们要强调一点,康德对实践领域的关注其实要远远超过他对认识论层面的关注,理性在实践领域的运用才是最为主要的,那些关于理性的理论问题相比实践哲学是微不足道的。但对于我们大众来说,学习康德的理论哲学会大大提升我们的思辨能力,这也就是《纯粹理性批判》是一部绝对的经典巨著的原因。

总的来说,康德的哲学分为了理论哲学和实践哲学,这也是跟他对世界的二元划分相一致的。理论哲学,探讨的就是理性认识论问题;实践哲学,探讨的是自由的可能性问题——道德和信仰。

我们会发现康德所有的这些问题,其实都离不开人这个大的主题,正如我们在之前说到的那样,康德不同于以往的哲学家只是沉迷于哲学的文字游戏,他是一个温暖的哲学家,他的境界指向的是人的终极问题——人是什么。从认识、实践到人的希望,他给我们呈现出了立体而富有思辨张力的哲学画卷。

头上的星空和心中的道德定律

康德的那句名言,还是要再分享一次:**有两种东西,我对它们的思考越是深沉和持久,它们在我心灵中唤起的惊奇和敬畏就越会日新月异,不断增长,这就是我头上的星空和心中的道德定律。**

头上的星空便是康德对自然的探索,心中的道德律便是康德对自由的追寻。

正是这么一位看似古板、不苟言笑的人,为人类呈现了一幅丰满的哲学画卷。这是德国古典哲学的一座丰碑,是人类思想的一座珠穆朗玛峰。

康德打开了无数后世哲学家的思想之门,开启了思想的无限可能。康德之后,所有的德国人都开始谈论形而上学,席勒和歌德研究康德,贝多芬把对康德的敬意体现在他的音乐中,费希特、谢林、黑格尔和叔本华都深受康德影响,继而开启了百花齐放的现代哲学。

仔细研究康德会发现,康德哲学中也有不够严密的地方,也有能挑出问题的地方,但康德对我们思维的启发却起到了至关重要的作用,这是一种对过往思维方式的颠覆,也是一种全新思维模式的开启。

读康德的著作,你能感受到什么是真正的哲学家,什么是真正的哲学该有的胸怀和气度。

让我们记住这位在思想上带给我们震撼的伟大哲学家,记住"哥白尼式的革命",记住人类这朵理性之花,记住对自由和道德的那份神圣之感。

星空在天上,道德律在心中。

第四篇 黑格尔

01 一趟精神的探险之旅

说到黑格尔,大家一定不陌生,哪怕是没有读过哲学史的朋友,也知道这个名字。在生活中,我们也听到过很多黑格尔的名言,比如,"凡是合乎理性的东西都是现实的,凡是现实的东西都是合乎理性的";"无知者是不自由的,因为和他对立的是一个陌生的世界";"绝对的光明,如同绝对的黑暗"。

这些话穿越了几百年,在现代社会同样会带给我们精神上的震撼。无疑,黑格尔是伟大的,他和康德一样都是德国古典哲学大师级的人物。但黑

黑格尔(1770—1831年)。德国哲学家,德国古典唯心主义的集大成者,对存在主义和马克思的历史唯物主义都产生了深远的影响

格尔和康德的风格是迥然不同的。

从康德的三大批判的论说中,可以领略到他对人的终极关怀,现象界和自在之物世界的二元划分是他整个哲学的出发点,康德的分析和论证是清晰而细致的,虽然晦涩至极,但逻辑相当严谨而周密。

但黑格尔不同,他显得更加大手笔,他对前人的哲学采取的是一个大综合的手法,建立了历史上最庞大、最全面的哲学体系,他更愿意站在一个制高点去看以往的哲学发展,因此他的哲学表现出了一种恢宏、大气的风格。他的哲学体系似乎要囊括整个世界乃至整个宇宙,所有的一切都在黑格尔哲学这里得到体现。我们看到的现实也不过是黑格尔提出的"绝对精神"的一种演绎罢了。只有黑格尔,才能够真正抓住这一切的精髓。

在某种程度上,黑格尔是狂妄的,也是霸道的,他似乎像英雄一般,在向这个世界发出呐喊,一种"舍我其谁"的气魄让所有人都为之振奋。就像我们听到贝多芬的《命运交响曲》的感觉一样,黑格尔哲学就像那不断叩响的命运之门的声音,无不在刺激着每一个人脆弱而敏感的神经。

这就是黑格尔的价值所在,他是古典哲学的集大成者,也是传统形而上学的终结者。那么黑格尔到底提出了什么思想,具有如此大的震慑力?

这就是黑格尔的"绝对精神"。

绝对精神

黑格尔一生中总共有四部主要的著作:《精神现象学》《逻辑学》《哲学全书》和《法哲学原理》。纵观他的著作,我们会发现他是一个客观唯心主义者，也是一个绝对的唯心主义者。所有哲学的落脚点都在一个关键词——精神。这个精神还是"绝对精神"，他的整个哲学也是一趟深邃的精神探险旅行。

人类的精神是什么？世界的精神是什么？绝对精神是如何发展和演进的？世界的逻辑结构是怎样的？这其中蕴含着怎样的阶段？蕴含着怎样的辩证统一？

这些，就是黑格尔要去探寻的，他试图建立的是一个无所不包的体系，这个体系也是一个形而上学的体系。他试图去解释世界万物的种种现象，以及隐藏在这背后的本质规律，并试图把所有的本质都集合在一起，在他的正、反、合的辩证法中，呈现出一个螺旋上升的发展状态，但这一切又都是一个整体，绝对的精神就是这么一个整体的存在。

黑格尔的"绝对精神"绝不是我们常识理解的人主观的一种精神，比如个人的思想和精神境界。黑格尔探讨的是客观的绝对精神，是世界的本质问题。自然、人类社会和人的精神现象都是"绝对精神"在不同发展阶段的表现形式，所有事物的更替、发展和永恒的生命过程，就是"绝对精神"本身。

用一个不太恰当的比喻，这个"绝对精神"就好似一个剧本，这个剧本就是"绝对精神"编排好的演员和剧情的一个不断发展的综合体。但这个剧本本身也是一个不断发展的产物，角色的矛盾冲突和剧情的展开也是随着剧本自身的发展而慢慢展开的。这个剧本好像是一个没有编剧主笔的剧本，剧本里剧情的发生全靠自身演绎和发展，这个过程是自发性的，但又呈现出逻辑的状态。

但我们知道，剧本停留在一个概念的状态，还是剧本，还没有变成真实的舞台剧或者说没有变为现实。剧本变为现实的过程，要实实在在地去演，这就是一个真实世界的发展过程。真实世界的发展，是具有一套逻辑的，不是盲目去演。但这个剧本演给谁看？有观众吗？没有观众啊。这个剧本，这个"绝对精神"的演绎过程，是世界演给自身的过程。自己就是观众。自导、自编、自演，然后自己欣赏。在这个过程中，剧情不断推进，演员的演技也在不断提升，这其实也是世界的发展不断推进和世界自我发展的过程。

再深入挖掘一下，这个剧本是一个没有编剧的剧本，说明什么？剧本里剧情的发展本身就构成了剧本自己，你不是站在一个编剧的角度去理解这个剧本，而是站在剧本本身的角度去理解这出戏。

这让我们想到了传统的主客二元对立的思维方式。如果按照传统思维，编剧是一个主体，剧本是一个客体，编剧怎样编写剧本，主动权在于编剧本身，编剧对剧本的理解和拿捏，也完全是站在编剧自身的角度去考虑的。编剧和剧本就是一个二元的设置。

传统哲学特别是笛卡尔提出"我思故我在"以来，我们认识这个世界都是从"我"这个角度去理解的。世界被划分为两个，一个是"我"认为的世界，就是意识的世界，一个是客观存在的物理世界。我们对这个世界的探索，对这个世界本质的探索，都是先承认了世界本身是有规律的，而后我们再去探索这个规律是什么。这是一个主体对客体的认识过程。

近代的认识论就是这样的一个路数。唯理论和经验论，尽管它们的纷争很大，但有一个前提是不变的，先承认了我和这个世界的二元对立，人和世界是主体和客体，是思维和存在的二元关系，在这个基础上再去探讨人是如何认识世界的。尽管到了康德那里做了一个调和，但康德仍然是二元论的，依然是现象界和自在之物世界的一个二元设置。康德虽然承认了意识的能动性，也就是认识形式的能动性，但并没有承认客观世界的能动性。康德仍然是以承认客观世界的客观性为前提，去考察客体对主体的符合的。

但到黑格尔这里就变了。剧本已经没有了编剧，剧本本身就是自身的编剧，编剧要做的那些工作已经融入剧本本身里了，不需要再设置一个外在的编剧去编写剧本了。在主客关系的认识层面，主体是客体的一部分，人是世界的一部分。黑格尔是站在了一个客体的角度，站在了一个世界的角度去看问题，不再仅仅是站在人自身的角度去看了。

人对这个世界的认识，只是世界通过人达到的一种自觉状态。世界就成了一个大世界，一个大整体。世界的一切发展都有自身的原理，都有自身的演绎过程，都有自身的逻辑。那么这个逻辑的内核是什么，或者说根本的原理是什么？就是黑格尔提出的"绝对精神"。

刚刚我们用了一个比喻，只是帮助大家去理解"绝对精神"的内涵。我们会发现，"绝对精神"是世界的本体，也是认识世界的方式，同时"绝对精神"也蕴含着自我发展的辩证法的思想。当然，"绝对精神"不是超越于世界之上，不是凌驾于世界的，而是内化在世界自身的变化和发展中的。

所以我们能感受到，黑格尔提出的"绝对精神"确实有一些狂妄了。他把话说绝了，所有的事情都说完了，都囊括其中了。自然界、人类的发展、历史的发展、精神思想的发展，这一切的一切都是"绝对精神"的演绎的过程。

这其中又蕴含着一种深刻的辩证法的发展之理——正、反、合，在对自我的否定和否定之否定中,自身发展起来了,自身也变得更加强大起来了。于是,就呈现出了这么一个丰富多彩的物质和精神世界。

有一种观点说,黑格尔的哲学体系是哲学发展史的完成,也是古典哲学的一种终结。因为黑格尔是站在一个历史的维度去看待哲学的发展的,他是要把前人所有的哲学思想汇成一体,从整体上去考察哲学是什么。某一个阶段的哲学有价值,但也有局限性。只有从历史的角度,把所有哲学家的观点串联起来,从整体上去观照哲学思想的发展,这才是真正的哲学。

后面的哲学思想总是对前面的哲学思想的一种发展,所以哲学发展到最后就到哪里了,就到达黑格尔的"绝对精神"。以往的传统形而上学探讨的都是万事万物背后的本质属性,而随着对形而上学的挖掘,发展到最后就在"绝对精神"里找到了归宿。

哲学就是哲学史

哲学就是哲学史,这便是黑格尔对哲学的理解。"绝对精神"或者说这个真理就是历史发展的全部过程。

某一个哲学家或哲学思想,这是不是真理?这不是。真理是一个历史的发展过程,真理是全体,只有把所有的哲学思想,把哲学史串联起来后,从整体上去把握一个全貌,这才是哲学的真理。

所以,我们确实感受到了黑格尔哲学的恢宏大气。黑格尔是集大成者,因为他把一切都囊括进去了,把过往的思想发展都囊括进去了,哲学到这里就好像发展到了尽头一般。

《从康德到黑格尔》的作者克罗纳说:了解黑格尔就是看到绝对

不能再超过黑格尔。如果还可以有一个"后黑格尔",则必须做出新的开端。

02 黑格尔:实体即主体

《精神现象学》中,已经蕴含了黑格尔对人类精神的探索旅程。从感性、知觉和知性的意识层面逐渐上升为一种自我意识,而后自我意识又上升为理性、精神和宗教,最后达到一种绝对的知识。这个过程是黑格尔认为的从现象到精神的认识过程。通俗地理解,就是从现象出发,从感性确定的材料出发,而后去探寻到感性材料背后的那个根据和本质问题,最后达到的绝对知识便是纯粹的逻辑。

我们不用去深究这个过程具体是怎样的,我们只需要把握一个核心的观点,这也是黑格尔哲学的一个重要理论,就是在《精神现象学》这本书的序言里强调的:**把实体理解为主体,实体即主体,这其中蕴含着一种能动的辩证法思想**。

我们分两部分去阐释:

第一,"实体即主体"是什么意思?什么是实体,什么是主体?为什么说既是实体又是主体?这个观点有什么内涵?

第二,这个观点蕴含着怎样的辩证法的思想?而且是能动性的,这个能动性具体的体现是什么?

可以说,黑格尔辩证法贯穿在黑格尔哲学的整体脉络中。所以我们先来通过"实体即主体"这个观点去挖掘出其中蕴含着的辩证法思想。

实体即主体

先来说实体。实体这个词,我们从哲学史最开始就在强调,亚里士多德那里就已经讲到了实体的概念:实体是既不述说一个主体,也不依存于一个主体的东西。说白了,实体是一种客观的存在,不依赖于别的物体的一种存在,体现的是一种客观性。

而主体呢?近代哲学以来,主体都是和人相关的,特别是近代理性主义,笛卡尔的"我思故我在",这是主客关系的二元对立,这个世界被划分为了"我"和"我"认为的世界,思维和存在的关系是一个二元关系。主体一般指的是人这个主体。人的精神最大的特点是什么?就是具有能动性,人自身可以做出很多选择并投身到实践中。自己决定自己,这就是能动性。这一点我们在讲康德的自由观时已经说到,人的自由其实就是人的一种能动性的体现。

黑格尔说"实体即主体"是什么意思?是"实体+主体"的意思吗?当然不是。实体本身是一个客观的事物,这个客观的事物具有了像主体一样的能动性。

当然黑格尔说的主体不仅仅只是说人这个主体以及人这个主体的精神和能动性,黑格尔说的主体其实是站在了一个客体的角度去说的,指客体本身就已经具有了自身的能动性。也就是说,客体不再需要一个外在的原因作为自己的动因了,客体本身的动因就蕴含在自身之中。

客体既是实体,也是主体;既是客观的,也是具有能动性的。这是一个统一体、一个综合体。实体的发展,就是一个自身发展的过程,这个过程是自身能动性的一种体现。

亚里士多德说到实体这个概念的时候,有没有强调其自身的能动性？没有。因为实体是不依赖于别的物体的存在，是独立实在的。近代理性主义以来，这个实体的概念，有没有特别强调能动性？依旧没有，仍然只是强调其客观性原则。到了康德这里从认识形式上去考察，虽然在主观的认识形式上康德认为是有一定的能动性的，但这仅仅是思维的层面，而客观的现实世界并没有能动性。在康德这里，思维就是思维，客体就是客体，客体对主体的符合，前提便是先要承认客观经验材料的客观性。

到黑格尔这里就不同了。实体自身就蕴含着一种能动性，自己就可以发展起来。黑格尔跳出了传统的那种主客观二元对立的角度去看问题，他把主客的问题合而为一了，似乎消除了两者的界限。

主体对客体的认识，正是客体自身自我意识显现的一部分。主体的活动，也是客体自身活动的一部分。人不再是孤立的，已经融入这个大宇宙之中了。宇宙是什么呢？宇宙自身是具有能动性的，人的精神世界也是宇宙之"绝对精神"的一个自我意识的呈现。

03 什么是能动的辩证法

实体自身内部就有一股力量，这股能动的力量，让自身可以自我发展，这个发展就是一个具有辩证法思想的发展运动。

说到发展这个概念，如何理解？发展就是要有一种超越性。拿现实例子来说，一个人跳槽到了新的单位，工作上有了更好的发展，这个发展是对之前的状态的一种超越。原地踏步算不算发展？不算。

只有比之前的状态更好了，才叫发展。

那么实体自身发展的含义是什么？就是实体本身具有一种自我超越的能力，只有把实体理解为主体时，才具有自己超越自己的能力，因为有了能动性。这个能动性就是把自身当作对象，自己否定自己从而使自己一分为二，把自己分裂了，自己内部有两个对立面，这两个对立面彼此争斗，然后化解矛盾，扬弃自身的对立面，再生出一个新的实体。这个过程是什么？就是一个正—反—合的过程，或者说是肯定—否定—否定之否定的过程。

有了这么一个过程，实体自身发展起来，不断自我超越，自身就壮大起来，实体就逐渐展开了。所以实体自身具有的能动性，就体现出了深刻的辩证法思想。矛盾的运动发展，使得自身在否定之否定的过程中，逐渐展开丰富起来。

但我们仍然要强调一点，黑格尔是站在一个整体的角度去考察的，实体的内部一分为二，但实体仍然是一个整体。这个整体其实就是那个"绝对精神"，"绝对精神"的演绎都是在世界这个大整体内部的演绎，人是在这个世界之中的，而不是游离于世界的。

在《精神现象学》的开篇，黑格尔是这么说的："花朵开放的时候花蕾消逝，人们会说花蕾是被花朵否定了的；同样地，当结果的时候花朵又被解释为植物的一种虚假的存在形式，而果实是作为植物的真实形式出现而代替花朵的。这些形式不但彼此不同，并且互相排斥互不相容。""但是，它们的流动性却使它们同时成为有机统一体的环节，它们在有机统一体中不但不互相抵触，而且彼此都同样是必要的，而正是这种同样的必要性才构成整体的生命。"

黑格尔这段话说明什么？一朵花从开花到结果的过程，就是一个自我发展的历程，是树这个实体的生命历程。

花朵是对花蕾的发展，同时花朵也是对花蕾的一种否定；果实是对花朵的发展，同时果实也是对花朵的一种否定。这个过程就是从肯定到否定，再到否定之否定的过程。这个过程中，这棵树本身得到了一种发展，花朵和果实是这棵树不同的生命状态，是这棵树生命的不同阶段。但从整体上而言，这三种状态都在同一个实体里。这棵树内部自身就是具有差异性的。

树的生命历程，也可以看作是一个历史发展的历程。不同阶段会有不同阶段的思想，每一个阶段的思想都是对前一阶段的思想的发展。思想在变化，但有一样东西是不变的，那就是"思想在变化发展"这件事是不变的。这个内核是什么？就是"绝对精神"。这棵树的实体的内核是什么？也是一种"绝对精神"。

肯定—否定—否定之否定，正—反—合，实体以自身为对象，分裂为一个和自身斗争的对立面，而后再通过扬弃，达到一个新的统一。

可以看到，这个发展是螺旋式上升的发展状态。但这里必须要说明的是，"实体即主体"这本身就是黑格尔上升到最高层次的"绝对精神"，实体的运动就是一个以自身为目的，自己展开自己、自己完成自己的过程，"绝对精神"已经蕴含其中。

人类的认识、精神上的探索，使得潜在的实体逐渐展开而成为自身。正是这么一个展开的过程，人类精神成为"绝对精神"的表现，这样的表现又是"绝对精神"自我意识的体现。

所以，黑格尔努力去探究的"绝对精神"其实是把"实体"这个概念盘活了，"实体"不再是一个静态的物体，而是一个本身自己就具有能动性的、蕴含着绝对精神的一个存在。

实体也是一个自成目的的活动。一棵树静静地生长，生根、发芽、开花、结果，这个过程是自发的，是树本身的活动。树之所以为树，就已经蕴含着自己发展自己的能力了。

当然，黑格尔的辩证法不仅仅在"实体即主体"这个观点里有所体现，可以说辩证法贯穿了黑格尔的整个体系。他的哲学就是一个具有能动的辩证法思想的体系，这也正是黑格尔的伟大之处。

通过《精神现象学》，黑格尔从现象出发去探寻到最后的那个纯粹的本质，那就是一个绝对的知识，是概念的纯粹逻辑，这就到了一个逻辑层面的探讨。而后在《哲学全书》里，黑格尔把绝对精神的历程划分为了三个层次，这三个层次也是一个发展的历程：

第一个层次是**逻辑学**，这个逻辑学就是前面黑格尔从现象到本质探讨后的结果，纯粹的逻辑概念。黑格尔以此为出发点，上升到**自然哲学**的层面，自然哲学是逻辑学的外化。第三个阶段便是**精神哲学**，精神哲学是对自然哲学的扬弃，使其成为真正的现实状态。

这三个层次，也正是黑格尔关于世界的逻辑结构问题，世间万物都可以囊括在这个结构之中，无所不包。同时，这个逻辑结构也是一个充满辩证法的逻辑结构。

04 世界的逻辑结构是什么

世界的逻辑结构，这个话说得很大。在黑格尔看来，世界里的任何事情，包括自然界里的自然现象，以及这背后的本质规律、社会的发展、文化、艺术以及宗教等，这所有的一切都遵循着一个大的逻辑，世界的发展其实就是在一个大的逻辑框架下的一种自我演绎、自我展开的过程。黑格尔要去做的就是挖掘出这个世界的逻辑结构是什么。同时，这个逻辑也正好解释了世界是什么的问题，因此他的逻辑结构也是一个本体论意义的解答。

那么这个逻辑结构是怎样的呢？我们可以把这个逻辑结构看作是一个金字塔。从下而上，是一个上升发展的过程。这也是"绝对精神"的发展历程。

这个过程分为三个大阶段——逻辑学、自然哲学和精神哲学（逻辑学不是发展阶段，而是绝对精神的范畴是如何运动的。自然哲学和精神哲学才是绝对精神的发展阶段。自然哲学和精神哲学是应用逻辑学部分。自然哲学是关于绝对精神如何异化为自然的运动，精神哲学是关于绝对精神如何在人类社会和精神领域运动的）。

这三个阶段是一个自下而上发展的过程，也是一个正、反、合的过程。逻辑学是对事物存在与本质的那个根本逻辑的探讨，是在纯概念或范畴意义上的一种系统考察，而自然哲学是对逻辑学的一个外化的过程，精神哲学便是对自然哲学的一个扬弃。最后绝对精神到达了一个最高的层次，那就是哲学。

这个逻辑结构的过程蕴含着辩证法的思想，同时这个逻辑结构也是认识世界的方式，解释了世界的本体论问题。于是就有一种说法是，**黑格尔的哲学是本体论、认识论和逻辑学的辩证统一**。

我们就这三个阶段的内容，分别来看看它们是如何演变的。

逻辑学

逻辑学可谓"绝对精神"经历的第一个阶段。逻辑学探讨的是什么？就是一个纯粹的概念——本质的问题。逻辑学本身也有一个自身的逻辑，也是一个自下而上的过程，从存在论、本质论到概念论。

存在论，是一个直接性的认识阶段，包含着质、量、度三个阶段，从直接性的认识阶段过渡到第二个阶段，那便是本质论。

本质论，是一个间接性的认识阶段了。是从现象现实到本质的一个提炼过程。而后从本质论再往上发展，便到了概念论的阶段。

概念论，是前两个阶段的统一，直接性和间接性的统一。概念论里包含着主观性、客观性以及绝对理念三个阶段。

概念论这个绝对理念，也就是逻辑学里的最高概念了。到这里，逻辑阶段就结束了，但"绝对精神"还是一个不断发展的过程，于是就上升为第二个阶段——自然哲学。

自然哲学

自然哲学可以看作是逻辑学的一种外化过程，也是一个异化的过程，因为前面的逻辑学都是在概念层面，而自然哲学便是在纯概念范围领域外的一种发展，在一个与自身领域不同领域的发展，才能使"绝对精神"的发展历程更为丰满。

我们也可以把自然哲学这部分看作是对逻辑学的演绎。逻辑学是本质规律，而自然哲学是对本质规律的外化过程。自然界经历的机械论、物理论和有机论，这里面的内容包含了所有的自然科学门类，从力学到光学、热学、天文、化学、生物学等，所有的门类都包含其中。但我们始终要强调，这里面蕴含着一种发展的思想，到最后在自然哲学的部分，发展到最顶端就是有机论——地质的有机体、植物的有机体、动物的有机体。但我们想想，动物的生命再往后发展是什么？就是人的生命。人也是自然界发展到顶点的结果，人出现以后，就出现了精神。因为精神是对动物有机体个体生命的一种扬弃。

当我们一说到人的精神层面，这就很自然上升到第三个阶段——精神哲学的层面了。

精神哲学

在精神层面，黑格尔依然把其化为一个自下而上的发展过程：主观精神、客观精神和绝对精神。

主观精神是人的意识中认识自身的活动，灵魂、意识和精神是三个层次。而客观精神，是被精神创造的一种客观的社会和历史形态。抽象法、道德和伦理，这是黑格尔的法哲学和历史哲学的部分。客观精神之后，便发展到了绝对精神的领域。

绝对精神阶段是绝对精神实现自我认识的场所，经历了三个环节——艺术、宗教和哲学。艺术是以一种直观和具体的形象表现着绝对精神，这也是一种感性层面的，"美是理念的感性显现"。而脱掉这层感性的外衣后，进一步发展就到了宗教阶段。宗教是以象征或隐喻的形式，超越了艺术的感性直观层面，以情感和表象去把握绝对精神。但这个阶段仍然没有达到用概念的形式去认识绝对理念这个高度，那么，最后阶段只有哲学才能完成这个任务。

所以，绝对精神的最后就发展到了——哲学，这个维度。

哲学100问

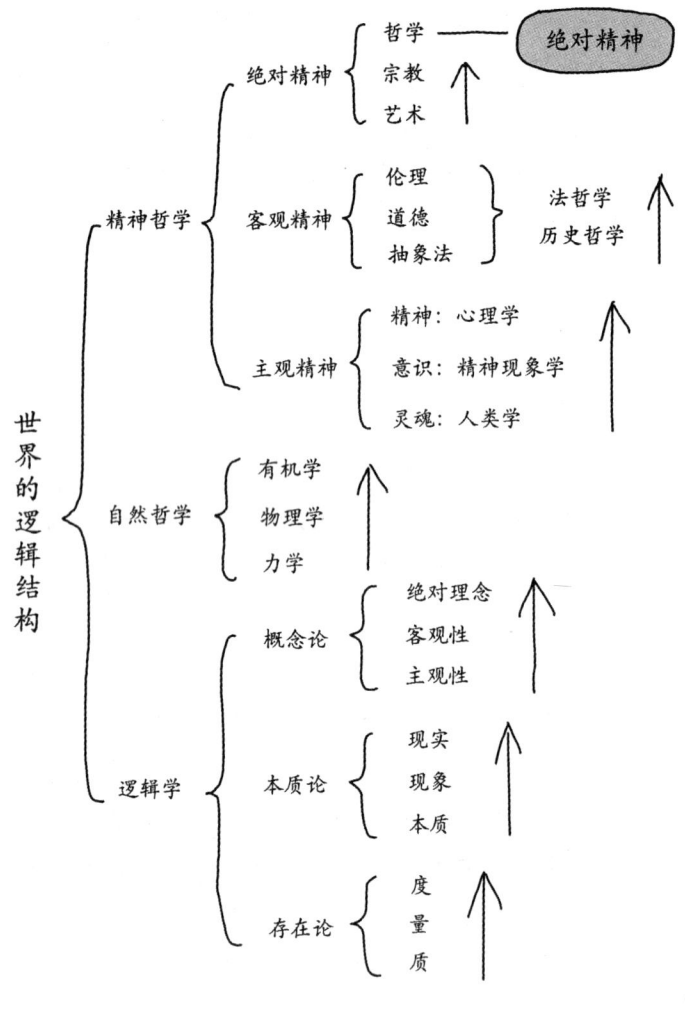

世界的逻辑结构

纵观这张逻辑图,便可以发现这是一个恢宏庞大的体系,其无所不包——自然现象、上到天文下到地理、社会现象、伦理道德、人的主观精神层面、宗教信仰等，一切都囊括在黑格尔的这个逻辑里。

这个逻辑体系，又是一个自下而上发展的体系，每个阶段都是一个正—反—合的过程，整体的三个大阶段也是一个正—反—合的过程。

所以，黑格尔的哲学体系就是逻辑学、本体论、认识论和辩证法的统一。黑格尔不再强调主客二元对立，而是从整体上去考察，这个整体就是绝对精神。

绝对精神不同阶段的变化和发展，也是整个世界逻辑结构的体现，同时也是我们认识世界的一种方式，这其中又蕴含着辩证法的思想——正—反—合，肯定—否定—否定之否定。思维和存在的问题实现了同一，而且是辩证同一。

黑格尔的哲学是恢弘大气的，但也因此，黑格尔把很多话都说绝了，哲学貌似到这里就发展到尽头了，那么这是否意味着传统哲学的终结呢？未来的哲学该如何发展？

05 传统哲学就此终结了吗

黑格尔关于世界的逻辑结构，是要建立一个完整的形而上学体系。绝对精神便是这个体系背后的那个根据。这是本体论、逻辑学和认识论的统一，其中也蕴含着深刻的辩证法思想。

逻辑学＝本体论＝认识论＝辩证法

这个公式"逻辑学＝本体论＝认识论＝辩证法"很好地概括出了黑格尔的思想特征。他的逻辑体系中有着正—反—合的辩证法，是一个螺旋上升的认识过程，同时也很好地解释了世界的本体论问题。绝对精神的几个发展阶段也是自我实现和自我认识的过程，同时真理也蕴含在整个历史的过程中。黑格尔雄心勃勃，他试图建立一个无所不包的体系，而哲学便是这个体系中的最高概念，是绝对的真理。

黑格尔哲学也带有浓厚的历史色彩，特别注重历史感。真理，是在历史的演进中得以体现的。哲学的真谛，也只有在哲学史的发展中才能被探寻到。黑格尔始终强调，在绝对精神的发展过程中，后一阶段的思想总是比前一阶段更加具有真理性，这其中就蕴含着一个螺旋上升的辩证法过程。后面阶段的哲学总是对前面阶段进行超越。而哲学的真理，只有在把前人所有思想史、哲学史汇聚在一起后串起来，这才是哲学的真理。绝对精神的发展到最后就到达了真理性的哲学阶段。

在《哲学史讲演录》中，黑格尔最后说："**自泰勒斯以来，西方哲学 2500 年艰苦的精神劳作是朝着一个目标的。**"虽然黑格尔没有说明白这个目标是什么，但隐约已经透露着一个信息，这个最高目标就是黑格尔的哲学，就是绝对精神。

整个西方哲学史，就是绝对精神的演变发展的过程。发展到最后到顶端了，就到达黑格尔哲学阶段了。绝对精神在最后阶段就是黑格尔提出的哲学概念。

因此在精神世界中，黑格尔达到了一个顶峰，他把传统的一切都归结在自己的绝对精神这个终点。到这里我们不禁要问，这样一来哲学就发展完成了，一切都结束了，该讨论的都讨论了，到头了，哲学就该终结了吧。

传统哲学要终结了吗

是的，如果按照黑格尔的逻辑思维，确实是这样。我们回忆之前讲到的哲学史，从哲学之父泰勒斯，到古希腊柏拉图，到中世纪，到近代哲学，经验论和唯理论，再到康德，哲学史都是在一个传统的形而上学的框架下发展的。所谓传统的形而上学问题，就是去探讨那个现象背后的本质问题，那个"道"的问题。这一切有问题吗？貌似是没有问题的。

但如果你仔细揣摩一下，讨论这些问题的前提是什么呢？是不是已经先承认了，在现象世界背后一定存在某种本质规定性，这种规定性是合乎理性的规定性，是人们愿意不顾一切去探索追寻的规定性。比如，最早的古希腊哲学去探寻世界的本原是什么，人们通过这个问题的探索去认识自然，去认识宇宙万物，但前提是你要先承认"世界的本原问题"是一个可探索的终极话题，是有规律可循的，并且只要不断摸索就能摸索出个一二三来的一个话题。

柏拉图去探讨理念，提出"理念论"，前提是先承认现象的世界背后有那么一个更为本质的东西存在，这种承认是不自觉的，是未经过审察的。先这么承认了，才去探索世界的本质是什么，万事万物背后还有一个理念的型相。

近代哲学部分就更不用说了，经验论和唯理论要解决真理知识的确定性问题，前提也是先承认杂乱的现象世界背后有一个规规整整的理性规定性存在着，只是各自探寻到真理知识的手段不同而已。

康德也是一样，在现象界和自在之物的探索中也不自觉地贯彻了这个理念，宇宙万物本质上其实是存在着一定的规定性的，数学问题、自然科学问题背后都存在着一个本质的问题，只不过康德把其视为一种先验性的规定，但归根到底还是认为世界本来就是一个理性的世界，杂乱的表象背后有一个本质的规定存在。

我们发现，传统形而上学的发展都是按照这个路数进行的。黑格尔正是看到了这一点，看到了哲学史的发展是一脉相承的，最后提出了"绝对精神"。

但，问题就出在这里。

黑格尔的"绝对精神"就是以这些传统的思想为前提，就是以这个未经审察的不自觉贯彻的观念为前提的：宇宙世界是一个有规律、有秩序、有统一根据的合乎理性的有机整体。绝对精神就是在这个基础上的，才能发展成为这么庞大的一个体系。

但我们想想，如果这个根基的理念崩塌了呢？也就是说，为什么我们要承认世界本身就一定是有秩序的存在呢？宇宙和世界，难道不可以是盲目的存在吗？一切都是偶然罢了，是一个巧合的存在罢了。世界除了理性，还有很多非理性的因素。

如果这样想来，这个未经过审视的观点遭到怀疑，那么黑格尔所营造的恢宏壮观的形而上学体系还能站得住脚吗？或者说传统的形而上学所倡导的那个理性主义还站得住脚吗？这就是为什么黑格尔哲学在短时间内爆发后，哲学家们很快开始探讨其他哲学问题的原因了。

黑格尔之后

黑格尔哲学之后，哲学发生了转向。非理性主义、分析哲学、现象学等这些哲学流派开始大放异彩，但有一个共同的特征，那就是反对传统的形而上学。

黑格尔哲学像是哲学史上的一座山峰，是传统的哲学的终结。它也是一个分水岭，黑格尔之前都是传统哲学的路数，进行的是传统形而上学的探讨。虽然那个时候哲学家莫衷一是，但大家都没有放弃过使形而上学成为科学的理想，这是大家共同的目标。

但黑格尔之后，这个目标就崩塌了，尽管出现了新黑格尔主义，但仍然无法改变历史发展的方向。哲学开启了百花齐放的现代哲学篇章，哲学家开始关注非理性主义、关注生命本身、关注语言、关注人的存在话题。西方哲学走向了更为广阔的空间。

黑格尔将古典哲学的理性主义发挥到了极致，"实体即主体"是他的思想的核心，绝对精神是他整个哲学的命脉，绝对精神的发展过程也蕴含着深刻的辩证法，同时也是逻辑学、认识论和本体论的统一。宇宙是一个自己构成自己、自己完成自己的形而上学体系。这是一个无所不包的体系，黑格尔是雄心勃勃的，但整个哲学的根基还是在传统形而上学对客观本质的规定性上。所以在这个封闭的体系内，最高的顶点也就意味着下坡的开始，就像抛物线一样。于是黑格尔之后，他构建的这个形而上学体系开始遭到世人的怀疑，一批反对传统形而上学的哲学家出现，哲学走向了新的现代时期。

尾声 Epilogue >> 哲学万岁,生命万岁

《哲学100问》第1季的内容是从古希腊早期哲学开始,一直讲到德国古典哲学的黑格尔。之前已经说到,黑格尔哲学到达了传统哲学的顶峰,他提出的"绝对精神"是传统形而上学一直在追寻的那个现象背后的本质。

纵观黑格尔之前的哲学史,都是在一个传统的框架下进行的哲学之路。

英国哲学家怀特海曾说:"**两千多年的西方哲学史,不过是对柏拉图的注脚**。"柏拉图的理念论,区分了现象界和理念的世界,理念的世界便是传统的形而上学所追求的本质世界。西方哲学两千多年的发展,都是这同一个路数,去追寻宇宙背后的本质问题。黑格尔的"绝对精神"把这个问题发挥到了顶点,再也无法逾越了。所以,黑格尔之前的哲学史,我们都可以看作是在讨论同一个问题——传统的形而上学问题:统摄宇宙万物的本质是什么,现象背后是否还有一个更为本质的本原,上帝是否存在,真理性的知识要如何确定。这一切的背后,都有一个我们看不见的"道"在左右着。传统的哲学史,就是去探寻这个"道"。在中国哲学中,老子的"道"是大家最为熟悉的了,但有没有人能很清晰地说明白这个"道"究竟是什么,这并不容易说清楚。所以,这就是为什么西方哲学从古希腊到

尾声 哲学万岁，生命万岁

黑格尔时期，每个阶段哲学家莫衷一是的原因。

"道"本身就是丰富多彩的，大家试图去超越现象世界，去寻求那个统一的规定性的问题，难免会出现多样的哲学思想。每个阶段讨论的主题不同，运用的方法不同，结果也不同，但大家都有着共同的目标，有着同样的理想，那就是探讨形而上学的终极话题，追寻统摄宇宙万物的本质和法则。

在这趟哲学之旅中，总共分为了四个阶段。

古希腊哲学

古希腊，是西方哲学最早的诞生之地。因为古希腊独特的地理、政治和文化背景因素，蛮族入侵和城邦制的建立，让希腊人特别爱思考普遍的规则问题，这就无形中培养了希腊人的一种思辨能力，从现象去挖掘其背后的本质，于是诞生了古希腊哲学。

早期的自然哲学家从自然现象出发，去探讨世界的本原问题。在当时的环境下，能提出这样的问题已经算是一种进步了，因为大家已经不满足于现象，而是要去探讨现象背后的问题。"世界的本原问题"开启了古希腊哲学之旅。

哲学家们把世界的本原归为水、火、土、气等自然的因素，而后又把世界的本原归为了更为抽象的"逻各斯""数"和"存在"。可以说，这是从自然哲学向形而上学的一个转变，赫拉克利特、毕达哥拉斯和巴门尼德的思想，使得早期的形而上学的雏形逐渐呈现出来。

到了古希腊哲学集大成的阶段，古希腊三贤——苏格拉底、柏拉图和亚里士多德的哲学，奠定了整个西方哲学的发展基础。

苏格拉底的"精神助产术"是对智慧探索精神的体现，他独特的提问方式表现出对世界的无限好奇。

柏拉图综合前人的哲学精华，提出了伟大的"理念论"。他通过四线段比喻、洞穴的比喻和太阳的比喻形象地告诉世人：现实世界背后还有一个理念的世界。同时对理想国的宏伟蓝图的勾勒，也寄托了柏拉图的政治理想。

亚里士多德的哲学使古希腊哲学走向了顶峰。虽然亚里士多德是柏拉图的学生，但两者的风格却是迥然不同的。柏拉图有些浪漫主义和理想主义色彩，而亚里士多德是有些古板和严谨的，他对真理的热爱超越了一切。于是，亚里士多德发出"吾爱吾师，吾更爱真理"这样的言论。从对柏拉图的批判开始，亚里士多德开创了自己的实体学说。实体这个概念，也一直是后世哲学家讨论的重要主题，可见，亚里士多德的理论贡献之大。

回顾古希腊三贤，他们哲学的探索主题都是围绕着国家、围绕着城邦、围绕着世界的本质问题进行探讨的。而亚里士多德之后，希腊城邦逐渐瓦解，古希腊哲学走向衰落。这个时期出现了三大学派——伊壁鸠鲁主义、斯多葛主义和怀疑主义。这三个学派有一个共同点：哲学不再关心世界的本原问题，而是追问生存的意义是什么，如何才能生存得更好，生活得更幸福。

古希腊哲学由盛到衰。

纵观这个过程会发现，这是一个从对自然哲学和形而上学的探讨转向对人生哲学、伦理学探讨的过程，从对客观精神的探索到主观精神探索的过程。

中世纪的基督教哲学

公元1世纪到16世纪可以看作是**基督教哲学**时期。这段时期基督教神学占据着文化的统治地位，**哲学一直被压抑着**，有一句话"哲学是神学的婢女"很好地诠释了当时**哲学的地位**。

基督教神学属于信仰层面，因此哲学要在信仰的大环境下求得生存，就要为基督教进行理论的辩护。**教父哲学和经院哲学家**，比如奥古斯丁、安瑟尔谟、托马斯·阿奎那纷纷从各自的角度，对"上帝存在"进行了论证。

从14世纪至16世纪，经院哲学逐渐衰落，随着教会的世俗化，宗教改革应运而生，与此同时发生的还有文艺复兴运动。基督教的权威逐渐被破除，哲学的思考对象逐渐从天上的神转回到了人间，一个崭新的时代来临，这就是近代理性主义哲学。

近代理性主义哲学

17—19世纪的近代理性主义时期，可谓是哲学史上大放异彩的时期，哲学家们真正开始进行一场又一场理性的思辨活动。哲学也发生了一次认识论的转向。理性的觉醒让那个时代的哲学家们开始具有反思的精神，主体性的意识开始逐渐被建立起来。

主观与客观的关系是怎样的？人和世界的关系是怎样的？主体和客体的关系是什么？对这些问题的追问，其实就是一次认识论的转向：人是如何认识世界的，真理性的知识是如何确定的。

就此问题，出现了唯理论和经验论哲学。以笛卡尔、斯宾诺莎和莱布尼茨为代表的唯理论哲学，只注重理性的演绎和逻辑推理，不注重经验层面,最后走向了独断论;而洛克、贝克莱、休谟的经验论,只注重经验,忽视理性的逻辑推理,从而导致了怀疑论。

两个派别目标是一致的,但各自的方法是不同的。通读哲学史后会发现,其实每位哲学家都有闪光点,正是这些理论开启了我们对世界的一种全新的思考模式。

笛卡尔的"我思故我在"、斯宾诺莎的"神即自然"、莱布尼茨的"单子论"、洛克的"心灵白板说"、贝克莱的"存在即被感知"、休谟对因果关系认识的颠覆,这些哲学家的思想,虽然各自不见得都是完美无缺的,但每位哲学家带给我们的思想上的震撼却是回味无穷的。当两个派别的矛盾发展到极端后,各自都走向了死胡同,反而违背了初衷。这是理性的危机,也是自由的失落。

于是怎么办呢?哲学就此止步了吗?当然不会。

这个时候,康德出现了。

德国古典哲学

康德就好像是一个拯救者,来收拾理性主义这个烂摊子。于是,就到了德国古典哲学阶段,这个哲学史上最恢宏的巅峰时期。

理性的危机和自由的失落问题,是当时康德面临的两大难题。为了解决这个难题,康德提出了"先天综合判断"调和了唯理论和经验论,使得哲学的进程没有因此而止步。

康德对理性自身的考察,通过三大批判和两个世界的划分(现象界和自在之物)来探索人的根本问题:人可以认识什么,可以做什么,可以期望是什么。

康德是伟大的,虽然康德批判哲学晦涩至极,对"先天综合判断"可能性的问题,对感性、知性和理性的探讨是极其烧脑费神的,但这一切理论探讨的背后,康德并不是为了理论本身而探讨理论,他更关注的是人的问题,关注人的实践领域——自由和道德。"道德律是一种绝对命令","人是目的,而不是手段",这些经典的哲理同样也适用于我们当今社会。

可以说康德哲学的思考方式为后世哲学家提供了新的理论切入点,康德哲学对后世哲学起到了开启的作用,因此康德哲学也是具有开放性的哲学。

另一位德国古典哲学家则恰恰相反,那就是黑格尔。黑格尔的哲学显得有些封闭,所以人们会认为黑格尔哲学意味着传统哲学的终结。黑格尔提出的"绝对精神"是一个无所不包的概念,上到天文下到地理,从人情社会到艺术道德再到宗教信仰,一切都囊括其中。黑格尔关于世界的逻辑结构的演绎便是绝对精神的发展过程,这其中又蕴含着正—反—合这样精妙的辩证法思想。

所以,后世哲学家往往很快转向对其他的哲学问题的探讨,因为黑格尔站得太高了,无人能及,传统哲学发展到最后就到了绝对精神,黑格尔是传统哲学的集大成者,是古典哲学的巅峰。黑格尔理解的哲学就是哲学史,只有从一个历史发展的维度,把所有思想汇聚起来,这才是真理所在。

从古希腊哲学探讨的本体论,到中世纪基督教哲学探讨的上帝存在的证明,到近代理性主义探讨的认识论话题,对真理知识的确定性话题,如果按照黑格尔的逻辑,这都是在一个框架体系的,那就是传统的形而上学。黑格尔哲学为什么伟大?是因为他超越了主客二元对立,站在了主客统一的角度去看问题,看之前哲学史发生的一切。

随着黑格尔哲学的结束,我们《哲学100问》第1季传统哲学部分也全部结束了。

走向现代

黑格尔之后,哲学走向了一个更为多元化的时期,各个流派纷纷登上历史舞台。叔本华、尼采、克尔恺郭尔、罗素、维特根斯坦、胡塞尔、海德格尔、萨特、加缪、梅洛·庞蒂、福柯、德里达、德勒兹、阿多诺、本雅明……这些更具有现代性的哲学家开始了一场又一场精彩的哲学论说。

参考书目

［美］S.E.斯通普夫（S.E. Stumpf），［美］J.菲泽（J.Fieser）.西方哲学史：从苏格拉底到萨特及其后［M］.修订第8版.匡宏，邓晓芒，等译.北京：世界图书出版公司，2008.

［美］威尔·杜兰特.哲学的故事［M］.蒋建峰，张程程，译.北京：商务印书馆，2013.

［美］罗伯特·艾伦.哲学的盛宴［M］.刘华，译.北京：新世界出版社，2013.

［挪］乔斯坦·贾德.苏菲的世界［M］.萧宝森，译.北京：作家出版社，2007.

［英］罗素.西方哲学史（上、下）［M］.何兆武，李约瑟，译.北京：商务印书馆，1963.

［美］梯利，［美］埃文·蕾切尔·伍德.西方哲学史［M］.增补修订版.葛力，译.北京：商务印书馆，2015.

赵敦华.西方哲学简史［M］.北京：北京大学出版社，2001.

赵林.西方哲学史演讲录［M］.北京：高等教育出版社，2009.

张志伟.西方哲学十五讲［M］.北京：北京大学出版社，2004.

张志伟.西方哲学史［M］.第2版.北京：中国人民大学出版社，2010.

游斌．基督教史纲［M］．北京：北京大学出版社，2010．

邓晓芒．《纯粹理性批判》演讲录［M］．北京：商务印书馆，2013．

邓晓芒．康德哲学讲演录［M］．桂林：广西师范大学出版社，2006．

邓晓芒．邓晓芒讲黑格尔［M］．北京：北京大学出版社，2006．

［古希腊］柏拉图．会饮篇［M］．王太庆，译．北京：商务印书馆，2013．

［古希腊］柏拉图．理想国［M］．谢善元，译．上海：上海译文出版社，2016．

［古希腊］亚里士多德．形而上学［M］．吴寿彭，译．北京：商务印书馆，1997．

［古希腊］亚里士多德．尼各马可伦理学［M］．廖申白，译．北京：商务印书馆，2003．

［古希腊］马可·奥勒留．沉思录［M］．李娟，杨志，译．北京：凤凰出版传媒集团，译林出版社，2011．

［古罗马］奥古斯丁．上帝之城（上、下）［M］．王晓朝，译．北京：人民出版社，2006．

［意］托马斯·阿奎那．神学大全（第1—7卷）［M］．段德智，译．北京：商务印书馆，2013．

［英］培根．新工具［M］．许宝骙，译．北京：商务印书馆，1984．

［法］笛卡尔．第一哲学沉思集［M］．庞景仁，译．北京：商务

印书馆，1986.

［法］笛卡尔．谈谈方法［M］．王太庆，译．北京：商务印书馆，2000.

［法］伽桑狄．对笛卡尔《沉思》的诘难［M］．庞景仁，译．北京：商务印书馆，1998.

［荷］巴鲁赫·斯宾诺莎．知性改进论［M］．贺麟，译．北京：商务印书馆，1960.

［荷］巴鲁赫·斯宾诺莎．伦理学［M］．贺麟，译．北京：商务印书馆，1998.

［德］戈特弗里德·莱布尼茨．神正论［M］．段德智，译．北京：商务印书馆，2016.

［德］戈特弗里德·莱布尼茨．人类理智新论［M］．陈修斋，译．北京：商务印书馆，1982.

［英］洛克．人类理解论（上、下）［M］．关文运，译．北京：商务印书馆，1959.

［英］洛克．政府论［M］．杨思派，译．北京：中国社会科学出版社，2009.

［英］贝克莱．人类知识原理［M］．关文运，译．北京：商务印书馆，2010.

［英］大卫·休谟．人类理解研究［M］．关文运，译．北京：商务印书馆，1997.

［法］孟德斯鸠．论法的精神（上下卷）［M］．许明龙，译．北京：商务印书馆，2012.

［法］让－雅克－卢梭．论人类不平等的起源和基础［M］．李

常山，译．北京：**商务印书馆**，1997.

[德] **伊曼努尔·康德**．纯粹理性批判 [M]．邓晓芒，译．北京：**人民出版社**，2004.

[德] **伊曼努尔·康德**．实践理性批判 [M]．邓晓芒，译．北京：**人民出版社**，2004.

[德] 伊曼努尔·康德．判断力批判 [M]．邓晓芒，译．北京：人民出版社，2004.

[德] 黑格尔．精神现象学 [M]．贺麟，往玖兴，译．北京：商务印书馆，1979.

[德] 黑格尔．历史哲学 [M]．王造时，译．上海：上海书店出版社，2006.

Postscript >> 后 记

到这里,《哲学 100 问》这部分的内容全部结束。感谢大家一路的陪伴,也要感谢和这么多喜欢哲学的朋友相遇。

《哲学 100 问》这一趟下来,我自己也有颇多的感触。哲学在很多人眼里是极其晦涩的学问,是门槛很高的学问。这本书旨在帮助大家打开一扇哲学之门,先了解哲学史上所有哲学家的思想,为自己的哲学学习打下基础,而入门后的修行则全靠大家自己下功夫了。

最后,我想借用康德的那个观点来结束《哲学 100 问》第 1 季的探讨:人是目的,而不是手段。

这个观点用在哲学研习上也是一样的。我们学哲学是把哲学本身当作目的,出于一种好奇去探寻世界的真相,这是纯粹的发心动念,而不是把哲学当作一种手段,当作一种工具,不是把哲学当作炫耀的资本,当作攻击他人的思想武器。学习哲学,本身是没有目的的。不是因为我需要哲学帮我做什么,我才去学习哲学。学习哲学本身就是目的,是对未知世界的探索,是对生命真相的追寻。

训练思维也好,锻炼逻辑能力也罢,但这一切,无外乎一个更为根本的理由,那就是——学习哲学,是为了我们自己,为了生命本身。

无论何时何地，保持对这个世界的无限好奇，对这个世界的孜孜探索，都恰恰说明，我们还心存敬畏。

感谢和哲学的遇见，这也是一个遇见未知自己的精神旅程。

精神的探险，何时开始都不晚。让我们把对哲学的敬畏留在心底，然后，好好生活！

《哲学100问》这部分内容到此结束。感谢遇见的每一位朋友！

我们第2季见！